数 智 管 理 系 列

数字化知识创新

Digitalized Knowledge Innovation

杨汉录 李 文◎著

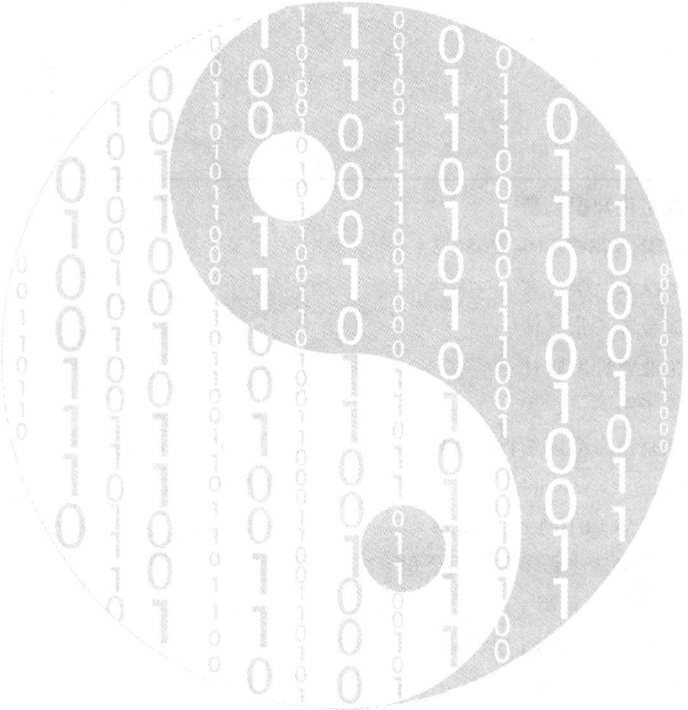

企业管理出版社
ENTERPRISE MANAGEMENT PUBLISHING HOUSE

图书在版编目（CIP）数据

数字化知识创新 / 杨汉录，李文著. —北京：企业管理出版社，2022.9
ISBN 978-7-5164-2656-2

Ⅰ. ①数… Ⅱ. ①杨… ②李… Ⅲ. ①企业管理－知识创新－研究
Ⅳ. ① F272.4

中国版本图书馆 CIP 数据核字（2022）第 114888 号

书　　名： 数字化知识创新	
书　　号： ISBN 978-7-5164-2656-2	
作　　者： 杨汉录　李　文	
责任编辑： 徐金凤　张艾佳	
出版发行： 企业管理出版社	
经　　销： 新华书店	
地　　址： 北京市海淀区紫竹院南路 17 号	**邮　　编：** 100048
网　　址： http://www.emph.cn	**电子信箱：** emph001@163.com
电　　话： 编辑部（010）68701638	发行部（010）68701816
印　　刷： 河北宝昌佳彩印刷有限公司	
版　　次： 2022 年 9 月第 1 版	
印　　次： 2022 年 9 月第 1 次印刷	
开　　本： 710 毫米 × 1000 毫米　1/16	
印　　张： 23.5 印张	
字　　数： 325 千字	
定　　价： 68.00 元	

序　一

数字经济是以数字化的知识和信息作为关键生产要素，以数字技术为核心驱动力量，以现代信息网络为重要载体，通过数字技术与实体经济深度融合，不断提高经济社会的数字化、网络化、智能化水平，加速重构经济发展与治理模式的新型经济形态。数字经济是继农业经济、工业经济之后的主要经济形态。数字经济发展速度之快、辐射范围之广、影响程度之深前所未有，正推动生产方式、生活方式和治理方式深刻变革，成为重组全球要素资源、重塑全球经济结构、改变全球竞争格局的关键力量。世界主要国家均高度重视发展数字经济，纷纷出台战略规划，采取各种举措打造竞争新优势，重塑数字时代的国际新格局。

2020年，我国数字经济核心产业增加值占国内生产总值（GDP）比重达到7.8%，数字经济为经济社会持续健康发展提供了强大动力。2022年1月国务院发布了《“十四五”数字经济发展规划》。“十四五”时期，我国数字经济转向深化应用、规范发展、普惠共享的新阶段。

数字经济时代，知识和知识管理的作用尤为突出，成为影响个人、企业乃至国家竞争力的关键。数字经济大大拓展了知识管理的内涵和边界，数字化的知识表示和获取，大大提升了知识处理的效率，跨组织的知识创新正成为一种趋势。企业外的个体、团队甚至其他企业的知识均可能成为某企业知识管理的一部分，例如，通过用户生成内容模式得到的企业外部用户的知识成为企业知识生产的重要来源之一。

值得一提的是，对于知识在整个社会的重要意义，《财富》杂志中曾有过经典的生动描述，工业经济时代的关键原材料是石油和钢铁，然而，现在石油开采成本的大约 50% 是用在有关的信息收集和信息整理上。至于钢铁，大钢铁厂以前制造一吨钢需要用掉 3 ～ 4 个人 1 小时的劳动力，但是现在用上了复杂的计算机系统以后，平均生产一吨钢仅需要一个人 45 分钟的劳动力。产品价值中的智力含量大大提高，而物质价值的含量在减少。

如果说钢铁是工业时代的基础产品，则芯片就是信息社会的护身符。今天，所有芯片的价值已经超过了钢铁的价值。是什么造就了芯片的价值？当然不是它的物理材料，芯片主要由硅制成，其价值主要在于芯片的设计，以及制造芯片的复杂机器的设计，它的主要成分仍然是知识。

综上所述，你自然会得出这样一个结论，我们所买卖的越来越是一种知识，知识是（我们这个社会的）基本原材料。

回顾历史，伴随着生产力水平的不断提升，产业分工不断深化，大致经历了 5 个阶段：一是部门专业化，即农业、手工业和商业之间的分工；二是产品专业化，即以完成的最终产品为对象的分工，如汽车、机械、电器产品的生产；三是零部件专业化，即一个企业仅仅生产某个最终产品的一部分；四是工序专业化，即专门进行产品或零部件生产的一个工艺过程，如铸造、电镀等；五是生产服务专业化，即在直接生产过程之外，但又为生产服务，如物流配送、金融服务。今天正在进入分工的第 6 个阶段：知识创造的专业化分工。早在 1936 年，哈耶克（Friedrich August von Hayek，1899—1992 年）在《经济学与知识》的演讲中就提到了“知识分工”（Division of Knowledge），之后哈耶克不断呼吁和强调知识分工的重要意义。

集成电路产业分工格局的变化，呈现出了鲜明的特征，可以认为是代表了知识分工 1.0 阶段。2010 年，美国国防部高级研究计划局（DARPA）提出自适应运载器制造（AVM）计划，这一计划的关键词是“重新发明制造”。DARPA 调查发现，从 1960 年至今，随着系统复杂度增加，航空航天系研发成本投入复合增长率为 8% ～ 12%，汽车系研发成本投入增长率为4%，但集成电路研发成本复合增长率几乎为0，复杂度增加并没有带来设计、生产周期的明显增加。这一现象形成的原因是多方面的，其重要原因在于集成电路产业分工水平明显高于其他行业。集成电路产业的产品设计、仿真、实验、工艺、制造等活动，全部都在数字空间完成，待产品迭代成熟后再进入工厂制造完成，从而大幅缩短研制周期，降低研制成本。但更重要的原因是，集成电路产业形成了基于知识的产业分工新体系。

集成电路产业分工的深化，经历了全产业链集成—材料设备独立—IC（集成电路）设计独立—IC制造独立—设计制造IP（知识产权包）独立的演进历程。1991年英国ARM公司成立，同时逐渐涌现出一批专注于集成电路IP设计、研发的公司，集成电路产业开始兴起架构授权的Chipless新商业模式，这标志着基于知识创造的专业化分工独立出现在集成电路产业链中。IP的本质是集成电路工业设计和制造过程中各种技术经验和知识的代码化、模块化、软件化封装。大量的设计、制造工业知识被封装为IP，固化在数字空间，可以被重复调用、使用和封装，并催生了IC设计、仿真、试产、制造等环节的工业知识交易市场，设计生产过程中70%～80%的工作变成对现有的IP进行调用、拼接，大幅提高了芯片设计、仿真、制造、测试的效率及良品率。目前IP来源由大型EDA公司、制造业企业、专业IP设计公司研发提供。当专有的工业知识通过被封装为代码化的电路，得以脱离有形的硬件产品，开始作为独立的产品进行传播、使用和交易时，基于知识交易的新业态就逐渐显现了。

基于知识的分工，即知识作为一种商品参与到市场交易中，并涌现出一批基于知识进行交易的企业或个体，进而发展出一套基于知识创造、传播、复用的产业体系。可以从两个维度来观察：一是在企业内部，知识的创造、传播成为一个独立的部门；二是在企业之间或个体之间，知识的创造、传播、使用成为一个独立的产业部门，参与到社会分工和协作中。

人类历史最早的知识承载和传递，靠的是口口相传、师傅带徒弟、书籍文字，到了工业时代，专利标准、文献资料等开始发展起来。到了今天的数字经济时代，以数字技术承载的知识促进工业技术、标准、专利、经验在更大范围、更宽领域、更深层次上呈现、交易、传播和复用。工业App面向特定工业应用场景，通过调用微服务，推动工业技术、经验、知识和最佳实践的软件化，构建起工业知识创造、传播、复用的新体系。

自英国工业革命以来，基于产品的分工演进已进行了几百年，今天基于数字技术的知识的分工才刚刚开始，整体上来看，基于数字技术知识的产业分工仍处于星星之火阶段，有待各界共同推进。

著名管理学大师彼得·德鲁克（Peter Drucker）主张，在新经济中，知识不仅是与传统生产要素——人力、资源和土地并列的资源，而且是唯一有意义的资源。他指出，知识已经成为最重要的资源而不是一般资源，这是新型社会的独特之处。在一个以知识为基础的社会中，“知识工作者”是企业最重要的财产，而创造新知识实际上就意味着在个体和组织自我更新的连续过程里对企业及其所有成员进行重新创造，这不是少数精英的责任，而是组织所有成员的事。

知识创新并不是简单地“处理”客观信息，而是发掘员工头脑中潜在的想法、直觉和灵感，并综合起来加以运用。在这个过程中，关键是员工个人的责任感，以及员工对企业及企业使命的认同感。要想激发员工的责任感，将潜藏的知识融入实际的技术和产品中，就要求管理者们对形象和符号感到习惯，就像对用硬指标评估市场份额、生产力和投资回报率一样感到习惯。从这个角度说，知识创新型企业既追求创意，也追求理想，它激励着企业不断创新。创新的本质就是按照一种特别的远景或理想来重塑世界。知识创新实际上意味着一个连续不断的过程，在这个过程中，企业和企业中的每一个人都在不断更新。知识创新并不是研发、营销或战略规划部门专有的活动，而是一种组织行为方式，一种组织生存方式。在这种方式下，人人都是知识的创造者，也就是我们所说的创业家（Entrepreneur）。

知识创新是一个动态的过程，是一个知识流动和资源重新配置的动态过程，是通过知识的激活、扩散、碰撞和整合，产生新思维、新方法，最终实现价值增值的过程。从微观的角度理解知识创新，可以通过分析科学发现、技术发明、知识创造、新知识首次应用等知识创新形式的过程来得到结论。为了揭示知识创新的具体过程，国内外专家进行了持续研究。SECI（Socialization，Externalization，Combination，Internalization）螺旋理论解释了知识转化的过程，但是由于知识创新的螺旋过程还具有多样化的特点，需要与其他理论进行整合。为了弥补这些不足，日本学者和波兰学者提出了空间知识创新理论，用以描述知识创新的复杂化、多样化过程。随着对知识创新过程研究的深入，数字化时代明确知识创新的角色显得尤为重要。

知识创新是一个复杂的过程，创新的主体、客体等受到多种因素影响，造成知识创新复杂化、多样化。这些影响因素可以归纳为两个方面：一是创新主体方面，如创新主体形成的环境氛围、文化、组织边界等；二是创新的客体，如知识的隐匿性、复杂性等。随着数字信息技术的发展及对创新需求的增加，创新主体的边界变得模糊，创新活动呈现出区域化、复杂化、网络化、多样化等特性，影响知识创新的因素及联系变得越来越复杂，探究这些特征、因素对创新活动的影响，成为未来知识创新研究的重要趋势。

对企业而言，体现知识创新的主要形式是产品和技术创新。这种关键性作用具体表现在以下方面。①知识创新是企业改善市场环境和利用企业剩余生产能力的重要手段。②知识创新可以让企业加快新技术、新材料和新工艺的应用，成为降低产品成本，提高生产效率和企业竞争力的有效途径。③知识创新是企业全方位提高企业素质的最有效方式之一。一方面，通过技术创新，可以改善研制条件，提高研制能力，提高基本素质（包括要素素质和企业内部结构素质）；另一方面，通过组织创新和管理创新，可以提高对外适应能力，并通过对外部环境的有效影响，改善企业行为素质（即企业系统内部要素对环境变化的适应性和与外部因素交互作用的特性）。④知识创新对企业发展具有联动效应，例如，当通过产品创新使一种新产品成功地进入市场后，随着该产品销售量的增加，该企业其他相关产品的销售量也随之增加，创新的联动效应，已经成为企业进行创新的重要原因。

卓越的知识创新型企业具有长期的创新驱动战略，拥有完善的创新体系和持续的研发能力，拥有高素质创新型人才队伍和不断追求创新的数字企业文化，拥有的关键资产是知识资产，而不是固定资产和金融资产。企业以拥有自主知识产权的技术和品牌为核心，通过全面创新为市场提供高新技术产品和服务，实现企业价值和持续发展，并带动行业和社会经济增长。知识创新型企业的立身之本是创新，企业的经营管理主要围绕知识创新进行。在一个“不确定”是唯一可确定因素的经济环境中，知识创新无疑是企业获得持续竞争优势的驱动力。当原有的市场需求开始衰落、新技术突飞猛进、竞争对手成倍增长、产品淘汰速度飞快的时候，只有那些持续创造新知识，将新知识迅速地传遍整个组织，并迅速地开发出新技术和新产品的企业才能成功。这种企业就是知识创新型企业，这种企业的核心任务就是持续创新。

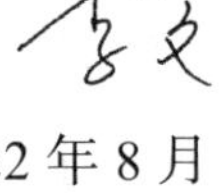

2022 年 8 月

于深圳龙华

序 二

著名管理学大师彼得·德鲁克曾预言，知识工人是组成新经济的个体，在这种新经济中硬通货是知识，21 世纪数字技术、生物技术等高新技术的迅猛腾飞，标志着知识的创造、转移和利用成为新经济的核心动能，一项创新发明催生一个新行业，一个商业创意颠覆一个传统行业，知识正在以前所未有的速度深入更新和改变经济的形态。

广义的知识创新是知识创造、演化、转移和应用的动态过程。它通过追求新发现、探索新规律、积累新知识，达到创造知识附加值、谋取组织竞争优势的目的。它不仅包括知识的首次发现，也包含着知识的新组合和新应用。从科学的角度上看，正如路甬祥院士所定义，知识创新是指通过科学研究获得新的基础科学和技术科学知识的过程。知识创新中，“新”的对象可以包括技术创新、制度创新和管理创新 3 个方面。从科学的目的而言，科学研究的根本任务是科技创新，即探求未知、创新技术。

而狭义派认为，知识创造不应等同于知识创新。例如，彼得·德鲁克认为，创新仅是指赋予资源以新的创造财富能力的行为。更明确的区分是，知识创造的基本含义应是创造新思想的流程性知识的过程，而知识创新则是将所创造的新思想的流程性知识具体应用于实践并开发生产出新产品的过程。知识创造产生新知识，其最终目的是知识创新，而知识创新则是新知识物化新产品、流程和服务的过程，它依赖于知识创造。没有知识创造就没有知识创新，有了知识创造也并不意味着必然会转化为知识创新，这是因为知识创新的展开需要新知识的同时还需要其他的物质和精神性条件。

但是，无论两者间的分歧如何，我们可以看到他们在认识论上至少都认为，知识创新不像人的其他意识活动单纯是对客观世界的复制和反射，知识创新还蕴藏着改变现有世界的潜在动力。正是人类社会前赴后继的知识创新活动，人类文明才能经久不衰，愈加繁荣。

在数字经济不断深化发展的浪潮中，如何实现对知识创新的管理，尤其是对知识工作者的管理，成为广为关注的热点，其重要性也是不言而喻。

本书重点从知识的本质、知识创新、隐性知识、大数据知识和知识型员工等方面详细阐述数字经济时代知识创新的内容，以方便读者贴近前沿，紧抓以数字技术为载体的知识创新管理的核心，构建一个与时俱进的企业知识创新实践体系，如图 1 所示。

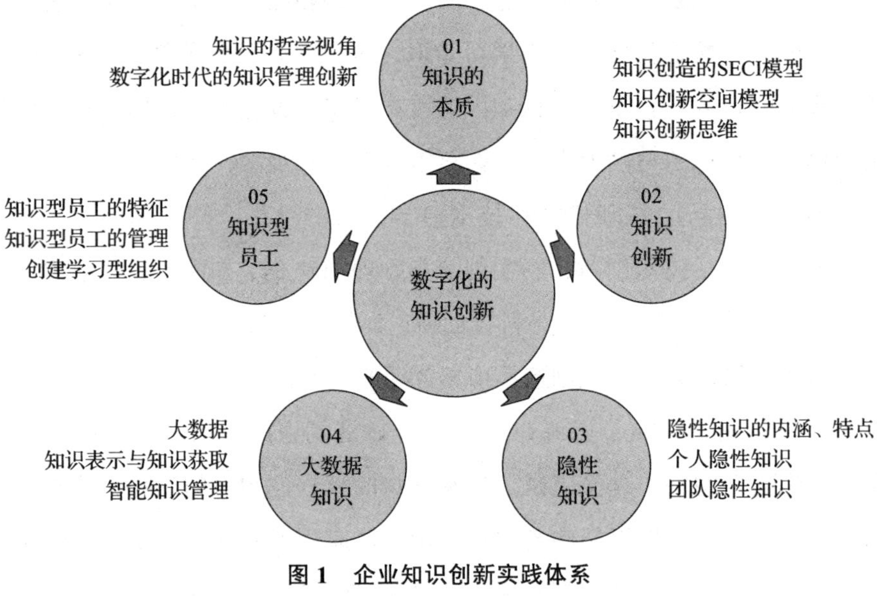

图 1　企业知识创新实践体系

1. 知识的本质

从古希腊时期起，哲学的历史就可以被视为追寻“知识是什么”这个问题答案的过程，西方哲学家普遍认同这样的定义：知识就是“经过验证的真实信念”（Justified True Belief）。从柏拉图到维特根斯坦，从当代哲学家伯勒尔和摩根（Burrell and Morgan）的哲学范式框架，到实证主义、建构主义、后现代主义和批判现实主义的哲学立场，从经济学、管理学和组织理论的知识观，走向新的科学和人本的综合的知识流派。

西方学者熊彼特（Joseph Alois Schumpeter，1883—1950年）的经济与市场逻辑主导的创新观与中国传统文化的知识观都秉承了知识创新的社会价值与人类价值。实质上，知识的价值性及知识创新的最终价值目标体现为不以获得私有利益和实现经济目标为主导或者唯一目标，并改变人们重利益、重物质主义、重实用主义的功利型生活习惯、社会心态、思维与价值观念。在知识社会中，市场逻辑驱动的经济利益并不是最终归属，知识创新的价值归属应当回归人本导向与意义导向，这样方能实现企业、社会与环境的可持续发展，最终实现真正意义上人与之关联的世界共生可持续发展。

数字化时代，逐步将知识从人的大脑、人的经验等传统载体中，转移到具有更强可操作性和想象空间的机器和计算机等载体中，以实现“数据—信息—知识—智慧”（DIKW）的自动转化过程，智能化的本质就是通过对知识的表示、获取、存储、融合、推理、可视化和应用，实现知识的成长与增值。

2. 知识创新

知识管理主要是对企业如何创造、获取、储存、转移和共享知识的管理，其主要目的是通过不断创造新知识来提高技术创新能力和产品的附加值。因此，知识管理的根本应该是正确有效地指导企业或组织如何进行知识的创造活动。

日本学者野中郁次郎（Ikujiro Nonaka）不仅系统地论述了隐性知识与显性知识的区别，还构建了知识创造的SECI模型：社会化（Socialization）、外显化（Externalization）、组合化（Combination）和内隐化（Internalization），这为我们提供了一种利用知识创造的有效途径。SECI螺旋理论解释了知识转化的过程，由于知识创新的螺旋过程还具有多样化的特点，需要与其他理论进行整合。为了弥补这些不足，日本学者和波兰学者提出了空间知识创新理论，用以描述知识创新的复杂化、多样化过程。

随着对知识创新过程研究的深入，明确数字化知识创新的角色显得尤为重要。数字化知识创新过程的主要角色是创新的主体与客体，数字化知识创新的客体主要指知识创新的内容、过程等，而数字化知识创新的主体包括个体、团队、组织、跨组织等。在数字化知识创新过程中，往往存在超主体边界现象：所有知识都源于个体的头脑，再通过团队内个体间的知识交流，比如讨论和对话，形成团队层次的以数字化为载体的知识（大数据知识），然后通过进一步的知识检验，升华为组织（大数据）知识。而随着全球化的进一步加深，企业如何处理与其他企业的关系越来越成为影响企业知识创新的重要因素，跨组织的数字化的知识创新正成为一种趋势。基于具体管理情境，结合知识创新理论与方法，以此提出知识创新思维，成为未来研究的重要趋势。

3. 隐性知识

过去很多年的研究往往集中在显性知识方面，对隐性知识关注不够。Goldblatt指出，显性知识仅仅代表了知识整体的冰山一角，而隐性知识则占据冰山的大部分。相对于显性知识而言，隐性知识是隐含的、未编码的和高度个人化的知识，不容易被竞争对手仿制和模仿，是构成企业核心竞争能力的基础。隐性知识的挖掘和显性化往往是知识创新的源泉，是企业新产品、新服务诞生的前提。所以，随着隐性知识对企业发展的推动作用越来越大，也将会引起企业管理者越来越多的关注。

作者在著名国际企业工作，特别重视企业在隐性知识方面的实践活动。本书较为详细地阐述了隐性知识的内涵、分类和特征、隐性知识与显性知识的转换，以及如何以数字化技术为工具进行个人隐性知识管理、团队隐性知识管理。这是本书与其他书籍相比，较为突出的特色与创新。

4. 大数据知识

大数据知识（Big Data Knowledge）的引入给显性知识的管理提供了全新的思路。我们可以看到，数字化时代之前，知识的载体是人，而在数字化时代，人们开始让“物”学会像“人”一样能够自主地发现知识、理解知识和应用知识，即将知识从人的大脑、人的经验等传统载体中，转移到具有更强可操作性和想象空间的机器和计算机等载体中，并在其中实现知识的表示、获取、存储、融合、推理、可视化和应用等成长与增值行为，从而实现灵活的、标准化的、规模化的知识应用，大大提升知识转化为生产力的效率与能力。

从大数据（Big Data）、大数据挖掘，到大数据知识工程（BigKE），又到大知识（Big Knowledge，BK），再到BK挖掘，人们的理念一步步朝着相同的终极目标汇聚。2012年墨菲公布了谷歌旨在实现“从字符串到事物”的知识图谱（Knowledge Graph，KG）项目；拉塞尔提出“将大数据变为大知识”的诉求；亚伦也呼吁“用基础设施分析将大数据变为大知识”；利博维茨提出“如何从大数据中提取大知识”的疑问；赫斯科维茨指出，大知识不仅是通过各种分析工具对大数据进行分析后的一组洞见（Insight），更应该是对这些洞见进行提炼的产物。

5. 知识型员工

我们认为，团队是知识工作者共同合作的场所，也越来越成为企业采用的形式。卓越企业洛克希德·马丁（LMT）、波音、AT&T、Google、GE、Apple等大公司所拥有的产品不同部分的研发工作团队均达到百个之多，项目团队中员工主要是“知识型员工”，在项目团队中，成员相互沟通、交流，并协作完成项目任务。野中郁次郎认为，在这一过程中，团队成员深入地进行知识共享，在密切的接触中相互学习，并在此过程中进行知识的创造。

团队不仅为成员个人的学习提供了基础，而且作为员工与企业之间的组织桥梁，团队还可以把员工在团队中形成的知识逐步显性化，并转移到公司组织层面，被团队之外的公司其他员工所分享。正如圣吉（Senge）所言，因为现代组织的基本学习单位是团队而不是个人，团队学习是极为重要的，这里是“皮之不存，毛将焉附”的关系，没有团队学习，就没有组织的学习。

我认为要做到知识创新，首先要学会个人知识积累和共享，尤其是学习者要将知识创新应用于自身。对于知识创新的探索，从最初理论的学习，到后来的内化，以及将知识创新应用于企业实践，这些都增加了我探索知识创新的信心和勇气。我将知识创新融入生活、工作和科研中，形成了个人知识创新管理路径，从而形成了个人知识的显性化及个人知识创新的升华。

为了方便读者，本书在每一章的开头设有开章案例，中间穿插各种小案例（创新视点）。因此本书很适合企业信息工作者、工程技术人员、管理人员学习使用，也可以作为研究生和 MBA 的参考书使用。

在此要感谢我的企业同人，正是由于他们日常工作中精益求精的追求和对数字化技术的孜孜不倦的向往，才赢得客户多年的信赖，连续不断地创造一个又一个业绩高峰。

也特别感恩我太太的默默奉献！是她的理解与支持使我得以全身心地投入工作并完成本书的创作。

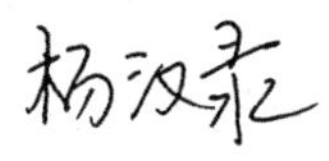

2022 年 8 月

于深圳龙华科技园

目　录

|第一章|

知识的本质

|第二章|

知识创新

|第四章|

大数据知识

|第五章|

知识型员工

Essence of Knowledge

第一章

知识的本质

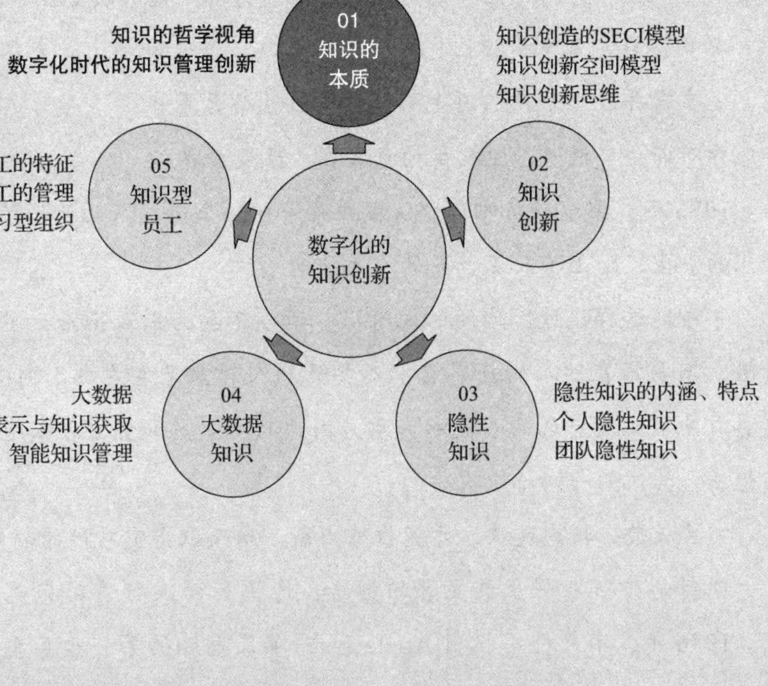

开章案例

知识创新，改变世界

2011 年 10 月 6 日，美国苹果公司（Apple Inc.）的缔造者史蒂夫·乔布斯（Steve Jobs）去世了。

微软公司（Microsoft Corporation）创始人比尔·盖茨（Bill Gates）说，在这个世界上极少有哪个人像乔布斯这样拥有如此巨大的影响力。我们的后代将会感受到这种影响力，对于我们这些人来说，很荣幸曾经与他共事，这是无上的荣誉。

美国前总统奥巴马（Barack Obama）说，乔布斯是美国最伟大的创新领袖之一，他拥有非凡的勇气去创造与众不同的事物，并以大无畏的精神改变着这个世界。同时他卓越的天赋让他成为那个能够改变世界的人。

苹果公司发布声明指出，乔布斯的才华、激情和精力是无尽创新的来源。他丰富并改变了我们的生活，世界因他而更美好。

乔布斯生前说过，他此生的意义在于改变世界。

1976 年，乔布斯与他人合伙成立苹果电脑公司，从此开始了追逐完美梦想的一生，踏上了改变世界的人生旅途。

乔布斯这样说过，你的时间有限，所以不要为别人而活，不要被教条所限，不要活在别人的世界里，不要让别人的意见左右自己内心的声音，要勇敢地去追随自己的心灵和直觉，因为只有心灵和直觉才知道自己的真实想法，其他的一切都是次要的。

突破教条，挑战现状，才能推陈出新，从而取得突破性的创新。

创新是乔布斯一生最显著的标志，他用行动践行着对完美创新的追求。1976 年，苹果公司推出 Apple I——苹果电脑的第一台原型机，它使用电视机作为显示器，是个人电脑的初始象征。

1977年，苹果公司推出Apple Ⅱ，带来了个人计算机的新概念。1983年，苹果公司推出全球首款采用图形用户界面和鼠标的个人电脑，该款电脑把鼠标接入电脑，开创了行业先河。1984年，苹果公司推出首台Mac个人电脑，取得了巨大的成功，这是个人电脑历史上的一个重要里程碑。1985年，里根总统授予乔布斯国家级技术勋章。

创新不一定都会成功，天才也需要磨炼，逆境是成就梦想、创造未来的基石。

乔布斯不曾因为不完美的家庭而失去对人生的完美追求，他不曾因为离开苹果而失去对电子产品的热爱与激情。他始终在追求完美，始终在追求艺术与科技的完美结合。

1985年，乔布斯离开苹果公司，创办了NeXT电脑公司，并在图形界面技术方面取得了进一步突破。

1986年，乔布斯成立了皮克斯动画工作室（Pixar Animation Studios）。经过十年的潜心研究，皮克斯动画工作室在1995年推出了全球首部3D立体动画电影《玩具总动员》（*Toy Story*）。1996年，苹果公司收购NeXT电脑公司。乔布斯重新回到苹果公司，又开始了精彩非凡的持续创新之旅。1997年，乔布斯出任苹果公司首席执行官。1998年，苹果公司推出iMac，它是当年美国最畅销的个人电脑。1997年，乔布斯成为《时代周刊》封面人物，被称为“计算机狂人”。2001年，苹果公司推出iMac平面电脑和iPod播放器。

2007年，苹果公司推出超薄数码音乐播放器和iPhone手机。当时，iPhone被行业认为是个笑话，但它改变了手机行业的格局，并成为电子产品时尚潮流的引领者。

2009年，苹果公司推出系列升级版的笔记本电脑和第一款可以发语音的数码音乐播放器。当年，乔布斯被《财富》杂志评为“十年最佳CEO”，并入选《时代周刊》年度风云人物。2010年，苹果公司正式发布平板电脑

iPad，掀起了平板电脑的浪潮。随后又推出了备受期待的iPhone4手机。

2011年8月初，乔布斯将苹果公司送达市值的顶峰，成为全球市值最高的上市公司。

他将一生都献给了自己的事业——改变世界（Change the World）。他的努力彻底改变了以下几大行业——个人电脑、动画电影、数码音乐播放、移动电话和平板电脑。他是创造力、想象力和持续创新的终极标志，铸就了一座高不可攀的时代丰碑。

案例思考题

1. 乔布斯一生主要做出了哪些改变世界的创新？

2. 乔布斯持续创新背后的初心是什么？

资料来源：笔者根据多方资料汇编。

第一节　什么是知识——从柏拉图到维特根斯坦

从古希腊时期起，哲学的历史就可以被视为追寻“知识是什么”这个问题答案的过程。尽管理性主义和经验主义之间存在根本的差异，但西方哲学家普遍认同这样的定义：知识就是“经过验证的真实信念”（Justified True Belief）。柏拉图（Plato，公元前427年—公元前347年）在他的“美诺篇”“斐多篇”和“泰阿泰德篇”（*Meno, Phaedo and Theaetetus*）中首次引入知识的概念。然而，知识的定义在逻辑上远非完美。按照这个定义，只要我们的信念有误，无论可能性有多小，我们对于某事物真实性的信念就不能成为真正的知识。因此，西方哲学对追求知识充满了怀疑主义，这促使众多的哲学家想方设法地寻找可以帮助他们建立超越所有怀疑的、追求知识和终极真理的方法。他们的目的是发现“不证自明的基础知识”，然后其他的知识都可以构筑于它之上。

如上所述，西方哲学中有两派伟大的认识论传统。理性主义（Rationalism）坚持认为真正的知识不是感官经验的产物，而是一些理性的思辨过程。按照这种观点，就存在着不需要由感官经验来加以验证的先验知识（Priori Knowledge）。绝对真理是从基于公理的理性推理中推导出来的，数学就是这种推理的一个典型。相反地，经验主义（Empiricism）宣称不存在所谓的先验知识，知识的唯一来源就是感官经验。按照这种观点，世间的万物都具有内在的客观存在，甚至当一个人产生某种幻觉时，他能感知某事物也是有意义的。实验科学是这种观点的典型。

因此，理性主义和经验主义这两种主流的认识论方法，在关于什么构成知识的实际来源上存在尖锐的分歧。另一个根本的区别在于获得知识的方式。理性主义认为，通过求助于心智构想（Mental Construct），如概念法则或理论，就能靠演绎（Deduction）获得知识。而经验主义争辩说，知识是从特定的感官经验中通过归纳（Induction）得到的。

目前，大部分有关知识管理的文献都以吉尔伯特・赖尔（Gilbert Ryle）和迈克尔・波兰尼（Michael Polanyi）这两位哲学家的思想为根源。这两个名字和他们的逻辑行为主义思想可以从很多著作中被看到，而且人们似乎较少质疑他们的思想基础。本章拟充分探讨知识的本质，使读者掌握与知识有关的不同观点，并在一定程度上进行哲学反思。例如，读者可能会发现知识生产和知识消费对立统一的后现代主义观点要比传统逻辑行为主义观点更有吸引力。

本章首先探讨西方哲学家千百年来对“知识”认识的争论。为了帮助首次接触哲学的读者更好地理解，我们把西方哲学家分为理性主义和经验主义两个派别，理性主义和经验主义的知识管理视角如图 1-1 所示。这个简单的概念划分，可以作为读者参与有关知识探讨的基础。

吉尔伯特・赖尔提出了“知其所以然”和“知其然”的概念，迈克尔・波兰尼认为这两个概念是作为连续体存在的，而不是独立和分割的。大量认识论观点的发展都基于伯勒尔和摩根（Burrell and Morgan）的框架，我们将详细探讨以下四种哲学观点：实证主义（Positivism）、建构主义

（Constructivism）、现代主义（Postmodernism）和批判现实主义（Critical Realism）。其目的是使读者更好地了解在知识管理领域，不同学者著作中所包含的前提假设。

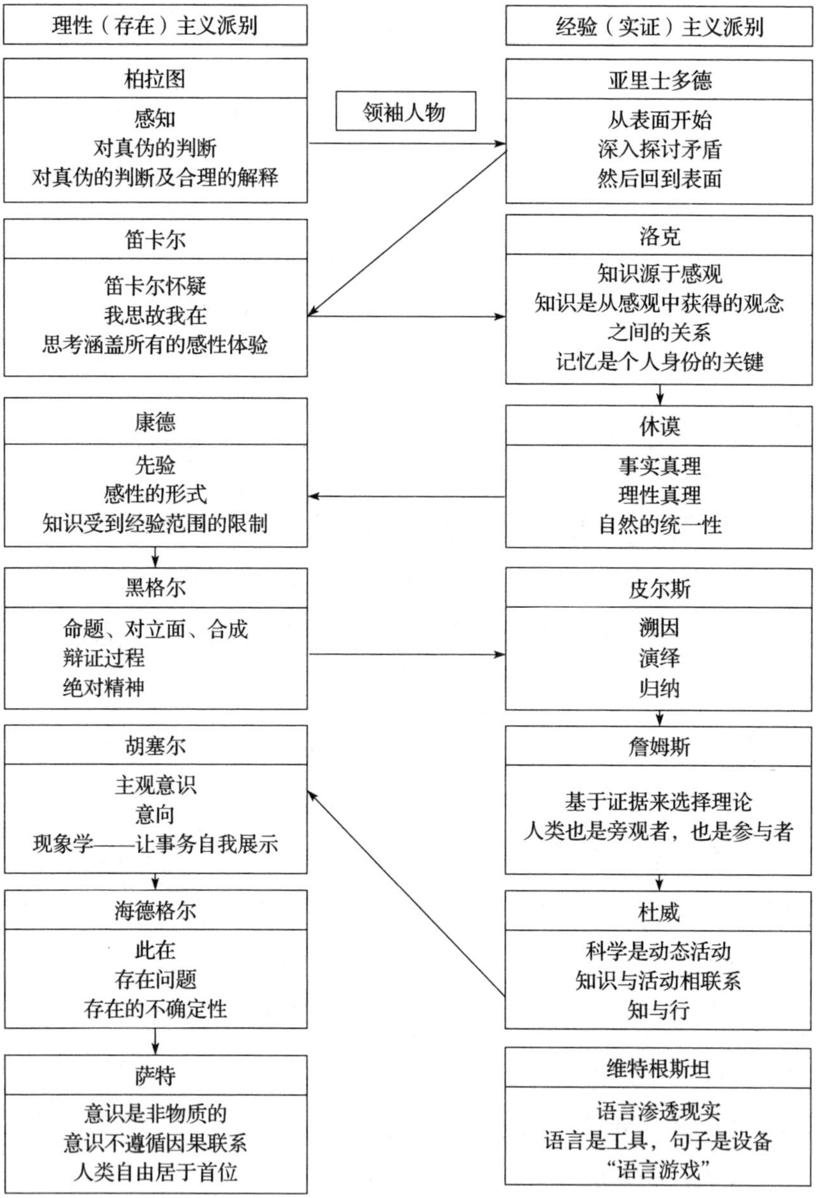

图 1-1　理性主义和经验主义的知识管理视角

一、柏拉图与亚里士多德：西方认识论的基础

柏拉图是第一位从理性主义的角度构建一个精心设计的知识思想体系的哲学家。他提出的“理念”(Idea) 理论，就是通过纯粹的心智之眼观察到的“形式”(Form)，同时也是人类精神渴望知道的终极理想。柏拉图认为：

在探究每个事物时，如果一个人尽可能仅凭理性，既没有在他的推理中引入视觉，也没有在他的思想里动用任何其他感官，而是用纯粹、绝对的理性试图探寻事物纯粹、绝对的本质，并尽可能地屏蔽自己的眼、耳甚至整个身体，以免它们干扰大脑的思考，妨碍获得真理和智慧，岂非做得最为完美？如果有这样的人，西米亚斯 (Simmias) 难道不正是获得现实真知的人吗？

因此，对柏拉图来说，物质世界只不过是“理念”完美世界的投影。人类渴望了解永恒、不变和完美的“理念”，是无法通过感官知觉认知的，唯有通过纯粹推理去获得。作为苏格拉底 (Socrates) 的学生，柏拉图的“理念”的思想主要是通过“苏格拉底式提问”的形式得以表现的。苏格拉底首先会提出一个概念让他的学生去理解有关这个概念的问题，直到他们最终形成一个答案。在随后的对话中，苏格拉底通过揭示其中的矛盾，展示他们答案的不足。最终的结果不是去提供一个可靠的答案，而是获得对该问题本质更好地掌握。柏拉图认为，“结论”没有任何特定的状态，假设和信仰需要不断地被质疑。

在一次对话中，柏拉图探讨了知识的本质，其内容被收录在《泰阿泰德篇》(*Theaetetus*)(公元前 369 年—公元前 367 年) 中。知识纯粹是主观的吗？为什么它比意见更好？柏拉图提供了“什么是知识”这个问题的三个答案。

- 知识是感知。
- 知识是对真伪的判断。
- 知识是对真伪的判断，并且拥有合理的解释。

每个答案都是完全按照苏格拉底的风格得出的。这些关于知识问题的答案至今未取得共识，除了它是源于感知的，并且可以为真伪提供合理的判断这两点。

亚里士多德（Aristotle，公元前384年—公元前322年），柏拉图的得意门生，将哲学看作一个探索人类经验复杂性的持续尝试。在强烈反对柏拉图之后，他在《形而上学》（*The Metaphysics*）一书中对世界自然和理性两方面予以综合考虑。在每一个领域，他的做法都是以“表面”（一般信仰和语言）作为开始，通过探讨难题（通过探讨矛盾，找到最基本和最核心的信仰），再回到“表面”层次，然而对其理解却得到了提升。

亚里士多德认为柏拉图将“理念”概念化为“形式”或一个永恒且超越感觉的客体是错误的。理念，或更准确地说是形式，不能与物质客体割裂开来，也没有独立于感官知觉的存在。相反地，独立事物都是由其形式、物质客体或物体组成的，各种形式的知识总是由感官知觉引起的。从经验主义的角度，亚里士多德认为：

> 我们所说的记忆是由感官知觉产生的，而对同一件事的频繁、重复的记忆则形成了经验；许多的记忆构成一项经验，再从经验那里——那些普适性的记忆在心灵中稳固下来，成为众多记忆中的唯一标示——产生出工匠之技艺和科学的知识，以及未来之技能和存在的学问。我们得出结论：这些知识既不是先天固有的形式，也不是从其他更高状态的知识发展来的，而是来自感官知觉。

批判性思考

反思你看世界的方式。你有没有做过任何哲学反思，来理解你自己看世界的方式？你是一个思想家还是实干家？你认为这对你看世界的方式有影响吗？你有没有想过以不同的方式思考一个问题，可能会对一个团队的运作产生什么影响？你觉得这可能意味着什么呢？

二、笛卡尔与洛克、休谟：欧陆理性主义与英国经验主义

勒内·笛卡尔（René Descartes，1596—1650年），理性主义哲学家，致力于解答如下问题：我们能够明确地知道某些事情吗？若能，如何做到？他把“确定性”看作一种精神状态，而把“真理”看作一个说明外部世界状态的属性。他把怀疑主义发展成为一种艺术形式，并提倡质疑。这种方法后来被称为“笛卡尔怀疑”（Method of Doubt）。在《第一哲学深思集》(*Meditations*）一书中，笛卡尔提出了为了解某事而质疑的三个阶段。

第一阶段，放下常识，任何事情都是值得怀疑的。

第二阶段，在任何醒着的时刻，或者正在深思的时刻，例如，你可能是在做梦，你都应当质疑。

第三阶段，试想，有一个恶意的幽灵或恶毒的魔鬼，他唯一的意图就是要欺骗你。这得出了笛卡尔的第一个确定性：我思故我在（Cogito, Ergo Sum）。

笛卡尔认为“思维”意味着所有形式的有意识的体验，包括疼痛、知觉和情感。他认为终极真理只能通过“思考自我”（Thinking Self）真实存在中推断出来。他更进一步假设：“思考自我”可独立于身体或物质，因为虽然身体或物质具有空间“外延”的特征（或是能够看到和触摸到的存在），但是不会思考，而神没有外延，但是能够思考。至于他的认识论，笛卡尔以蜂蜡性质为例进行说明，蜂蜡的味道、香气、颜色和大小，显然都是对感官而言的。但如果我们把蜂蜡放到火边，它的性质就会发生改变，因此，蜂蜡本身是不可被感知的。所以，关于外物的真知只能通过内心去领悟，而不是通过感官去获得。

勒内·笛卡尔的真正价值来自他对知识的不同方面的质疑。

- 我知道什么？
- 我可以怀疑什么？

- 我怎样才能知道我的信仰是否真实？
- 我的信仰和偏见之间存在哪些差别？
- 有怀疑的空间吗？

笛卡尔给理性思维提出了4条一般原则。

第一条原则：只要还没有认识清楚的，就不要相信它是真的。换句话说，在判断时，我们需要小心翼翼，避免仓促和偏见，而只接受心中已清楚明白呈现出的、毋庸置疑的东西。

第二条原则：要把每个难题尽可能分解成尽可能多的、看起来的确有必要的细微部分，以便能够用最佳方式来解决。

第三条原则：按一定的次序进行反思，先从最简单、易理解的地方开始，然后按照次序，一点点逐渐反思最复杂的知识，即使是一个虚构的次序，也不要遵循彼此之间原来的自然顺序。

第四条原则：在所有情况下，让列举完全穷尽，让检查尽量普适，这样就可以保证没有任何遗漏之处。

笛卡尔的理性主义受到了英国经验主义的创始人——约翰·洛克（John Locke，1632—1704年）的批评。在洛克看来，现实世界中存在的事物本质上是客观的。即使对事物的感知是虚幻的，但是事物可以被感知这一点确实毋庸置疑。洛克将人类的精神比喻为白板（Tabularasa）或白纸（没有任何字符），即没有任何先验的理念。利用这个比喻，洛克拒绝接受理性主义者的论点，即人类精神已充斥着先天的想法或概念。他认为只有经验才能给精神提供理念，并且有两类经验：感觉和反思。洛克所说的感觉是指感官知觉，这是我们大多数理念的重要来源，而反思是指我们自己内心运作的知觉，是通过经验去领会理念的另一个源泉。

在《人类理解论》（*An Essay Concerning Human Understanding*）一书中，洛克提出了"观念"的概念，"观念"是可以被感知的，在头脑中具有可感知成图像的属性。一个"观念"包括思想、痛苦和情绪。他认为推理就是对这些"观念"的心理操作，最终形成知识或信仰。从这个意义上说，知识是“观念”之间关系的认知。他认为我们的感官为我们提供事物存在的知识，但没有提供知识的性质或本质。洛克将牛顿定律看作原始事实，它能对事物的行为和表现进行很好的描述，但不能提供解释。他敏锐地指出，牛顿最常被引用的话是“我不做假设”（Hypotheses non fingo）。洛克认为记忆是个人身份的关键，因为每个人过去的意识使他们成为独立的人。他的格言是，不要对习俗或权威盲从，看看事实，然后自己思考。

大卫·休谟（David Hume，1711—1776年）通过对因果联系的深入分析证明了科学无用论。他承认，人们可以对“事实”进行“归纳推理”，例如通过观察B在A后面发生而推断A导致了B，就像白天之后是黑夜，黑夜之后是白天。但他认为，过去的经验不能用来对未来的行为做出结论。即使拥护推理的人援引“自然的统一性”原则，也依旧没有理由来证明这一原则是正确的。他认为真理有两种性质：理性真理（从理论中获得的解析性或先验性的真理）与事实真理（从实践中获得的合成性或后验性的真理）。

三、康德、黑格尔和马克思：进行综合的尝试

18世纪德国哲学家伊曼纽尔·康德（Immanuel Kant，1724—1804年）把理性主义和经验主义这两条主流汇集到一起，他同意知识的基础是经验，但不接受经验主义者所说的经验是所有知识的唯一来源的论点。

在《纯粹理性批判》（*Critique of Pure Reason*）一书中，康德继休谟的理性真理与事实真理之后提出了第三个命题，即因空间和时间限制而尚未被人感知的先验被称为“感性的形式”。他认为，空间和时间是不可避免的经验模式，可以指定一个先验的方式（几何之于空间和算术之于时间）。虽然我们所有的知识都是先从经验开始的，但并不是都起源于经验。他认为只有在理性主义的逻辑思维和经验主义的感官经验一起工作时，知识才会出现。对康德来说，人类精神不是被动的白板，它在时间和空间上能够主动地调动感官经验并提供概念作为理解它们的工具。因此，相对于经

验主义，他的立场更接近理性主义。然而，康德相信我们只能知道“现象”或我们对“超验对象”和“物自身”（Thing in Itself）的感官知觉，这超越了经验。出于这样的原因，他的哲学通常被称为“先验理想主义”（Transcendental Idealism）。他认为知识的首要目标是使精神自由发展。

格奥尔格·威廉·弗里德里希·黑格尔（Georg Wilhelm Friedrich Hegel，1770—1831年）则摒弃了康德哲学中“物自身”的概念，他认为精神和物质都源自“绝对精神”（Absolute Spirit），是通过动态的辩证（Dialectic）过程实现的。他用希腊社会的例子表明，辩证过程始于一个“命题”，这时社会中的理性和感性之间是和谐的。然而，他指出这种稳定的状况并不能持续下去，通过后来的“苏格拉底式提问”，它的“对立面”开始崛起，导致了希腊社会的崩溃。辩证法就是通过调和论点和反论点，或者抛弃不合理的地方并保留合理的地方，从而产生一个综合（Synthesis）。对黑格尔来说，知识始于感官知觉，通过辩证地净化，感官变得更加客观和合理，最终达到“绝对精神”的自知阶段。“绝对精神”的自我意识是知识的最高形式。从这个意义上讲，他的立场更接近理性主义，而不是经验主义。凭借这种绝对的理性主义，他试图克服主体与客体之间的笛卡尔二元论。

马克思（Karl Marx，1818—1883年）通过将黑格尔的辩证的动态性与当时新兴的社会科学结合起来，又一次尝试在理性主义与经验主义之间进行综合。他反驳了黑格尔的抽象和理性主义哲学，因为它不能解释人与环境之间的动态和互动关系。按马克思的说法，感知是认知者（主体）与被认知者（客体）之间的互动。在追求知识时，主体和客体都处在一个相互适应的持续和辩证的过程。客体在被认知的过程中发生了变化。至于主体，英国经验主义者认为叫作“知觉”（Sensation）比叫作“注意”（Noticing）会更好，因为这样会暗示行动（Activity）。因此，知识是通过做事情或“行动”获得的，并且其真实性会在实践中得到展示。然而，马克思的兴趣并不在知识本身。他真正的任务不是解释这个世界，而是改变这个世界。

四、20 世纪对笛卡尔二分法的挑战

笛卡尔二元论中的主体和客体，或者心和身，都是从“人类的本质就在于理性思考自我”这个假设中得出的。这种“思考自我”通过把自身孤立于世界和其他人来追寻知识。但当代对笛卡尔二分法的挑战强调在追寻知识时自我与外部世界之间某种形式互动的重要性。我们将简要描述詹姆斯（James）、杜威（Dewey）、胡塞尔（Husserl）、海德格尔（Heidegger）、萨特（Sartre）和维特根斯坦（Wittgenstein）所做出的贡献。

美国实用主义者（皮尔斯、詹姆斯和杜威）对知识的主要贡献是建立了信仰、意义、行动和探究之间的联系。查尔斯·S. 皮尔斯（Charles S.Peirces，1839—1914 年），通常被认为是实用主义（Pragmatism）之父，主要研究我们如何能够理性探索世界的问题。在《探究的理论》（*Theory of Inquiry*）一书中，他建议我们通过对假设的检验来做研究，并相信恒量也可能是可修改的或错误的。在科学探究中，他提出了知识发展的几个阶段。

- “溯因”探究（Abductive Inquiry）提出需要检验的理论；
- “演绎”探究（Deductive Inquiry）为检验理论做准备；
- “归纳”探究（Inductive Inquiry）评估检验的结果。

威廉·詹姆斯（William James，1842—1910 年）提出了一种务实的真理理论：我们的信仰需要与相关的基础证据相符合。例如，他认为，我们对一种理论的偏好需要基于纯粹的有说服力的证据力量。人在世界上是参与者而不仅仅是旁观者。

约翰·杜威（John Dewey，1859—1952 年）将皮尔斯的探究理论应用到了社会和政治哲学领域。在《确定性的追求》（*The Quest for Certainty*）一书中，他认为科学活动和“探究”在本质上是动态的过程。他反对知识“旁观者”的观点，认为人类活动是人类将知识作为最重要的生存机制在动态环境中得以生存的结果。杜威强调知与行之间的联系，鼓励孩子们边做边学，在

活动中学习，通过解决问题来学习，杜威对教育哲学做出了重大贡献。

埃德蒙德·胡塞尔（Edmund Husserl，1859—1938 年）影响了许多哲学家（如海德格尔、萨特、梅洛 - 庞蒂（Merleau-Ponty）），他重点研究“思考自我”与世界之间的关系。他的理论为现象学（Phenomenology）奠定了基础，即从哲学上深入探究人类自我的意识和其他客体。他对比了自伽利略以来现代科学的物理客观主义与康德建立的先验理想主义，并强调意识及直接经验的重要性。他认为某些知识只有通过描述“纯意识”（Pure Consciousness）及其客体之间的相互作用才可能获得。通过“现象学还原”（Phenomenological Reduction）可以达到“纯意识”，这种方法是把关于现象的所有事实知识和合理假设放在一边，这样就可以分析其纯粹直觉的本质。

在胡塞尔的经典之作《逻辑研究》（*Logical Investigations*）中，他基于我们的主观意识是不可被否认的这一前提，开始对知识的一般理论进行研究。他认为，我们的意识始终是对事物的认识，在实践中，很难区分意识状态和意识对象。他将精神内容的导向称为“意向”，精神中解释这种意向的方面则被称为“内容”。例如，在他认为的意向中，有没有椅子并不重要，只需要在世界上所有的对象中找到一把椅子，他可以归纳并进行“现象学还原”。他进一步指出，没有人能在没有直接接触精神内容（意向）的情况下体验到任何东西，这成为他所有认识的不容置疑的基础。在胡塞尔看来，现象学就是让事物来展示自己，因为它们就在自身之中。

马丁·海德格尔（Martin Heidegger，1889—1976 年）是胡塞尔的学生，他用现象学的方法来分析人“存在于这个世界上”（存在）的模式。按照海德格尔的观点，人类通过“必须做某事”来证明自己存在于这个世界上，例如“生产某些东西”或“使用某些东西”。这些“实践性”行为或行动必须运用理论认知。换句话说，我们“存在”的特征就是与世界上其他的事物发生主动关系。所以，对海德格尔来说，“存在”不是像笛卡尔“思考自我”那样的超然旁观者，而是在知识和行动之间能够密切关联的那个人。他因此拒绝接受思考主体和客观世界的笛卡尔二元论。

在海德格尔所处的时代，哲学的当务之急是回答“存在问题”。在《存在与时间》(*Being and Time*)一书中，他认为人类是“此在”(Dasein)，即存在的意思，并认为人们如何应对特定的情况是活动的最大特征。海德格尔认为，当我们遵守公众规范并通过分享应对技能实现社会化时，我们成为“此在”。任何一个“此在”都不完全知道世界的运转。他用“不自在”(Unheimlich)来形容由于存在却不知为何存在而造成的令人不安的焦虑和内疚。这一概念被存在主义(Existentialism)所接受并认为“此在”无意义，人们会由于经验的缺乏而感到不安。

知识与行动之间的关系，在经过被称为“存在主义”的哲学和文学运动后，被进一步加强了，存在主义深入探讨了个体人类存在与生活经验。虽然大多数现象学家认为知识可以通过反思获得，但存在主义者强调如果我们想了解这个世界，就必须行动到底。法国存在主义者让-保罗·萨特(Jean-Paul Sartre，1905—1980年)说，为了人类现实存在就是行动，行动必须由意图(Intention)来定义，因为意图就是对结局做出的选择，同时因为我们是在行为中认识世界，正是有意图地选择结局，揭示了这个世界的真相。

强调知识与行动之间的关系，还可以在美国哲学传统“实用主义”(Pragmatism)中找到。在《实用主义》一书中，詹姆斯认为，如果一个理念可行，它就是正确的，只要它在现金价值方面对生活有影响，它就有意义。这种实用主义的观点被杜威进一步发展了，他反对将“理论和实践”与“知识和行动”截然分开。他坚持认为理念是没有价值的，除非它们能够付诸行动，无论大小，它们都能以某种方式重新安排和重新构建我们生活的世界。

批判性思考

在许多层面上，实用主义的视角可能被认为是最适合管理者的。你认为这个看法的优势和局限性是什么？你能想到在什么情况下，实用主义者可能对组织是有害的？为什么你认为可以通过这个角度解决问题？

让-保罗·萨特是胡塞尔和海德格尔的学生，他也深受笛卡尔的人类意识的影响，认为人类意识是自由独立于实体世界之外的。在《存在与虚无》（*Being and Nothingness*）一书中，萨特将意识描述为“无”（不是一个东西），而不是一种活动（世界上不知从哪里吹来的风）。由于意识是虚无的，它不遵守因果关系的规则。这是萨特的文章的基础，并推动了人类将自由放在首位。他认为意识始终是自我决定的，并遵循悖论：它始终是它所不是的，而不是它所是的。

法国现象学家梅洛-庞蒂也反驳笛卡尔的心与身二分法，他认为感知（Perception）是针对某事物的身体认知行动，意识（Consciousness）“不是‘我想’而是‘我能’的问题”。正是借助于身体，我们才能感知事物，了解他人。在这个意义上，身体是“模糊”的，因为它既是主体，又是客体。身体的主体不仅存在、寄形于世界的当下，而且包含身体习惯的知识，如驾驶汽车、盲人使用盲杖及打字等。尽管存在经验主义的倾向，但梅洛-庞蒂在内心深处是一个理性主义者。他批判经验主义者“由感官碰巧提供的数据进行推断”，并断言基于这种数据的经验主义理论“永远不可能等同于知识”。

当现象学已经尝试描述和分析现象，或者康德哲学的“物自身”如何出现在我们的意识中时，另外一场20世纪叫作“分析哲学”（Analytical Philosophy）的运动聚焦在人们描述现象时所用的语言。在这场哲学运动中，奥地利哲学家路德维希·维特根斯坦（Ludwig Wittgenstein, 1889—1951）是最具影响力的人物。在早年，维特根斯坦将语言视为与逻辑相对应的现实的“图画”，并把形而上学斥为“荒谬”。他有句名言是说，对于我们不能说出来的，我们必须保持沉默。然而，他在晚年把语言视为人们按照约定俗成的规则所进行的“游戏”或互动。此外，“知道”（Knowing）是身体上的行动，是努力改变事情状态的意愿，而不是超然于世外。因此，维特根斯坦认为，“知道”（Knows）这个词的语法显然与“可以”（Can）“能够”（Is able to）紧密相关，但是也与“理解”（Understand）密切相关，“知道”（To Know）有这样的用法：我们说“现在我知道了”——类似于“现在我能够做了”或“现在我理解了”。

路德维希·维特根斯坦主要关注语言在人类的思想和生活中的角色。在《逻辑哲学论》（*Tractatus Logico Philosophicus*）一书中，维特根斯坦认为，如果语言代表现实，句子代表事物的状态，那么句子和事物之间就必须有共同的东西。作为他的“意义的图像说”的一部分，他认为句子是一个可能的事实的图像，并且是构成意义的基本单位。此外，他认为，句子中词汇（名称）的安排对应着世界中对象的安排。这导致他的假设是，现实世界的结构决定了语言的结构。

在之后的著作《哲学研究》（*Philosophical Investigations*）中，维特根斯坦使用了“工具”的概念，认为词汇是工具，而句子是设备。词汇的意义是它在语言中得到使用，而语言的结构决定了我们如何看待现实世界。语言不是通过严格的逻辑结构组合在一起的，不像他早期认为的那样，而是由多个简单的子结构或“语言游戏”组成的。

第二节　什么是知识——当代哲学的解释

一、当代哲学家赖尔、波兰尼

吉尔伯特·赖尔最重要的贡献是指出了“知其所以然”和“知其然”之间的区别。他区分了智力（知其所以然）和拥有的知识（知其然）。对他来说，智力只在活动中才有意义，与一个人执行任务的能力相关，行动表现出智力。相对地，知其然是指在一个人的头脑中储备有知识。例如白雪公主和七个小矮人的名字。他维护自己的逻辑行为主义，批判笛卡尔的唯心主义中认为知识和智力是相同的心理过程的观点。他反驳道，当一个人聪明地做一些事情时，他正在做的只有一件事，而不是两件事，知其所以然不能用知其然来定义。例如，一个厨师在根据食谱做饭（知其所以然）之前，可以不用给自己背诵食谱（知其然）。

迈克尔·波兰尼与赖尔有类似的行为主义背景。波兰尼在他的《隐性维度》（*The Tacit Dimension*）一书中，通过一系列涉及刺激—反应模型的假设性休克疗法的试验建立了隐性知识的概念。他对人类知识的阐述的起点是“我们知道的比我们能讲出来的更多”这一事实。他使用赖尔对于知其然和知其所以然的区分，提出认知的两个方面是相生相伴的，不是独立的实体。他的假设是它们处于一个连续体中存在。他用骑自行车的例子来说明：骑车需要关于保持直立的隐性知识；保持直立和从事骑行活动，是知其然。然而，很多人都会发现很难讲清楚是什么让他们直立（知其所以然）。吉尔伯特·赖尔和迈克尔·波兰尼的哲学如图 1-2 所示。

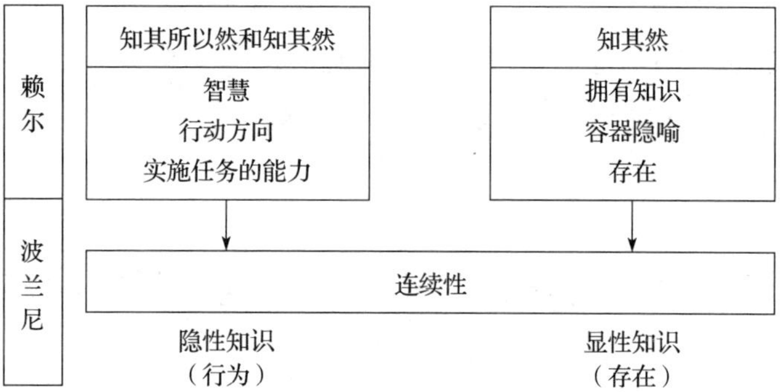

图 1-2 吉尔伯特·赖尔和迈克尔·波兰尼的哲学

批判性思考

你认为如何对“知其然”和“知其所以然”进行定义和分类是适当的？当雇主要求雇用有技能和经验的人时，他们仅仅是寻找“知其所以然”的人吗？在组织中有一个实用的比喻来形容知识分享，即传递足球。这个比喻有什么不妥吗？你能想出一个更好的比喻来描述组织中的知识吗？

二、伯勒尔和摩根的哲学范式框架

伯勒尔和摩根（Burrell and Morgan）通过推动我们深入理解知识的生产，在组织研究领域留下了一份永久遗产。关于社会科学研究的假设如图1-3所示，他们的分析始于对本体论（Ontology）假设的研究，因为这可能是任何认识论（Epistemology）立场和假设的基础。本体论关系到我们对现实的假设和认识论，关系到知识的边界和我们能知道什么。反过来，伯勒尔和摩根认为，正是认识论的假设和有关人性的假设，决定了基于一个特定视角选择的方法论。人性的假设主要集中在自由意志和宿命论之间。

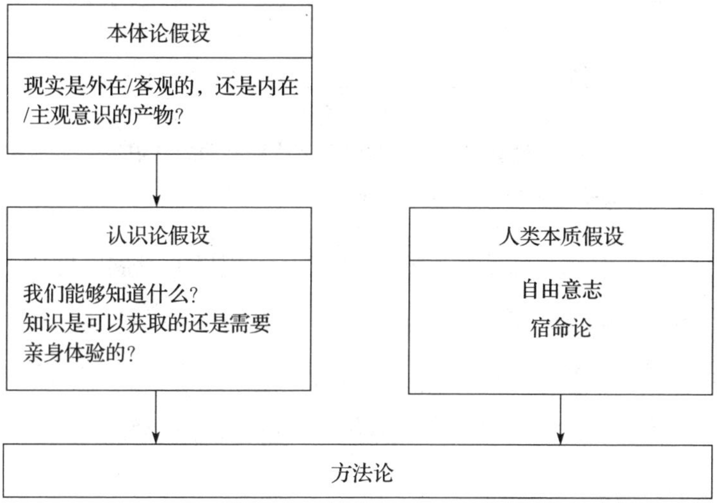

图1-3 关于社会科学研究的假设

资料来源：adapted from Burrell and Morgan, 1979.

通过这些假设，他们建立了四个“社会学范式”图，按照主观—客观维度和自由意志（变革社会学）—宿命论（改良社会学）维度，划分学术界主要的信仰体系伯勒尔和摩根的四个范式和不同的认识论如图1-4所示。范式（Paradigm）用来表示将很多理论的观点结合起来的共性观点。功能主义范式从实证主义、现实主义和社会工程的角度看问题，组织的生命在于创造和控制，不让重要的事情变糟。解释主义范式旨在通过个人意识和主观认识来了解现实。激进结构主义范式强调必须通过分析经济权力关系，推翻或超越现有社会和组织安排上的限制。激进人文主义范式旨在通过克服扭曲的意识形态、权力和心理冲动及社会制约，实现根本的改变和解放。

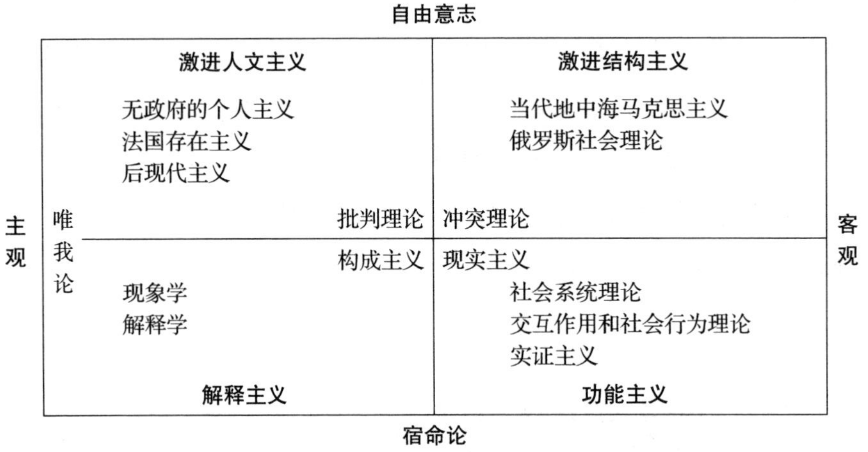

图 1-4　伯勒尔和摩根的四个范式和不同的认识论

资料来源：adapted from Burrell and Morgan，1979.

幸运的是，伯勒尔和摩根的四个范式有了积极的发展，即四个范式相互独立，同时向多范式研究的方向转变。焦亚和皮特（Gioia and Pitre）认为四个范式可以通过“过渡地带”相互连接，并提供了结构化理论、批判理论、马克思主义、韦伯的理论及唯我论等可以在多个范式中存在的例子。

批判性思考

仔细看看伯勒尔和摩根提出的四个范式。为什么从激进人文主义或激进结构主义视角看，几乎可以忽略管理学研究？在管理学研究中，“自由意志”的假设存在什么问题？你认为客观的科学方法是进行管理学研究和解决组织问题的最佳方法吗？这种方法可能存在哪些局限性？

三、实证主义、建构主义、后现代主义和批判现实主义的哲学立场

由于众多哲学立场同时存在，不同认识论的追随者之间经常出现“范式战争”也就不足为奇。在同一个阵营中出现公开争论并不罕见，例如在哲学立场前添加“激进”“后”“批判”“现代的”等前缀后，使得认识论进一步被分化。由于实证科学逐步控制了研究，在实证主义学者和反实证主义学者之间出现了令人不安的紧张状态。实证主义学者认为，社会现象包含明显的且独立的主客体关系，因而与自然科学并没有本质区别。在自然主义辩论中，反对这一立场的论据是，社会世界与自然世界是根本不同的。独立的主客体框架不能囊括这样一种社会关系：一个可能拥有自己的语言圈子的主体同时也是某种社会现象的客体，比如说学术。另一种反对实证主义者立场的说法是社会现实往往不能被直接观察到。这意味着，关于社会现象的知识并不具有自然科学的确定性，因为普遍的认识无法被证明。同样，这些知识往往不能形成普遍规律或逻辑严密的理论。

对实证主义者的批判是针对其立场而言的，即社会具有封闭系统的特点。社会中经常缺乏恒定的关联，这与物质世界是一样的。在一个封闭系统中，这些关联是稳定的，而在开放系统中，事件并不按照一个常规的、固定的和重复的模式发生。事实上，在社会中几乎不可能被创造出一个类似于实验室实验中得到的封闭系统。有评论者认为，社会事件的多变性或许并不是因为“动荡环境”理论所提出的事件存在固有的不确定性和混乱的观点，而是因为开放系统中存在的因果关联的机制。

彼得·伯杰和托马斯·卢克曼（Peter Berger and Thomas Luckmann）在其经典著作《现实的社会建设》（*The Social Construction of Reality*）中仔细考察了那些人们想当然认为真实的常识性知识。他们发现，在不同

文化甚至同一文化的人之间，对“明显的”事实的认定存在差异。他们的研究目标转向分析人们判断什么是“真实的”的过程。建构主义的观点认为，我们的社会和组织环境中并没有终极真理或现实，但我们可以通过体验我们与他人互动所构建的世界来了解。反对这种立场的人认为，社会建构主义者选择性地把社会现实的某些特征作为对象，而将其他特征视为社会建构的产物。另外，这种观点不承认可能有更广泛的社会力量（如资本主义、唯物主义）对可观察到的社会成果有着巨大的影响。

后现代主义观点的主要代表人物之一是让 - 弗朗索瓦·利奥塔（Jean-Fran cois Lyotard），他在著作《后现代状态》（*The Postmodern Condition*）中提出，历史决定现象并导致进步的观念已被颠覆，关于历史或社会的任何“宏大叙事”都不再有意义。由于人们接触大量视频、电影、电视节目和网站，会发现许多思想和价值观不再以个人主观或客观历史为基础。他举出了两个有影响力的关于追求知识的目的的元叙述，来说明这些目的并没有终极的基础。

- 知识是为了自身的利益而产生的；
- 人们为追求解放而创造知识。

另一位重要的后现代理论家是让·鲍德里亚（Jean Baudrillard）。他认为：电子媒体已摧毁了我们和过去的关系，颠覆了马克思主义理论中历史和经济力量决定社会形态的观点；电子通信及大众传媒所传播的符号和图像决定了人们的生活。

另一个对后现代思想做出关键性贡献的人是米歇尔·福柯（Michel Foucauit），虽然他拒绝称自己为后现代主义者。他提出了关于权力、意识形态和话语之间关系的重要思想。话语在理解社会的权力和控制方面扮演着核心角色，权力通过话语来主导对社会现象的主流态度。例如，专家的言论可以成为限制其他想法的有力工具。福柯认为，知识成为一种控制的力量，并与监督、强制和纪律等联系起来。

后现代主义观点的批评者认为，在这种视角下，试图了解社会现象或改变这个世界的行为注定会失败，并且，它阻碍了人类社会一般理论的发展，而这些理论能帮助我们以积极的方式干预和塑造事物。后现代理论的核心观点之一是要对人类社会、语言和意义的复杂性进行探索。在一些批评者看来，这种复杂性是不可能被概括的，因而后现代理论的产生本身就具有复杂性。这一点在激烈的理论冲突中，以及在后现代主义支持下产生的实践和知识中都得到了反映。一些后现代主义的批评者认为，后现代主义将在21世纪初失去其影响力，其中最激进的主张将变得不再可怕，最终会成为陈词滥调。与后现代主义观点的模糊性和复杂性不同，批判现实主义观点具有清晰和简明的特性，它将取代后现代主义学派，并提出有效力和效用的解释。

从现实主义者的观点来看，存在四种知识误解，如表1-1所示。第一，知识可以从参与、与他人互动及观察中得到。第二，口头和书面形式的语言并不是交流、欣赏和运用知识的唯一途径。比方说，当你身处人群或险恶的环境中，视觉、听觉、嗅觉等日常生活的技能都可以提供知识。第三，知识不是成品，而是人类“永远存在”和“不断创造”的产物。第四，科学并非最高层次的知识。

表1-1 四种知识误解

种数	知识误解
第一种	知识纯粹是通过思考或观察世界得到的
第二种	我们知道的可以简化为我们能表达的
第三种	知识可以被简单地视为一个事物或产品，在社会活动中，知识的生产和使用等过程能被独立地估价
第四种	科学可以被简单地认为是最高形式的知识，相对于科学，其他类型的知识是可有可无、可被替换的

资料来源：Sayer，1992。

研究某件事的原因意味着要回答“什么使它发生”“什么产生了它”“什么导致了它”“什么创造了它”或“什么决定了它”等问题。这些都是发生改变的象征。现实主义并不关注独立事件之间是否存在因果关系，它关注的是"起因的作用"或社会中起作用的过程和结构有关现实主义理论的解释（见图1-5）。不论是否得到运用，这种起因的作用都是存在的。例如，失业的工人依然有工作的能力，尽管他们现在并没有工作。仅仅了解事件B在事件A之后发生是不够的，我们需要了解事件A导致事件B产生的连续过程，这个变化的过程往往涉及多个因果机制。在不同的条件下，相同过程的操作可以产生不同的结果，或者反过来，不同过程的操作可能会产生相同的结果。通过抽象和寻找导致结果的可能因素，可以识别其中的基本结构。官僚机构、宗教组织和企业是基本结构的例子。

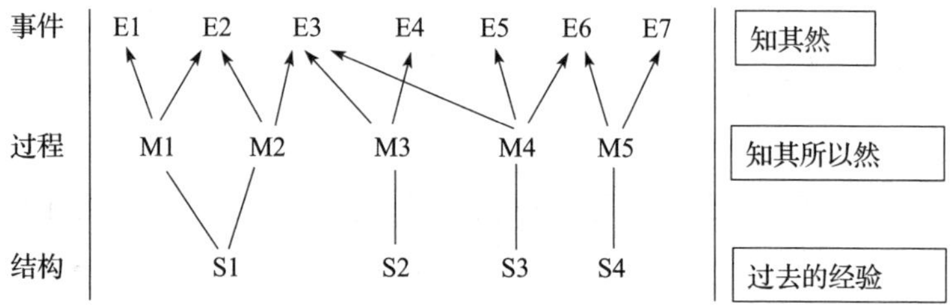

图1-5 现实主义理论的解释

批判性思考

你会如何形容自己的知识？你是否会用诸如"知其所以然"和"知其然"这类词？花一些时间对自己的知识进行思考，列出一个用来描述你的知识基础的词汇清单。你能发现这些词之间存在的相似之处或差别吗？你的描述与本章中的词汇存在类似的情况吗？如果你使用了一些非典型的文字和描述，它们是否可以形成一个关于知识的新理论？

第三节　什么是知识——经济学和管理学理论中的知识

一、经济学理论中的知识

大多数经济学理论都含蓄或明确地把知识视为经济现象中的一个重要因素。然而，它们在对待知识的方式上是不同的，这取决于对知识的重视程度、所关注的知识类型及获取和利用知识的方式。

1. 马歇尔、哈耶克和熊彼特

新古典经济学传统的鼻祖马歇尔（Alfred Marshall，1842—1924 年）是最早明确表述知识在经济事务中的重要性的先驱之一。按照马歇尔的说法，资本有很大一部分存在于知识和组织中，知识是我们最强大的生产引擎，组织是可以辅助知识的。但新古典经济学家关心的是如何利用既有的知识，它是以价格信息来表现的。在市场机制下，每个企业都有相同的固化了的知识来确保利润最大化，而不是由每个企业创造不同的知识。因此，新古典经济学家忽视了由经济主体拥有的、并非只以价格信息的形式体现的大量知识。

奥地利经济学院代表人物哈耶克（Friedrich August von Hayek，1899—1992 年）和熊彼特（Joseph Alois Schumpeter，1883—1950 年）都试图描绘经济的动态变化，方法是把注意力放在每个经济主体独有的知识上，而不是各个经济实体可以共享的常识性知识上。

哈耶克是率先看到隐性知识、特定场景知识重要性的先驱，他把知识划分为科学知识（即一般通用原则性的知识）和特定时间及地点的场景知识，并且认为不断变化的场景会对不同个体所拥有的知识相对优势持续做出重新定义。哈耶克指出，价格机制的功能是传达信息，而市场是社会化地促进个体知识流动的过程。然而，他未能抓住这些大多是“隐性的”特定场景知识转化为显性知识的重要作用。尽管哈耶克原来想开发出一套动态的、作为持续变化过程的市场理论，但他最后以“静态”的解读告终，认为不过是需要简单地、有效地“利用”“现有”知识而已。

熊彼特则建立了经济变革的动态理论。熊彼特认为，资本主义生来就是经济变革的一种形式或方法，它不仅永远不是静止的，而且永远不可能是静止的，资本主义发展的根本动力是“新的组合”。熊彼特强调了把显性知识进行组合的重要性，能够出现全新的产品、生产方法、市场、材料和组织，都是源于新的知识“组合”。

2. 企业就是知识库：彭罗斯、纳尔逊和温特

当熊彼特主要关注整体经济变革进程时，伊迪恩·彭罗斯（Edith Penrose）却把研究的焦点放在个别企业的成长上。她把企业视为“管理的组织和生产性资源（包括人力和原材料）的集合”。按照彭罗斯的说法，资源本身从来就不是生产过程的“投入”，但资源能够促成服务的交付。服务是企业内部积累的经验和知识的函数，因此是企业特有的。从本质上来看，企业就是一个知识的宝库。

此外，彭罗斯将规划过程视为企业成长的核心决定因素。她认为企业规划者通过评估企业在生产服务、环境的机会和约束等方面的优势与劣势，创造出企业及其环境的“形象”或心智模式。而这些形象都是从企业内部的经验和知识中浮现出来的。虽然彭罗斯指出了企业内部积累的经验和知识的重要性，但她没有详细说明通过怎样的组织机制或流程，能够让企业的员工积累知识。

纳尔逊（Nelson）和温特（Winter）在他们的经济和技术变革的进化论中，也将企业视为知识的宝库。与哈耶克的知识观遥相呼应，温特指出，基本上，商业企业是知道如何做事的组织，实际上，一个特定的企业在特定的时间就是一个知识宝库，储藏着非常具体的生产性知识，即便是具有相同业务线、表面上很相似的企业，它们的知识常常都是独特的。

按照纳尔逊和温特的说法，这些知识被存储在商业企业中作为“常规的和可预测的行为模式”，或者他们所谓的“惯例”，即等同于“基因”。创新则是天生不可被预测的、一种相对于惯例的“突变”。纳尔逊和温特还设计出了一个“自然轨迹”的概念，这是一种由“技术体制”决定的技术演化路径，更广泛的定义是“认知信念”，即什么是可行的或至少是值得尝试的，以及技术要求。因此，他们认识到了技术的本质就是知识，但他们没有明确地将技术知识的创造与更广泛的组织过程联系起来。

二、管理学和组织理论中的知识

经济学家往往关注既有的知识，但忽视由经济主体“主动和主观地创造”新知识，经济学家往往接受了笛卡尔的知识观，就是把经济知识和经济主体分开。19 世纪管理文献可以被分为两条发展路线。一条是“科学”路线，从泰勒到西蒙，再到当代专注于战略的“科学化”。另一条是“人本”路线，从梅奥到韦克，再到“组织文化”。事实上，管理研究的百年历史可以被看作两个阵营之间的一系列争论，以及综合它们的失败尝试，这一点似乎非常类似于前面讨论的西方哲学的发展历程。

1.“科学管理”与人际关系理论

科学管理由泰勒（Frederick Winslow Taylor，1856—1915 年）创立，他试图消除工人的“偷懒”现象，用科学取代“经验法则”，从而提高生产效率。他制订了“科学”方法和程序来组织与运行工作，其中最重要的就是时间与动作研究，目的是找到完成工作任务的“最佳方法”。“科学管理”就是尝试将工人的经验和隐性技能显性化，形成客观和科学的知识。然而，它没有把工人的经验和判断视为新知识的来源。结果，创造新的工作方法仅成为管理者的责任。管理者肩负了琐碎的工作，包括分类、制表、将知识转变为规则和公式，并把它们应用到日常的工作当中。

科学管理的快速传播催生了人际关系理论，它强调人本因素在管理中的重要性。在20世纪二三十年代，以梅奥（George Elton Mayo，1880—1949年）为首的一批哈佛大学的管理学者，在西方电气公司设在霍桑的工厂进行了一系列的实验。所谓的“霍桑实验”（Hawthorne Experiment）表明，社会因素——如士气、对团队的“归属感”、了解人类（特别是团体）行为的人际关系技巧等，能够提高生产力。

基于这一发现，梅奥与罗斯利斯伯格（F.J.Roethlisberger）和其他人合作，开发了一套新的“人际关系”管理理论。他们批判了泰勒主义者将工人视为原子化的“经济人”的管理观，并且认为人类是社会动物，应该在社会团体的场景中理解和对待他们。梅奥主张，管理者应该开发“社交人际技巧”，以促进工作组织的正式和非正式团体内部的人际沟通。

人际关系理论指出，通过持续改进车间工人拥有的实践知识，人的因素在提高生产率方面发挥了重要的作用。人际关系理论最终没有形成轮廓清晰的理论结构，使其与泰勒主义者的观点区别开来。结果，它后来被吸收到更“科学化”的人际团体和社交互动理论中，类似于泰勒理论的团体动力学和操作行为学，这类理论往往把人类视为刺激反应机器，没有什么知识创造的能力。

2. 巴纳德的综合尝试

巴纳德（Chster I. Barnard，1886—1961年）试图在组织层面综合两个阵营的管理理论——“科学管理”理论强调的机械理性和“人际关系”理论强调的人性因素。巴纳德试图基于自己在新泽西贝尔电话公司担任总裁的经验，建立一种组织科学，他是第一批认识到组织在工商管理中的重要性的人。虽然知识在巴纳德的管理理念中不是核心问题，但他的知识观可以被浓缩为以下两点。第一，知识不仅包括逻辑、语言内容，还有“行为”“非语言”的内容。第二，领导者创造价值观、信仰和理念，目的是保持组织内部知识系统的稳定，以及作为一个协作系统来管理组织。

巴纳德强调了“行为知识”在管理过程中的重要性，这与科学知识不同。按照巴纳德的说法，领导者同时利用从逻辑心智过程中获得的科学知识和从非逻辑心智过程中提取的行为知识。巴纳德认为后者更重要，原因如下。

管理过程的本质，是感知组织作为一个整体和与之相关的总体形势。它超越了智力方法的能力及区分形势因素的技巧。与之有关的词汇是“感觉”“判断”“感知”“比例”“平衡”和“适当”。与其说管理是科学还不如说是艺术，与其说是逻辑还不如说是美学。基于这个原因，你可以去认知它但不能去描述它，可以通过效果而不是分析去了解它。按照巴纳德的说法，“组织问题”的本质是将战略上追求相互冲突目标的行动者转变为理性的合作体系。知识对于确保合作理性至关重要，因为我们处理信息的能力有限。

巴纳德认识到了把人的心智活动的逻辑和非逻辑过程、科学知识和行为知识、经营者的管理职能和道德职能结合起来的重要性。但是巴纳德的组织分析仍然没有回答一些重要的问题，包括如何将组织成员的隐性知识转变为组织的知识，以及如何结合环境最好地应用这些知识。

3. 西蒙的信息处理方式

巴纳德对科学与人本管理观进行的综合尝试奠定了组织理论的基础。受到巴纳德对组织内经营管理角色重要性洞见的启发，赫伯特·西蒙（Herbert Alexander Simon，1916—2001 年）认为经营者的基本职能就是决策。同时，西蒙深受计算机和认知科学发展的影响，他研究人类解决问题和决策的本质，提出了将组织视为一台“信息处理机器”的观点。

西蒙在《管理行为》和《组织》两本书中，基于人的认知能力天生受限这一假设，建立了一套解决问题和做出决策的科学理论。换言之，他认为人们在短时间内处理信息的能力是有限的。利用“有限理性”这个概念，西蒙以信息处理的形式建立了一个模仿人类思考过程的计算机模型。按照这个模型，人类的行动就像一个信息处理系统，通过感觉器官从输入的信息中提取“有意义的结构”（Meaningful Structures），然后把这些有意义的结构存储为新知识或在决策行动过程中运用它们。鉴于知识是从所有可能的结果中选择出来的、有限的且与每种策略关联的相对理想的结果，西蒙进一步指出，组织结构及其职能的基本特征，正是源于人解决问题的过程及理性选择的特征。因此，一个面临复杂环境的组织应该以内部单元信息分发最小化的方式进行组织设计，以减轻其信息负担。

然而，西蒙过分强调了人类推理和组织决策过程的逻辑方面，以及人类认知能力的局限性。他试图把信息和知识显性化，无视巴纳德讨论的“非语言心智模式”或“行为知识”，以及波兰尼强调的“隐性知识”。对西蒙来说，隐性知识只不过是噪声，而人类推理和决策的逻辑内容远比价值和意义这样的东西更重要。

4. 垃圾桶模型和意义建构理论

西蒙信息处理的方式受到科恩、马奇、奥尔森（Cohen，March and Olsen）提出的组织“垃圾桶模型”（Garbage Can Model）的挑战，他们强调人解决问题和做出决策时的非理性和模糊的特质。他们认为，一个组织就是一系列选择的集合，寻找可能会暴露决策情形的问题、议题和感觉，寻找可能有答案的问题的解决方案，寻找可以工作的决策者。

在这个模型中，选择的机会等同于“垃圾”，而问题、解决方案和决策者相当于“垃圾桶”。该模型还将组织描绘为一个感知系统，为过去发生的事赋予意义，而不是一个规划和演绎决策的系统。垃圾桶模型注意到了组织内模糊或无序的作用，但没有对个体和组织层面发生的学习提出有效的洞见。该模型没有说明组织内部主动创造知识的重要性，也忽视了组织行为与系统性组织学习的整合。如果学习只发生在个体层面，正如马奇和奥尔森指出的，学习者只会在有限的活动范围中产生知识，这些生成的知识只可能与产生它的个体有关。因为在不同个体产生的知识间建立连接非常困难，一个组织的知识库几乎不可能被建立起来。

在韦克（Karl E.Weick）的组织“意义建构理论”（Sense-making Theory）中，我们也能找到垃圾桶模型底层的知识观。韦克认为意义建构的基本想法是：现实是一种持续的结果，源于为创造秩序并回溯发生事情的意义所付出的努力，意义建构强调人试图对事物做出对己对人合理的解释。

韦克从结构化行为（Structured Behavior）循环来观察该组织——用“组织化”（Organizing）一词表述可能会更好一些。他认为在组织中共有的信息和意义应该如同行为一样变得结构化。正是通过开发共有的意义和理解，结构化行为本身的循环才会被感知并变得有意义。尽管对意义的维度存在各种解释和分歧，但只要围绕其中一个达成共识，组织的行动就会发生。成员之间达成共识是组织化行为的特征，这促使组织将达成一致并诠释为一个系统。韦克还强调组织对其环境采取行动的重要性。

5. 经营战略科学

当西蒙式科学观（将组织视为信息处理机器）受到人本观（将组织视为意义建构和非理性决策过程）的挑战时，在战略管理理论和组织文化理论之间发生了另外一场关于科学管理观和人本管理观之间的争论。经营战略的科学化始自“经验曲线效应”，这是波士顿咨询公司（BCG）提出的概念。在 20 世纪 60 年代，管理学者和顾问认为经营战略应该不仅仅关心生产成本，还应该关注总成本。为了快速降低总成本，他们认为企业应该尽可能多地生产，并扩大市场份额。BCG 将这个想法转化为战略规划技术，并将之称为产品组合管理（Product Portfolio Management，PPM），在这个体系中产品或业务的资金流由市场增长率和相对市场份额的组合决定。

另一个叫作营销战略利润影响（Profit Impact of Marketing Strategy，PIMS）技术，是由通用电气公司（GE）的一个项目组于 1960 年创造的。为的是找到更好的方法来解释和预测经营成果。PIMS 模型是基于那些能够有助于GE扩大市场份额或提升业务投资回报率（Return of Investment，ROI）的因素构建的。

波特（Michael Porter）开发了一个框架帮助理解企业如何创造并保持竞争优势。他认为企业必须就竞争战略做出两个选择：行业吸引力和行业内竞争定位。为了分析行业吸引力，波特设计了著名的“五力”模型（Five Forces Model），帮助理解产业结构并通过审查5个竞争力（进入壁垒、购买方议价能力、供应商议价能力、替代产品或服务的威胁、现有竞争者的竞争）来了解产业结构是如何变化的。波特提出了另一个框架，叫作“价值链”（Value Chain）模型，用来分析竞争优势的来源。价值链是一个系统理论，它可以检查企业执行的所有活动和它们之间彼此的联系。

战略科学把重点放在了逻辑和分析（即演绎或归纳）思考及组织高层对既有显性知识的利用上。那些无法被量化的人性因素，如价值观、意义和经验，则被排除在正式商业计划和战略资源部署之外。正如我们将在下面看到的，在“组织文化”方面的研究可以弥补对知识在人性方面的作用的忽视，这一点有点类似于人际关系理论对“科学管理”的补充。

6. 组织文化研究

20世纪80年代初，许多西方公司沉溺于用“科学”定量的方法来制定战略，并患上了“分析依赖”（Analysis Paralysis）综合征，因此开始丧失它们的活力和竞争力。为了满足替代“科学”方法的需求，彼得斯和沃特曼（Peters and Waterman）提出了“人本主义”（Humanistic）管理方式。他们观察到“优秀公司”为促进员工之间共享价值会做出各种努力。每个优秀的公司都建设了自己独特的“企业文化”，它决定了公司的思维方式和行为方式。

沙因（Schein）认为，必须有足够的共有经验才能形成共有观点，而这种共有观点必须已经经过日积月累，已经被认为是天经地义的，从而发展形成集体意识。从这个意义上说，文化是一种团体经验的学习产物。他把文化定义为：某个团体在学习应对外部适应问题和内部整合问题时所发明、发现或开发的一套基本假设模式——它运转得相当良好，被认为是有效的，并因此作为正确的方式被传授给新成员去感知、思考和感受这些问题。另外，普费弗（Pfeffer）强调了信仰的重要性。他将组织视为“共有意义和信仰的系统”，其中关键的管理活动涉及信仰体系的建设和维护，确保对参与者能够产生持续的信守、承诺及正面影响。因此，组织的文化可以被看作由组织的成员共有的信仰和知识组成。

有关组织文化的研究把组织作为一种认识论体系为我们提供了启示。此外，它们强调诸如价值观、意义、承诺、象征和信仰等人为因素的重要性，并为更精细地研究知识的隐性方面铺平了道路。此外，它们认识到组织作为一个共有的意义系统，通过成员之间及自身与环境间的社会化互动，就能持续学习，自我变革，与时俱进。

三、走向新的综合

巴纳德曾经试图综合知识的科学观和人本观。实际上，这两大阵营随后各自分道扬镳，科学方式向信息处理方式和战略科学方向发展，人本主义方式则向垃圾桶模型、组织意义构建理论和组织文化研究方向发展。但是从 20 世纪 80 年代中期开始，试图把科学和人本方式进行综合的新尝试又出现了，并形成 3 个研究流派。它们是：①关于“知识社会”的构想；②组织学习的理论；③基于资源（核心竞争力或核心能力）的战略管理方法。

1. 德鲁克的知识社会

第二次世界大战后，以制造业为基础的工业社会逐步进化为服务型社会，进而迈进所谓的信息化社会、数字化社会。根据前沿管理思想家的预测，在已经来临的数字化时代，制造、服务和信息部门将以知识为基础，而商业组织将以多种方式进化为知识的创造者。

德鲁克是最早注意到这种伟大转变迹象的思想家之一。他在1960年前后创造了“知识工作”（Knowledge Work）和“知识工作者”（Knowledge Worker）这样的词汇。根据他的著作《后资本主义社会》（*Post-Capitalist Society*）中的说法，我们正在进入“知识社会”，其中“基本经济资源”不再是资本、自然资源或劳动力，而“现在是，并且将来是知识”，并且“知识工作者”将在其中发挥重要作用。

德鲁克认为在知识社会中，每个组织面临的最重要的挑战之一，是建立能够进行自我转型管理的系统实践。组织必须时刻准备好摒弃已经过时的知识，并学会通过以下方式创造新的事物：①持续改进每项活动；②从自己取得的成功中开发新的应用；③把持续创新变成组织的流程。德鲁克还指出，组织必须提高知识和服务工作者的生产力，才能迎接挑战，在当今世界发达国家中，管理者面临的最大一项挑战就是提高知识和服务工作者的生产力，在接下来的几十年间，这项挑战将是管理的主要议题，并最终决定公司的核心竞争力，更重要的是，它将决定每一个工业化国家的社会结构和生活品质。

德鲁克似乎已经认识到了隐性知识的重要性，他认为技艺无法用文字解释，无论是口头方式还是书面形式，它只能被展示出来，因此，学习技艺的唯一方法就是通过传授和体验。同时，德鲁克相信用诸如科学和定量法这样的方法可以将特别的经验转化为系统，将轶事转化为信息，将技能转化为可以教授和学习的东西。

2. 组织学习

组织学习理论家们长期以来一直最关心的问题是组织必须经常面对它们所在环境新的变化。在当今经济动荡和技术加速变革的时代，这种需求正在增长。人们普遍认为，学习分为两种：单环学习（Single-looped

Learning）和双环学习（Double-looped Learning）。单环学习是为了解决具体问题，在既有的前提下获得技术诀窍（know-how）。双环学习是超越既有的基础，建立新型前提（即方式、图式、心智模式或观点）。

彼得·圣吉（Peter Senge）发现许多组织都饱受"学习障碍"（Learning Disability）之苦。为了救治这种痛苦和加强组织的学习能力，他提出了"学习型组织"（Learning Organization）作为实践模型。他认为学习型组织同时兼具创造性学习（即主动的）和适应性学习（即被动的）的能力，作为其竞争优势的可持续来源。按照圣吉的说法，管理者必须进行如下修炼才能建设学习型组织：①采用"系统思考"；②鼓励"自我超越"，掌握自己的命运；③让通行的"心智模式"浮出表面并挑战它们；④建立"共同愿景"；⑤促进"团队学习"。

在这五项"修炼"中，圣吉强调了"系统思考"的重要性，说它是将所有修炼整合的修炼，将它们融合成一个理论与实践相结合的整体。他还指出系统思考是哲学上对于西方文化中"盛行的'还原主义'（Reductionism）"——寻求复杂问题的简单答案的替代方式。他认为，学习型组织的核心是心智转变——从视自身与世界隔离，到与世界密切连接，从把问题归咎为由"外界"他人他事引起，到意识是自己的行为导致了我们遭遇的问题，学习型组织是一个人们不断发现他们如何创造现实，以及他们如何改变现实的地方。

人们隐晦地或明确地认为，双环学习——对既有的观点、解释框架或决策前提进行质疑和重构，如果由组织自己实施可能会非常困难。为了克服这个困难，组织学习理论家认为非常有必要进行某种人工干预，如使用组织发展计划。这种论点的局限性在于它假设组织内部或外部有人能"客观"地知道将双环学习付诸实践的正确时间和方法。这种假设背后隐藏着笛卡尔式的组织观。从组织知识创造的有利角度来看，双环学习不是一项特殊而艰巨的任务，而是组织的日常活动。组织通过每天重构既有的观点、框架或前提，不断地创造新知识。换句话说，双环学习的能力是在创造知识的组织里建立起来的，并不存在关于某个“正确”答案的不切实际的假设。

3. 基于资源的新战略方式

为了帮助企业在20世纪90年代不断变化的全球化环境中更有效地参与竞争，一种新的被称为“基于资源的方式”（Resource-based Approach）的企业战略方式出现了。这种新方式把素质、能力、技能或战略资产看作企业可持续竞争优势的来源。普拉哈拉德和哈默尔（Prahalad and Hamel）的文章《核心竞争力》及斯托克、埃文斯和舒尔曼（Stalk、Evansand Shulman）的文章《基于能力的竞争》就是这个领域的代表。基于资源的方式的支持者认为，20世纪90年代的竞争环境已经发生了巨大的变化，使得以波特的竞争力框架为代表的结构化方式已经过时了。斯托克、埃文斯和舒尔曼的观察如下。

当经济相对稳定时，战略可以保持不变。在一个以耐用品、稳定的消费需求、明确定义的国家和区域市场，以及可以明确识别出竞争者为特征的世界中，竞争就是一场“定位战”，企业占据的竞争空间就如同棋盘上的格子一样……

而今日之竞争已然变成了一场“运动战”，其中成功取决于对市场趋势的预判和对变化的客户需求的快速反应。成功的竞争者在快速地推出或淘汰产品、进入或退出市场。有时甚至针对的是全部的业务——这个过程与其说是在下棋对弈，不如说更像一场交互式电竞游戏。在这样一个环境中，战略的本质不是公司的产品和市场的结构，而是其行为的动态变化。

蒂斯、皮萨诺和舒恩（Teece、Pisano and Shuen）也强调了战略的动态特质，他们提出了“动态能力”（Dynamic Capabilities）的概念，或者说一个组织随着时间的推移学习、适应、改变和更新的能力，这涉及搜索、发现问题和解决问题（在组织层面）。普拉哈拉德和哈默尔提出了一个类似的、不太强调动态的核心竞争力（Core Competency）的定义，即组织中集体学习，尤其是如何协调多样化的生产技能和整合多种技术流派的能力。

从上面的定义可以看出，关于核心竞争力与动态能力的区别其实并不明显。这两个概念都强调战略的“行为”方面，即公司“如何”选择去竞争，而不是选择去“哪里”竞争。普拉哈拉德和哈默尔在定义核心竞争力时，聚焦于整个企业范围内的技术和生产技能，它们是公司众多产品线的基础，而斯托克、埃文斯和舒尔曼在定义能力时，从更广泛的视角看待技能基础，聚焦于包含整个价值链的业务流程层面，正是广泛的技能可以把公司的关键业务过程转变为战略能力，从而在竞争中取得成功。

尽管存在这种差别，但普拉哈拉德和哈默尔与斯托克、埃文斯和舒尔曼之间还是有许多的相似之处。他们都主张应该在公司“内部”的资源和技能中寻找竞争优势，而不是像结构化方式提倡的公司需要去“外部”市场环境中寻找。

第四节 什么是知识

早在我国春秋时期，儒学哲学中就呈现了大量对知识观的研究。先秦儒学哲学所研究的知识观区别于西方哲学，呈现一种“性道之学”的知识形态，这种知识形态更侧重于指导人如何认识世界和认识自我，从研究领域来看，既涉及人的认知领域，又涉及知识伦理与道德领域，以此显著区别于西方哲学体系中追求知识本身的特征“真”。儒学中的知识观表现为在真实地反映客观世界与事物的基本规律的同时，依然追求知识与道德的内在统一，尤其是先秦儒学更关注知识生成过程中人的主体性、心性本体和道德实践等问题。实质上，不论是古代西方还是近代西方哲学体系对知识论的研究，其围绕的研究话题总是绕不开知识的来源、基础、确定性、范围及定义。但是，相比于西方哲学下的知识观，中国古代哲学长期倡导“知”先于“行”和“知”高于“行”，且儒家思想下的知识观具有明显的道德伦理色彩。不论是孔孟的人本知识论还是程朱理学，抑或是王阳明的“致良知”的知识观，“心”在中国儒家文化中的地位要高于“思”在西方哲学与文化中的地位，即儒家思想对知识的伦理性与道德性的要求高于知识本身的价值，而非带有价值中立色彩的“思想”或“智慧”。此后，具有主观唯物色彩的知识观逐步受到西方唯物论的影响，尤其是近代社会之后马克思主义在中国的广泛传播，催生了以唯物辩证主义为主导的知识观。且从中国知识观研究的基本问题演化的视角来看，中国古代儒家思想体系下的知识观与近现代基于唯物论的知识观共同指向的基本问题便是“知”与“行”关系的问题，主要集中在孰轻孰重、孰先孰后、孰难孰易、是分是合四个方面。

一、儒家思想的知识论

1. 孔子的人本知识论

在西方哲学思想体系中，知识论主要围绕“对何以能知”和“何者为我者所能知”两大基本问题，先秦儒家思想主要侧重对第二个问题的基本回答。孔子强调：“知之为知之，不知为不知。是知也。”在孔子的知识论中，知识的探索是寻求自身能知道的知识边界，而且能够知道自己不知道的方能为“知”，即廓清自身所处的知识探索边界。在庄子的《庄子·养生主》中，庄子提道：“吾生也有涯，而知也无涯”。在整个世界中，知识的总量与知识的分布是人类无法知道的，但确定的是人生探索知识的长度，即人对客观世界对象的认知必然是有限的，这构成了整个知识论的基本前提。孔子倡导的知识论基本的场域依然是人的生存世界，《述而》中提到，子不语怪、力、乱、神。孔子对人类看不到的鬼神是敬而远之的，其持有谨慎看待的态度，这也意味着孔子打造的世界是一个与人的生存与发展息息相关的知识世界。虽然孔子在《为政》中说：“五十而知天命”，但“天命”其实并非指向鬼神，其依然是人类所处世界中的非经验性的知识，即难以通过人类的总结而获取的抽象的具体性、经验性知识。从这个意义上看，孔子对知识获取的边界进行了定义，认为知识获取的边界在于人与客观世界的联结边界，从价值逻辑起点来看，孔子倡导的知识论本质上属于“人本知识论”。

在知识的获取方式上，孔子秉承学习观，即学习是获取经验性与非经验性知识的唯一途径。孔子认为，是否能知取决于知识本身有没有与人发生联系或与人所处的世界发生联系，而不在于知识本身是否属于经验事物。获取与人发生客观联系的事物的经验性与非经验性知识主要是通过学习实现的，学习正是孔子所认为的人与被认知对象发生关联及获取相关知识的主要工具。更为关键的是，学习不仅包括与客观对象的接触，更包括对客观现象的思考、感悟及从过去的经历中挖掘等多种方式。从知识的来源渠道来看，孔子将知识的来源分为四类等级（孔子曰：“生而知之者上也，学而知之者次也。困而学之，又其次也。困而不学，民斯为下矣。”《论语·季氏篇》）：第一类等级是最高级别，属于人生而自然地拥有了一切知识，无须通过后天的任何途径获取知识，这种天赋性知识属于最高等级；第二类等级是有些人生而不具有知识，但是可以通过后天的学习获取知识，这种人是“学而知之者”；第三类等级是在现实的后天学习过程中存在学习障碍与学习困难，其个体并非积极主动学习，而是遇到困难后，既有的知识经验无法解决继而拥有再学习的意识，属于被动式学习者；第四类等级则是属于遇到困难也不学习，属于自暴自弃或懒惰懒散之人，放弃了求知的基本途径，这类等级中的人不可能获得知识或产生新的知识，被界定为“下愚”，与第一类天赋性掌握知识的“上知”对应。孔子进一步提出，“唯上知与下愚不移”（《阳货》），即只有天赋异禀的“圣人”和后天自暴自弃的“愚人”难以改变甚至不可改变，能够改变的是主动式学习者或被动式学习者。且从知识的基本获取方式上看，不管是被动式学习还是主动式学习，孔子认为这两类都属于“学知”。从这个意义上看，孔子认为知识来源渠道主要是两类：生而知之与学而知之。但从孔子本身来看，他并非十分推崇生而知之的知识获取渠道，虽然在孔子的系列述说中其推崇大量的历史人物，包括尧、舜、禹及周公等，但孔子本人依然认为自身属于“学知”，即通过一生的努力求学最终获得学问。孔子对待“生而知之”的圣人的态度是不明确的，曰：“圣人，吾不得而见之矣；得见君子者，斯可矣。”

如果说求知的术是学习，那么孔子认为求知的道在于“仁”，此时知识与道德便有了连接的桥梁。可以说，孔子一生都在追求超越“器”“物”“艺”的道，这种道便是“仁”。孔子认为，真理便是求知学问的终极追求目标。孔子对于道的追求是穷尽一生的，他认为追求知识的最终目标在于求道（“志于道，据于德，依于仁，游于艺。”《述而》），因此，“道”是孔子倡导知识学习的核心目标。同时，孔子对“道”的内涵也进行了解读，在《里仁》中，孔子认为“道”是一种颠扑不破的真理，即不随人的改变而改变的一种客观知识，是认知事物的本质。且孔子认为“仁”是礼乐文化的核心本质。从孔子的个人志向来看，他对“道”的追求可以超越生命，孔子说：“朝闻道，夕死可矣”，充分说明了“道”在人生求知过程中的价值，即可以为“道”付出生命，且这个“道”便是孔子提倡的“仁道”。孔子对“仁道”也有客观的论述，他强调：“能行五者于天下为仁矣”。他在《阳货》中进一步解释了“仁道”的核心表征，提出“恭、宽、信、敏、惠。恭则不侮，宽则得众，信则人任焉，敏则有功，惠则足以使人。”最后，孔子也对知识最高境界的探索主体进行了界定，提出了“君子学道则爱人，小人学道则易使也。”（《阳货》），即君子是“仁道”知识的学习者与探索者，最高境界的知识唯有“君子”适用：进一步统一了知识与道德的关系。因此，孔子对知识探索的最高境界进行了探索，认为知识探索的最高境界在于回归“仁道”，这种“仁道”超越经验与一般性知识，是发展人、成就人及实现人的至善的真理，彰显了知识服务社会的人本价值与人文温度。

总之，孔子的知识论对知识的基本来源、获取知识的基本渠道与路径、获取知识的基本阶段与知识的主体进行了基本的界定，对“人能够知什么”和“人应该知什么”等问题进行了基本的回答，且充分肯定了人的认知边界的有限性，“仁道”是人追求知识与知识创新的最终目标与最高境界。

2. 孟子的“良知良能”说

孟子的知识论沿袭了孔子以人为本的知识观，即人能够认知、探索、学习与追求的知识边界是与人联系的客观世界，如果外界事物与人的生存、发展不存在联系，那么其不能被称为被认知与探索的知识，且人通过学习与思考连接人与之联系的客观事物与空间。在孟子的知识观中，他也认为存在无所不知的“圣人”，孟子说：“可欲之谓善，有诸己之谓信，充实之谓美，充实而有光辉之谓大，大而化之之谓圣，圣而不可知之之谓神”（《尽心下》）。因此，掌握知识的最高境界者是圣人，也可谓之“神”。但是，与孔子不同，孟子认为人是可无限接近“神”的，认为人可以通过智慧与德性而自得，最终人可以根据自身的思想与意志对“神”做出改变。孟子说，“牺牲既成，粢盛既洁，祭祀以时，然而旱干水溢，则变置社稷”（《尽心下》）。同时，孟子在论述人民与君王的关系时，提倡民贵君轻的人本主义思想，认为“民为贵，社稷次之，君为轻”。这充分说明了人的主观能动性，“以人为本”和以人为中心的知识范畴。宇宙的无穷知识可以通过有限的人生探索，孟子肯定了人的创造性，即通过人的主观能动性与人的智慧，可以创造知识通晓真理，无限的真理最终被转化为有限。

首先，在知识探索与知识创造的方式上，孟子也系统回答了“何以能知”的基本问题，认为“良知”与“良能”是实现知识获取的两种主要方式。区别于孔子倡导的“生而知”与“学而知”的基本概念，“良知”与“良能”是人固有的，也是知识探索过程中的立足点。但是孟子认为“良知”与“良能”需要后天得到充分挖掘才能被固化与稳定，挖掘的方式是知识学习，即学习是知识探索的主要方式与获取知识的主要途径。其次，孟子的知识观中也包括了知识伦理范畴，他对知识与道德（德性）的基本关系进行了阐述（“人之所不学而能者，其良能也；所不虑而知者，其良知也。孩提之童，无不知爱其亲者；及其长也，无不知敬其足也。亲亲，仁也；敬长，义也；无他，达之天下也”《尽心上》)，孟子认为德性并非通过人的认知获得，而是一种“性善论”，即坚持道德的“天赋说”。最后，在知识获取的目的上，孟子同样继承了孔子追求的“道”，但这种道是追求治国平天下，即知识最终要为国家民族振兴与社会发展服务。孟子倡导的道是积极入世的追求，提出“由周而来，七百有余岁矣。以其数，则过矣；以其时考之，则可矣”和“夫天未欲平治天下也，如欲平治天下；如欲平治天下，当今之世，舍我其谁也！吾何为不豫哉”（《公孙田下》)，实质上为知识的服务范围提供了明确的对象与合法性，即人探索知识最终是服务社会和国家，这样知识才具有探索与创新的意义和价值，一定程度上也继承了孔子提出知识追求的最高境界是“仁道”，即为人类社会发展服务。

3. 王阳明的知识观

王阳明所处的时代是中国明朝中叶，这一时期明朝面临外部起义军的政治冲击，且统治者的内部斗争加剧，呈现宦官专权的系列不良政治生态，地方藩王相继叛乱挑战明朝封建统治，明朝封建统治岌岌可危。当时的正统思想主要是程朱理学，科举考试的内容主要是朱熹解释的“四书”“五经”，程朱理学成为当时统治者科举八股取士的唯一参考标准。从程朱理学的思想内容体系来看，其核心内在主要是“格物致知”，认为人的行为实践来自既有知识和真理的指导，并以既有的知识经验为基础，即知识是行动的前提，知在前，行在后，且在重要性上，知比行更重要。朱熹认为知为先，行为后，但行比知更重要，知识与实践相互分离但是相互依赖，依然秉承知识与实践的相互分离学说。程颐认为行依赖知，且知不能行，则不是“真知”，而是“粗知”。从知识探索的基本过程来看，朱熹强调“格物穷理”，即人通过格物能够把握终极的本体之理，朱熹运用逻辑演绎的方式而不是实证方式指出事物之所以是当下呈现的样子，是因为事物内部受到理的制约。从这个意义上来看，理是万事万物存在的共同根据与基础。程朱理学坚持的知识论是一种客观决定论，即“理”具有绝对客观性，知与行相互分离并相互割裂，且知识的重要性远远高于行，这种关系认知也对当时社会的文化风气产生不良影响，其中最为明显的是造成了社会的“知行脱节”和“知而不行”等现象。

王阳明看到了程朱理学倡导的知识论的弊端，在38岁时便提出了“知行合一”学说。具体而言，“知行合一”的内涵主要体现为知与行是相互统一的，否定了程朱理学长期倡导的知前行后及知重于行。王阳明认为从本原上就不能把知与行二者相互剥离并人为分开，认为此已被私欲隔断，不是知行本体了。从根本上说，知而不行就是不知。王阳明提出“知行合一”的基本学说后，遭到了当时主流理学思想的质疑与批判，但王阳明依然继续丰富知识观范畴下的知识论与道德伦理学说的关系，他在正德十五年（公元1520年）提出了“致良知”学说，不仅用“知行合一”来否认程朱理学中对于知行的主观割裂，而且从认识论演化和知识探索的角度丰富了知识与道德伦理的基本关系，具有鲜明的道德实践色彩，实现了知识与德性的相互统一。具体来看，王阳明认为德性之知和德性之行在具体的“行”的过程中必然是同时显现的，不可能彼此割裂，他从这个意义上说明了只有以知识为德性知识方能指导人的行为与实践。从过程视角来看，王阳明的“知行合一”是一种动态演进的知识探索过程，他把“知”与“行”放在一个场域或行为过程中，且统一于“行”，抛弃了程朱理学的静态知识观，强调知识本身具有动态性，需要动态地看待知与行的关系问题。知识或真理是这个过程的开始，行是这个过程的结束或最终的目的。二者处于同一个过程之中并且丝毫不可以被分割。具体而言，从知识探索的行为过程来看，知识究竟是否能够指导实践需要通过行动予以检验与验证，而行动则是获得新知即创造新的知识或者探索新的知识的主要形式，行是知的最终实践，是知识的最终完结，因此从动态视角来看，二者属于同一个过程的不同方面。

在知识与实践的相对轻重关系上，王阳明在知行关系上的落脚点依然在行，倡导“知行合一”的落脚点在于“行”，其目的是改变程朱理学中由割裂“知”“行”关系，以及“知”主导“行”而衍生的知而不行、知行脱节的空疏学风和不良世风。王阳明倡导“知行合一”，至少将行放置于与知识同等的地位，甚至行动比知识本身更重要，王阳明更强调具有知识或真知的人往往能把知实践于行，提出“未有知而不行者。知而不行，只是未知”。因此，知识的价值在于具备知识后付诸行动，把行落到实处，最终知识的落脚点在于服务实践并指导人类改造社会实践。从知识与实践的相互传导关系来看，知识可以作为客观规律的总结或经验的提取，但是知识本身不是静态不变的，需要在动态实践中演化发展，知识指导实践行为的发展，而实践是知识深化的实现方法。因此，实践是知识深化的主要过程，也是检验知识的主要渠道，最终反过来促进知识的创新与发展。从王阳明知识观的现实意义来看，王阳明倡导的是学以致用的实践论，是早期实践论的基本雏形。王阳明强调“知行合一”，启示了当今人们应将学术的知识理论和实践能力结合起来，尤其是在学术研究探索知识的过程中，应将理论与实践结合起来，用知识来指导实践，并在实践中推翻不合时代的旧知识或伪命题，获得新的知识，使原有的知识获得升华，最终形成“知—行—知”动态螺旋迭代的演化过程，实现二者的有机统一，互相促进，动态合一。

4. 明末清初王夫之的知识观

王夫之和王阳明同为明清思想家，王夫之出生的时代比王阳明晚了约150年，他对朱熹和王守仁知识观中“知先行后”的客观唯心主义进行了批判与发展，融合佛教“消所入能”的论点，强调行是知的基础，建立了朴素唯物主义的知识观。

在对知识来源的问题上，王夫之认为“形、神、物”是知觉产生的三个主要原因，即“形也，神也，物也，三者遇而知觉乃发”。人凭借自身有形的感觉器官，通过接触客体形成了对于客观对象的认识，这便是“摄物”的过程。在对“形”的认识上，王夫之秉承了张载的气论思想，认为无论是人的形体、被称为形器的可见可循之物，还是形象，皆是气所产生且以气为依据的实有客观物。“神”作为知觉产生的第二个原因，同“形”一样具有多重含义，既包含了事物运动变化的规律，也包含了人的思维能力和精神意识活动。在王夫之看来，“神”是气本身所具有的形态，但这并非无迹可寻，而是具有条理性、必然性和可信性。“物”指客体对象，它们不以人的意志为转移，不受人心的影响。因此，王夫之也反对将世界视为虚无，认为世界是客观实有的。

在对“知”和“行”关系的认识上，王夫之认为“知行相资以为用，惟其各有致功，而亦各有其效，故相资以互用，则于其相互，益知其必分矣”，即“知行有别”，各自有其功用且不可相互替代。在“知”和“行”相互作用、相互转化的过程中，王夫之认为二者的关系既不是朱熹“知先行后”这一将“知”“行”割裂的观点，也不是王阳明“知行合一”中对“行”的第一性认识不足的观点。王夫之的知行观是辩证的，强调“行可兼知”“知行相资以为用”“并进而有功”。坚决批判王阳明的“知行合一”中，将“知”与“行”二者混同，“离行以为知”的唯心主义，但也并不否定“知”对于“行”的作用。

王夫之的知识观是“知”与“行”辩证统一的，强调了“行”是“知”的目的，对“知”有决定性作用，已经具有一定辩证唯物主义的色彩，同时认为“知”能够反作用于“行”，其目的在于“实践”。王夫之强调“知之尽，则实践之而已。实践之，乃心所素知，行焉皆顺，故乐莫大焉”。他强调在这一过程中人的主体能动性，认为这一主体能动性不是少数圣贤才能够具有，而是存在于每一个普通人身上，他反对“任天”的思想，认为“任天而无能为，无以为人”。正确的态度应该是充分发挥人的主体能动性，在世界中进行认识与实践，无论是“尽器”的感性与知性认识，还是“尽道”的理性与理论的认识，最终都要落在“德”的实现上面，这也是王夫之所强调的仁性，即“心之实”。

从中国传统文化与哲学对“知”“行”关系的辨析来看，中国以儒家思想为主导的传统儒学知行观的演化过程与规律为王阳明的“知行合一”理论视域提供了基本定位。从知识观中探讨的重要理论即“知”“行”关系来看，中国传统儒学文化倡导的知行观演化过程的重要阶段主要体现在以下几方面。

第一，先秦时期孔子开创的人本知识观，统一了个体修养论与知识论，实现了知识与道德的首次统一，并提出了知识获取的类型主要是“生知”与“学知”，前者是圣人所能达到的，不仅包括闻见之知，而且更加侧重德性之知。正是因为“生知”具有先验性，非圣人难以获得此类知识，多数人只能通过“学知”“困知”获取知识，一定程度上秉承了真理由少数人（圣人）掌握的思想，但是也秉承了知行需要结合的思想。

第二，北宋时期程朱理学以理本体为特征，追求“穷理”方能“致知”，这一时期比较重视“知”，并且更强调德性之知。在“知”“行”关系上提出了“知先行后”说，将“知”放置于首要位置，“行”从属于“知”。此后，王阳明的以“知行合一”为核心思想的知识观进一步弥合了“知”“行”分离的缺陷，并且提出“致良知”，再次实现了知识、实践与道德的内在统一。

第三，清代以后逐步受到西方知识观的影响，毛泽东的《实践论》则从唯物论的视角再次实现了“知行合一”的辩证统一。从认识论的维度，毛泽东把“知”与“行”的关系建立在“物质第一性，意识第二性”这一基础上，也就形成了知识来源于实践，知识发展依赖实践，并且最终经过实践检验的知识反作用于实践的发展，形成知识与实践的循环迭代及知识的螺旋式迭代与创新的过程，进而实现了“知”与“行”、认识与实践的具体的历史的统一，得出实践最终推动知识的动态演进，并且知识创新最终服务于人类实践发展的基本论断。

二、“知”“行”关系的现代价值

1. 坚持问题导向，面向科技创新强国中的突出问题构建科技创新战略

党的十八大以来，建设世界科技创新强国成为我国科技创新战略的主旋律，提出了2035年迈向创新型国家行列、2050年实现科技创新强国建设的最终目标。从知识观的视角来看，科技创新本质上是基于知识、技术、制度与文化的系统性与整合式创新的过程。科学与技术的研究过程本质上是立足科学问题、实践需求与未来预测实现对既有知识的捕获、吸收、共享与创新的过程。不管是王阳明的“知行合一”还是毛泽东的“实践论”，均蕴含了知识与实践问题相互统一的思想，即知识是用于解决现实的重大问题与未来可能遇到的潜在问题。对于当前我国建设世界科技创新强国而言，不管是科学的创新还是技术的突破，本质上都是知识的创新与迭代，这一过程要求改变长期以来科学研究与技术攻关突破脱离现实需求、脱离国家战略部署及脱离企业管理实践的“两张皮”现象，科技创新的体制机制与支撑要素需要从理论导向转向“实践导向”（The Practice Turn）。立足知识基础观，科技创新由三个方面的基础知识组成，分别是隐性的和显性的、系统性的和自主性的、简单的和复杂的。科学研究活动的目标首先不是理论，而是解决目前学科发展及与学科发展相联系的企业发展、产业发展和国家发展所遇到的一系列重大问题。这些问题大部分来自研究实践与产业发展实践的客观需要，科学实践与技术发展实践过程的面临的客观实践问题的解决依赖系统的科学知识探索与技术创新。因此，系统建设世界科技创新强国无疑需要坚定不移地推行全面自主创新战略，这一过程的关键是构建问题导向的战略推进体系。从阻碍科技创新强国建设的重大现实问题来看，主要是存

在科技体制机制的“市场失灵”与“政府失灵”、产业关键核心技术的“卡脖子”问题及我国大部分企业存在创新动力与能力系统性缺失，呈现重规模、重市场而忽视技术创新、基础研究等现实问题。因此，从“知行合一”的知识观来看，未来需要持续面向制约我国关键企业、关键产业难以突破全球价值链中低端的巨大障碍因素与突出问题，以全新的“全面自主创新战略”牵引国家创新体系、区域创新体系、产业创新体系与企业创新体系，战略落脚点在于系统地提升面向产业与企业的技术创新能力，构建全面自主创新能力成为建设世界科技创新强国的突出导向。

2. 强化企业在知识创新中的主体地位，持续推进企业知识管理与创新体系优化

企业不仅是市场的主体，更是创造知识，实现知识转化、共享与创新的关键主体。改革开放四十余年来，中国企业不管是国有企业还是民营企业的创新能力均得到明显提升，企业研发投入占全社会研发投入的比重已经超过 70%，且从开展技术创新的规模以上工业企业分布来看，超过 40% 的规模以上工业企业开展了技术创新活动。中国企业的知识创新主体地位不强，企业在创新中的核心作用尤其是面向关键核心技术突破过程中需要兼具集成知识、复杂知识等创新的作用尚未发挥出来。一是企业创新研发投入不足，尤其是企业基础研究投入力度待加大。二是我国科技型企业呈现小、散、弱的态势，虽然中国科技型企业数量多，但总体而言创新质量不高，突破性技术创新与颠覆性技术创新依然匮乏。一些企业规模、技术基础和力量相对薄弱，难以进行开发投入大、周期长、技术难度大、市场风险大的原始创新。因此，在建设世界科技创新强国的征程中，需要加强企业作为知识创新与技术创新主体的核心地位。在知识创新方面，要强化企业主导的基础研究平台建设与应用技术创新平台建设相互协同，鼓励企业开展渐进式与突破性技术创新、未来技术创新与前沿基础科学创新，为企业开展基础研究、技术创新及产业共性技术研究提供政策支持与公共平台支持，明确全面提升企业在知识管理、技术创新过程中的主体地位。这一过程尤其需要政府完善企业技术创新政策支持体系，强化科技型企业的政策地位与社会政策支持，提高科技型企业的社会获得感，并且在科技创新要素配置过程中促进科技创新要素向科技型企业集聚，增强科技型企业获取科技创新要素的能力，促使更多企业通过增加研发投入提升创新能力，基于融通创新强化中小企业、国有企业与民营企业的各类创新要素融通与共享能力，实现真正意义上的融通发展。

3. 立足以人为中心的各类需求，构建与强化人本导向和意义导向的知识创新

无论是先秦儒家思想中的知识观还是王阳明的“知行合一”，其主张的知识获取与知识创新都以人为中心。孔孟倡导的人本知识观认为知识获取与创新的边界是与人息息相关的生活世界，知识内容主要是对我与生活世界之间关联性的揭示，是对人与世界、人与社会及人与人之间基本关系的揭示与探索。从这个意义上看，中国知识观从诞生开始便始终围绕人的意义而存在，孔孟倡导的人本知识观本质是对人存在意义的领悟和理解。步入中世纪后，王阳明的以“知行合一”为基础的知识观同样如此，“知行合一”的本体是人，王阳明认为并不存在先知后行的两个环节，唯一的关键是在实践中“去蔽”，发现“良知”，进而派生出“孝悌”等道德知识和实际的道德行为，旗帜鲜明地提出知识与道德的关系。这也揭示了知识的人本价值，即回归人的内心“良知”、社会秩序与道德。因此，区别于西方学者熊彼特的经济与市场逻辑主导的创新观，中国传统文化的知识观秉承了知识创新的社会价值与人类价值。实质上，知识的价值性和知识创新的最终价值目标体现为不以获得私有利益或实现经济目标为主导或唯一目标，并改变人们重利益、重物质主义、重实用主义的功利性生活习惯、社会心态、思维与价值观念。在知识社会中，市场逻辑驱动的经济利益并不是最终归属，知识创新的价值归属应当回归人本导向与意义导向，这样方能实现企业、社会与环境的可持续发展，最终实现真正意义上人与之关联的世界共生可持续。

第五节　数字化的知识管理创新

一、知识管理的历史发展

1. 知识管理早期：口头流传到楔形文字

管理知识的最古老方式之一是口述和使用人类记忆来存储知识。口述是通过一定时期内口口相传的方式传递消息，这在世界各地的吟游诗人的传统中有所反映。口传开始时，消息被不断重复，当消息因各种原因消亡时，传递过程结束。有两类消息，一类消息指讲述者描述的事实、传闻或想象、幻觉，另一类消息指童年的回忆、解释性评论，以及历史故事、诗、歌曲和谚语。史诗性叙事诗通常以背诵的方式进行记忆以保证其一致性，但实际上随着时间的推移，语句可能会有变化。歌曲以旋律作为辅助记忆手段是更准确的消息流传方式。

口述最典型的特征就是消息没有被写下来，在传递的过程中会逐渐增加一些解释，不断地积累和选择意味着口头流传的消息受到前一个表述者的制约。口述的局限性在于，人们的记忆容易出错，会与消息源产生直接的分歧。这种情况发生在当特定人群或个人选择性地抛弃某些知识，只保留他们在当时认为重要的部分时，人们可能会为古老的知识增加新的含义，对以前的知识保留一定的偏见。经过两代或三代人，口述严重影响所保存知识的可靠性。

由于口述的局限性，公元前 3000 年左右人类开始尝试通过书写的方式保存知识。定居在两河流域南部的苏美尔人发现河流里有丰富的优质黏土和芦苇，他们把黏土塑成泥板，将芦苇秆削成三角形尖头的书写工具，写出了一种有着简单线条和楔形笔画的“楔形文字”。这些简单的楔形笔画（拉丁楔形文字）和线条代表着几百个文字和声音。抄写员（亦称Dubsar）需要经过多年训练，他们在社会上得到高度尊重，社会地位仅次于大祭司。记录在这些泥板书上的知识包括管理活动的文件、《汉谟拉比法典》(*the Code of Hanmwrabi*)、结婚契约及传说和神话等。

随着泥板书收藏的数量越来越多，如何将泥板书中的知识按某种编目系统组织起来成为一个现实的挑战。1980 年，考古学家在叙利亚埃布拉的古皇家宫殿遗址发现一个房间堆满了公元前 2300 年的泥板书，用埃布拉语记载了原始的目录，包括文字、载体、地名和种类等长长的清单。这个皇家图书馆提供了抄写员的培训基地，促进了与我们当代大学本质相似的知识创造和知识保存。

在尼尼微古城的亚述巴尼拔（Assurbanipal）皇家图书馆（公元前 659 年左右）发现了记录在 3 万件泥板书上的 1 万多件作品，这是远古世纪最伟大知识储藏地之一，这些亚述语作品是作为国家的基本档案而保存的。抄写员或学者被雇用来汇编、修订和编辑各类知识。这些泥板书保存在陶器里，被放在不同房间的架子上。每块泥板书都有自己的标识标签，显示其在房间里、架子上和陶器里的精确位置。在每个房间里有“目录”泥板书，提供对房间里的泥板书及位置的简要描述。诸如《吉尔伽美什史诗》(*Epic of Gilgamesh*)、预言性文字等文学资料在图书馆占据主导地位，反映了那个时代的一些关注焦点，资料中还涉及占星、梦兆和驱魔等实践。

在古埃及，传递和存储知识的媒介是莎草纸，主要由尼罗河畔生长的普通芦苇茎制作而成。莎草纸具有比泥板书更轻、更易运输和不易碰碎等的优点，通常用于非正式记录。正式记录被铭刻在石头上，在很多埃及古迹中仍可见到。最著名的古埃及法老的图书馆由拉美西斯二世（Rameses Ⅱ）建造，被称为“神的图书馆”，刻有短句“拯救灵魂之所”（Healing Place of the Soul）。图书馆里有诗和天文、历史、工程、农业和文学等方面的作品，等待国王死后阅读。

2. 古希腊和罗马的知识管理

在古美索不达米亚和埃及，读写主要是抄写员和学者的专利，而在古希腊读写活动十分普及，此时出现了写在莎草纸甚至羊皮纸上的书本。特洛伊战争作为古希腊历史上的中心事件之一，被荷马（Homer）收集、整理成《荷马史诗》，包括《伊利亚特》(*Iliad*) 和《奥德赛》(*Odyssey*)。这些诗篇被一代又一代吟游诗人口头叙述和传颂。为了使《荷马史诗》的内容更完整，在公元前 6 世纪，古希腊建立了雅典第一个公共图书馆。

公元前 400 年，在著名哲学家苏格拉底的时期已盛行通过书本传递知识。数十年后，收藏书籍更为普及，柏拉图学院（Plato’s Academy）和亚里士多德学院（Aristotle’s Lyceum）一般都拥有自己的私人图书馆。亚历山大大帝（Alexander the Great）认识到在他所占领的古希腊文化中图书和图书馆所起的重要作用，但直到他死后的公元前 323 年，他的一位将军托勒密一世（Ptolemy Ⅰ)(后来成为埃及国王）才建立了亚历山大市最大的图书馆。这个图书馆建在博物馆里，繁荣发展数百年，收集了著名作家、诗人、科学家和学者的 60 多万卷著作。古亚历山大图书馆在公元前 48 年走向终结，40 万卷书毁于恺撒（Caesar）发起的亚历山大战争。

古亚历山大图书馆的主要竞争者是柏加马图书馆，建成于阿塔罗斯一世（Attalus Ⅰ）时期（公元前 247 年—公元前 197 年)，收藏有 20 万卷书，主要是关于荷马研究、几何学和艺术评论的著作。古亚历山大图书馆和柏加马图书馆在学术及论著等方面进行过很多次竞争，但公元前 41 年，柏加马图书馆走向了终结。马克・安东尼（Mark Anthony）统治了柏加马城，他将所有 20 万卷藏书赠送给了埃及艳后克利奥佩特拉（Cleopatra)，作为对尤利乌斯・恺撒所造成的古亚历山大图书馆损失的补偿。

罗马第一家公共图书馆建成于公元前 39 年，由一位名为盖乌斯・阿西尼乌斯・波利欧（Gaius Asinius Pollio）的政治家、将军所建。他在占领达尔马提亚时积累了个人财富，将其中一部分用于增加个人收藏，并在阿文丁山的自由神殿里建成了一座图书馆用来收藏希腊和拉丁书籍。创建公共图书馆的传统在整个罗马时代一直盛行，私人图书馆也很普遍，其规模通常取决于统治者的财富。最著名的罗马图书馆之一是乌尔比安图书馆，于公元前 114 年由图拉真皇帝（Emperor Trajan）在图拉真广场建成。乌尔比安图书馆是一座规模宏大的公共图书馆，两个大房间分别存储希腊作品和拉丁作品，其唯一目的是以大规模的收藏和奢华的环境为读者服务。这些房间装饰有巨大的雕塑，大量使用石头和大理石。书籍摆放不像希腊图书馆那样成排堆积，很容易被读者所获取，图书馆需要专业人员进行编目，将书插回书架并对书进行修复。至今，在罗马帝国大道附近仍保存了图拉真广场的部分遗迹。

保存在罗马图书馆书卷中的知识很容易受到各种危害，诸如经常发生的火灾、虫害和潮湿。很多学者和诗人可能失宠于某一君王，然后他们的所有作品就会从图书馆书架上消失。在奥古斯都（Augustus）统治时期，这一情形发生在奥维德（Ovid）身上；在卡利古拉（Caligula）统治时期，李维（Livy）和维吉尔（Virgil）的作品遭此命运。在口述传统时期，人们对知识进行选择；在文字书写时期，知识也有同样的命运。

3. 修道院图书馆和教堂图书馆的知识组织

公元 4 世纪兴起的基督教通过图书馆收集和存储知识，极大地影响了知识的传播和共享。宗教信仰凌驾于其他知识之上，图书馆更多地与教堂和修道院联系在一起。在随后的上千年里，最常见的西方图书馆位于修道院里，修道士阅读手稿，复制神学资料（位于藏经楼）并对主要资料进行评述，这是这一时期最主要的学习方式。《圣经》作为经典著作，保存有很多版本。收藏的其他图书涵盖早期神父的作品、殉道者和圣徒的生活、礼拜仪式、拉丁课本、古罗马文学、本地文学和历史。大部分收藏品保存在书柜里或小型壁橱里，被妥善锁藏，严密保管，修道士通常一次只能借一本书。

罗马的一位政治家和学者弗拉维·奥里利乌斯·卡西奥多鲁斯（Flavius Aurelius Cassiodorus），在公元550年左右放弃了政治职位，建立了被称为“维瓦留姆”（Vivarium）的示范性修道院，其名称来源于修道士养鱼的一个日常动作。卡西奥多鲁斯的私人收藏是修道院图书馆的核心收藏。他对修道士生活的主要贡献是出版了《圣俗学识指导》（*Institutiones Divinarum et Saecularum Litterarum*），规定了修道院运行的实际准则和神学学习课程，影响了后期众多的修道院和教堂学校。卡西奥多鲁斯将修道士的地位提升为缮写室的抄写员，是最高神职之一。除阅读和理解《圣经》，神学课程还包括历史、科学、数学，作为理解神的创造的一部分。与此类似，西方修道院中的一个主要人物圣本笃（St Benedict）在创立 Monte Cassino 修道院时也确立了自己的规则，主要内容是要求所有修道士阅读和复制手稿。缮写室和图书馆成为本笃会（Benedictine）宗教学科的主要部分。与卡西奥多鲁斯一样，圣本笃一直接受古典和基督教传统教育，没有禁止阅读和复制异教徒的经典书本——这是它们幸存的关键因素。

12世纪，精神生活从乡村修道院向城市中心转移，随着经济的增长和日趋复杂，欧洲的统治需要更多受过教育和培训的普通大众。教堂作为修道士学习神学、音乐和教会法规的传统培训基地，肩负起新的使命，扩展了其收藏范围，更多俗世感兴趣的主题（如算术、修辞和天文学等）被包括进来。一些教堂图书馆如坎特伯雷图书馆在1300年收藏有5000册图书，导致很多修道院图书馆没落。在英格兰亨利八世（Henry Ⅷ）的统治下，基督教于1530年分化，学术性收藏进一步没落，大量收藏散落或丢失。然而，尽管丢失了数以千计的手稿，但与5世纪和6世纪日耳曼部落毁坏西罗马帝国造成的损失相比，此次知识的流失相对较小。

与此同时，随着教会学校的兴起，一些城市由于拥有法律或神学等特定学科的专家而闻名，并开始吸引很多学生，此后不久，教师和学生开始对自身进行组织和规范，结果产生了大学或有组织的行会。例如，巴黎大学（University of Paris）在1200年左右逐渐形成，因神学而闻名，由于获得菲利普二世（Philip Ⅱ）特许的某些权利而被广泛认可。1167年，一些英文学生从巴黎大学退学，回到英格兰帮助创立了牛津大学（Oxford University）。这些大学肄业生更像12岁左右的学童，6年只学习7门人文学科。令人吃惊的是，其课程摒弃了传统的希腊和罗马文学，被广泛质疑。其中：3门学科帮助训练学生的思维和辩论——语法、逻辑、修辞；4门学科帮助学生了解宇宙方面的自然法则——算术、几何、音乐、天文。

早期的大学图书馆与修道院图书馆类似，它们通常由教会或俗世赞助人馈赠而创立，如罗伯尔·德·索邦（Robert de Sorbonne）的收藏促使1257年索邦神学院创立。大部分收藏是宗教作品，其次是古典文学，最后是宇宙中的自然规律（数学、医学、天文学和法律）方面的图书。这种图书馆对图书馆会员资格及读者在图书馆的行为有严格的规章制度。例如：牛津大学的学生只有在八年级学习哲学时才能进入图书馆；巴黎大学对未将书本合上就离开的行为采取处罚措施。图书非常昂贵，知识只能供应少数特权阶层。

4. 从印刷时代到数字时代的模式转变

1455年，随着印刷术的发明，知识的存储和传播发生了重大转变。出生于德国美因茨的约翰·古腾堡（Johann Gutenburg）通常被认为是西方印刷术的发明者，尽管印刷术更可能是在8世纪由中国人发明。在欧洲第一本印刷的书是古腾堡的42行《圣经》，很像一本精美的手稿。手稿的创作成本很高，而印刷降低了成本，使其得以广泛传播。不久以后，数以千计的书卷被印刷出来，以满足人们对希腊和拉丁文学的特定需求。这些图书被作为私人收藏品，有的也在修道院、教堂和新兴大学供公共使用。

印刷业的发展扩大了图书馆的规模，使之更复杂，同时促进了现代图书馆事业的发展，使知识的采集、组织、保存和获取成为可能。1545年，现代目录学之父康拉德·格斯纳（Conrad Gesner）出版了他的《世界书目》，以帮助检索日益增加的图书资源。早期进行的检索和建立图书馆分类体系的尝试是1559年编成的《禁书目录》（*Inder Librorum Prohibitorum*）。

图书馆的发展吸引了更多的读者，提升了普通大众的文化素养。印刷书的引入使俗世的人们也能将《圣经》作为私人读物，而在过去这是修道院图书馆和教堂图书馆的专利。17世纪左右，出现了科学知识的大爆炸，产生了很多通过期刊来传播某领域内最新思想和专门知识的学术团体。

第二个质的飞跃是20世纪末计算机的出现，知识的获取、组织、存储、共享和评估等各个方面爆炸性增长。数字计算机将符号、图片和文字转化成被称为比特的二进制数字（以0或1表示），8个比特的字符串被称为1字节。计算机技术的发展意味着更大量的知识能以更低成本存储在计算机中。个人用户的计算机存储能力通常达到兆字节（百万字节），大型组织的知识存储量可以达到兆兆字节（万亿字节）计。

计算机最主要的影响在于通过电信技术将计算机互相连接起来，从而使知识得以通过网络在全世界共享，其实现方式可能是通过组织内的局域网（LAN），或更大的网络如信息高速公路（互联网）。无线通信技术的发展使知识能通过手机或平板电脑进行转移。知识转移最普通的方式是电子邮件或即时通信，人们相距遥远不再成为沟通的障碍。人们能以电话会议的方式交流，或通过视频会议见面。由于知识通过网络方式出版越来越普遍，互联网成为知识爆炸性增长的中心。新的Web2.0的应用提升了不同组织和系统的共同工作的能力，用户能交互作用，并能实时改变网站内容。控制权从政府或组织向用户转移，这给未来的知识管理提供了令人振奋的全新挑战。

二、数据—信息—知识—智慧

世界银行1998年在《世界发展报告》中以知识和发展为主题，对数据（Data）、信息（Information）和知识给出如下定义：数据是经过组织的数字、词语、声音、图像；信息是以有意义的形式加以排列和处理的数据；知识是用于生产的有价值的信息。

英国学者安妮·布鲁金（Anmie Brooking）认为：数据是由一些事实、图片和数字构成的，没有特定的环境；信息是编制好的数据，是数据的有效组合，有一定的环境，知识是在一定环境下起作用的信息。

美国学者史密斯和梅德利在《信息资源管理》中认为，信息是数据处理的最终产品，是经过记录、收集、处理的事实或数据。从而提出了从数据到信息再到知识的金字塔模式。

艾米顿（Amidon）在数据、信息、知识的基础上又提出了智慧（Wisdom）的概念，提出了知识金字塔模型（DIKW模型），如图1-6所示。

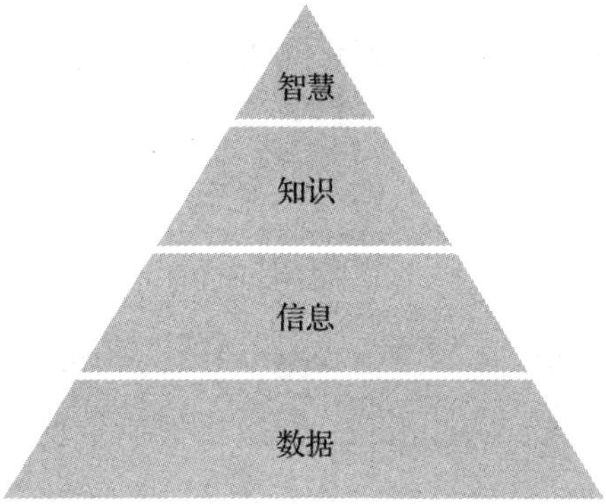

图1-6　知识金字塔模型（DIKW模型）

图1-6中的数据指事实和数字，信息指特定条件下的数据，知识指有意义的信息，而智慧是指富有洞察力的知识。这四者是不同层次上的概念，同时又关系紧密，既有关联又有区别，不能互换又无法替代。

综合以上观点，我们可以对数据、信息、知识和智慧这四者进行一个简明的比较分析，从而可以找到影响从数据到信息、从信息到知识转换的因素。

1. 数据

数据是一系列未经组织的关于事件的离散的客观事实。尽管决策的原材料包括了数据，但数据只描述了事件的一部分，它不能提供判断的可持续的基础，也就不能告诉你怎么去做。数据本身不具有意义，不能说明自身的重要性和相关性，无法提供任何判断、行动与解析的依据。但是，数据又是非常重要的，因为它是产生信息的原材料。

2. 信息

信息是经过加工和处理的有意义的数据。信息可以被描述成消息（Message），一般以文档或可视、可听的媒介为载体，有发送者和接收者。通常，信息能改变接收者对某事物的看法，或者对其判断或行为产生影响。与数据不同，信息不仅对接收者产生影响，而且是为一定的目标组织起来的。信息的价值要通过传播、利用才能体现出来，信息的传播需要载体，主要通过传统媒介和网络方式来传播。

3. 知识

知识比数据、信息在概念上更加广泛和丰富，知识是经加工过的有价值的信息。人们主要通过比较（Comparison）、推理（Consequence）、联系（Connection）、交谈（Conversation）等途径把信息加工成知识。知识既可以被看作过程也可以被看作存量。在组织中，知识不仅常常内嵌在文件和数据库中，而且还广泛存在于日常活动、流程和规范中。

4. 智慧

在艾米顿的梯级模型中，智慧处于最顶端，是指富有洞察力的知识。

在希腊语中，智慧有 3 层含义：一是聪明与谨慎，二是敏于技艺，三是学问与机智。哲学家罗伯特·斯坦伯格（Robert Sternberg）认为，智慧是一种超认识的风格上的睿智——明白人不可能认识万事万物，但仍然追求真理，希望达到一定精确的程度。智慧是个体面对现实情境解决问题，从而求得更好的生存、发展和享受的机制和策略。

综上所述，我们可以将知识与数据、信息和智慧的关系概括为：知识来源于信息，信息来源于数据；信息是数据的再加工，知识是信息的应用与创造，智慧关系到知识的获取和运用。

现代知识管理（Knowledge Management，KM）的理念和实践源于 20 世纪 80 年代的企业界。1986 年，知识管理的概念首次在联合国国际劳工大会上被提出，之后知识管理的理论、实践开始高速发展起来。

知识管理作为一个重要的管理领域兴起，其中公认的关键性人物有瑞典企业家与财经分析家卡尔爱立克·斯威比（Karl-Erik Sveiby），美国管理学大师彼得·德鲁克（Peter Drucker）和日本管理学教授野中郁次郎（Ikujiro Nonaka）。斯威比对知识管理的研究具有浓厚的实践色彩，他首先在著作中使用“知识管理”这个名词，并对知识和知识管理的基础性问题进行了深入研究。他首先发现和定义了知识型组织这一知识经济时代最重要的企业组织形态，从组织的角度出发求得知识管理方法在实践中的运行。

德鲁克从提高企业效益的角度指出知识的重要性，提出 21 世纪最大的管理挑战是如何提高知识工人的劳动生产率，认识到具有知识的人是一种宝贵的资源。他的著作对人类理解、认识知识经济，以及接受知识管理产生了深刻影响。

野中郁次郎则认为知识分为显性知识和隐性知识，从知识分类的角度强调知识共享的重要性。他深入研究了日本企业的知识创新经验，提出了著名的知识创造转换模式，这个模式已成为知识管理研究的经典基础理论。

到目前为止，研究者对知识管理的内容还没有一个确切的、统一的概述。由于不同学者和组织对知识管理概念的认识角度不同，知识管理的内容也就各不相同。

本书的作者认为，从对知识本身的管理上来看，知识管理包含三个方面的内容：第一，对显性知识的管理；第二，对隐性知识的管理；第三，对隐性知识向显性知识转换的管理，即对知识的应用和创新的管理。从知识的基本过程来看，知识管理的内容包括知识生产管理、知识积累管理、知识传播管理、知识应用管理四个方面。其主要目的是通过不断创造新知识来提高技术创新能力和产品的附加值。因此，知识管理的根本应该是正确有效地指导企业或组织如何进行知识的创造活动。

三、智能化与知识化

如果观察近十几年，我们会发现生活发生了巨大的变化：天气变化信息不再依赖每天守时看的电视天气预报，而是随时看手机上精确到小时的气象软件；识别方向不再用纸质地图或指南针，了解交通信息也不再靠交通广播，导航软件不仅能提供路线信息，还能根据实时交通状况及时更新路线；黑胶唱片已经成为怀旧的文艺符号，曾经风靡一时的“随身听”已经停产，取而代之的是个性化的音乐推荐与不断更新的流行曲目推送。我们在脸书（Meta）或微信（Wechat）朋友圈里建立各种关系，我们的朋友圈就是我们的“虚拟生活”，是现实生活的记录和反映，在物理世界里是不可见的，但却可以得出这个人的生活社群、行为习惯、过往经历等。因此我们的朋友圈就是我们的“虚拟生活”，是现实生活的记录和反映。我们生活中的不同时刻在朋友圈中被记录，其内涵和信息量随着我们的成长不断变得丰富。在网络世界中，我们可以随时随地追溯自己和朋友过去的记忆，时间旅行在现实生活中或许是天方夜谭，但在网络世界中却可以轻而易举地被实现。除了这些“看得到”的联系，在网络世界中还可以根据数据建立基于人与人之间关联性和相似性的“看不到”的联系，我们自动被划分为不同的社群，相同社群内部的人由于某些特征的相似性，使得其活动具有相互借鉴的意义，从而利用群体的数据对个体的活动进行精准预测。

谷歌可以从一个人的搜索记录和浏览记录去预测他是否有犯罪倾向，此计划已被列为美国国家安全局的重要反恐手段。亚马逊（Amazon）、天猫（Tmall）、拼多多（PDD）可以根据消费记录对用户的喜好进行预测并精准推送产品广告。同样的，未来的产品例如机床、汽车、飞机、船舶等，正如电脑、手机等资讯产品一样，由实体和软体相结合，任何产品都可以存在于虚拟和实体两个世界。虚拟世界代表实体状态、相互关系的模型和运算结果更加精准地指导实体的活动，使实体的活动相互协同、相互优化，实现价值更加高效、准确的传达。显然这一切的变化是第四次工业革命（Fourth Industial Revolution, 4IR，或者被称为工业 4.0）的结果。

1. 智能化

近十年来，围绕智能化（Intelligentization）主题的讨论从来没有停止过，从多年前的物联网到大数据、云计算、工业 4.0、工业互联网等，“什么是智能化”“智能化在做什么”“智能化有什么用”等问题一直是大家思考和热议的话题。

在世界工业变革和创业的热潮下，各国都将智能化作为其工业发展的关键，同时各国也在寻求对于智能化的理解，但结果往往都是模糊和抽象的。智能化从字面上可以理解为一种感官描述，直观来说就是用“物的智慧”来补充和替代“人的智慧”，让人觉得“物”具备了“人”一样的智慧。这也是很多处于实践中的企业都提出的“只要用户觉得智能就是智能”的理念。

想要理解“智能化在做什么”，需要到智能化的内部寻找答案。从各行业的实践中可以看出，智能化是借助数据分析、数据挖掘等创新的数字化技术，从已有的数据和信息基础上挖掘出有价值的知识，并通过在各领域中的应用来创造出更多的价值。即智能化是“数据—信息—知识—智慧”（DIKW）的转化过程，智能化的本质就是通过对知识的挖掘、积累、组织和应用，实现知识的成长与增值，这个过程可被称为“知识化”(Intellectualization)。

智能化是知识化的应用与表征，知识化是智能化的本质与内涵。能够看清楚这一点，对现今社会大量涌现的智能化方面的概念就不难理解。

（1）当“知识化”与装备相结合，就形成了智能装备；

（2）当“知识化”与服务相结合，就形成了智能服务；

（3）当“知识化”与产业相结合，就形成了智能产业；

（4）当“知识化”与城市、工厂、社区、医疗相结合，就形成了智能城市、智能工厂、智能社区、智能医疗等。

这些概念恰恰回答了“智能化有什么用”这一问题，即智能化通过知识化的创新应用，将知识切实地转化为社会生产力，进而带动整个国家在经济、社会、军事等领域的转型发展。

2. 知识化

既然知识化是智能化的本质与内涵，那么，知识是什么？怎样实现知识的转化？在哲学中，关于知识的研究被称为认识论，而对于“知识是什么”仍然是一个争论不休的问题。我们尝试从工业领域的角度对知识做出解释。可以被理解为五个“Know”，具体如下。

（1）知道是什么的知识（Know-What)，即关于事实方面的知识；

（2）知道为什么的知识（Know-Why)，即关于原理和规律方面的知识；

（3）知道何时的知识（Know-When)，即关于时机和趋势方面的知识；

（4）知道怎么做的知识（Know-How)，即关于技艺和策略方面的知识；

（5）知识是谁的知识（Know-Who），即关于能力和管理方面的知识。

知识并不是独立存在的，就像信息需要一个载体，知识则需要存在于某种“知识体”中，且知识体的模式决定了知识应用的效率和价值。其实在自然经济时代、农业经济时代和工业经济时代，知识也是作为生产要素存在的，但因为缺乏革命性的技术支撑，知识大多是以人脑或人的经验为载体，很难实现标准化和规模化的应用，使得知识向价值的转化存在效率不高、规模有限等局限性，很难转变为主要社会生产力，因此在整个经济增长中，知识只能处于相对边缘的状态。当然，还有另一个重要的原因在于以前对知识创造的需求并不迫切。

3. 数字化时代知识的载体转移

可以看到，数字化时代之前知识的载体是人，而在数字化时代，开始让“物”学会像“人”一样能够自主地发现知识、理解知识和应用知识，即将知识从人的大脑、人的经验等传统载体中，转移到具有更强的可操作性和想象空间的机器和计算机等载体中，并在其中实现知识的挖掘、积累、组织、应用等成长与增值行为，从而实现灵活的、标准化的、规模化的知识应用，大大提升知识转化为生产力的效率与能力。

为了实现这种知识在载体之间的转移，机器载体需要具备与人一样的产生知识的智慧，即需要具备以下几个重要的能力。

（1）感知能力：具有能够感知外部世界、获取外部信息的能力，这是产生智能活动的前提条件和必要条件。

（2）记忆和思维能力：能够存储感知到的外部信息及由思维产生的知识，同时能够利用知识对信息进行分析、计算、比较、联想和决策。

（3）学习和自适应能力：通过与环境的相互作用，不断学习和积累知识，使自己的知识和能力不断成长，来适应环境变化。

（4）行为决策能力：即对外界的刺激做出反应，形成决策并传达相应的信息。

1977年，爱德华·费根鲍姆（Edward Feigenbaum）提出了知识工程（Knowledge Engineering）的概念。他认为，知识工程是使用人工智能的原理和方法，是对那些需要专家知识才能解决的应用难题进行求解的手段。恰当运用专家知识的获取与表达和推理过程的构成与解释，是设计基于知识的系统的重要技术问题。知识工程的概念被提出之后，人工智能的原理与方法在知识工程领域发挥了重大作用。知识工程包含了三大活动：知识的获取、知识的表示、知识的推理和应用。

知识的获取通过关注问题所涉及的领域，过滤出该领域的专家知识并将其形式化，建立和完善知识库。知识的表示指在某一专门领域内，把规范的事实知识和领域专家所具有的经验知识通过规范和形式化的手段，转化成计算机能够识别和处理的信息，从而建立完备的知识库。知识的推理和应用的目的是通过特定的推理过程，为用户屏蔽原始数据的烦琐细节，从原始数据中提炼出有意义的、简洁的知识表现形式用于展示。这一过程需要从知识库中识别出有效的、潜在有用的、可理解的模式，将数据和信息最终转化为用户需要的知识，使数据真正在实战中变成具有广泛应用前景的知识。

人工智能的核心是研究如何用计算机易于处理的方法表示各种各样的知识，并对知识进行自动化的推理与应用，以便更好地发挥知识的作用与价值。知识表示的重点是设计计算机能理解的知识表达方式，以便捕获有关世界的信息，解决复杂问题，如诊断医疗状况或以自然语言对话的方式进行人机交互式问题解决等。知识表示结合了心理学关于人类如何解决问题和表示知识的发现，使复杂系统更易于设计和构建。知识表示和推理还结合了逻辑方面的发现，以便自动化的各种推理，如规则或集合关系的应用。因此，我们需要研究人类智能在计算机上的表示方式，这样才能更好地实现人工智能。

知识是人工智能的基石。机器可以模仿人类的视觉、听觉等感知能力，但这种感知能力不是人类的专属，动物也具备感知能力，甚至某些感知能力比人类更强，如狗的嗅觉。而认知语言是人类区别于其他动物的关键能力，同时，知识使人类不断地进步，不断地凝练、传承知识是推动人类不断进步的重要基础。知识对于人工智能的价值在于让机器具备了认知能力。

知识是智能的基础，知识表示使机器可以理解、获得并利用知识，从而促进了人工智能的发展与完善。知识库是实现人工智能的基础元件，知识库也是理解人类语言的背景知识，而构造知识库，找到一种合适的知识表示形式，是人工智能发展的重要任务，基于知识库进行推理也是走向人工智能的必经之路。有了知识的人工智能会变得更强大，可以做更多的事情。而更强大的人工智能也可以帮助人类更好地从客观世界挖掘、获取和沉淀知识，这些知识和人工智能系统形成正循环，两者共同进步。最终，机器通过人工智能技术与人类进行互动，从中获取数据、优化算法、构建和完善知识、认知和理解知识，进而服务于世界，使得人类的生活更加美好。

创新视点 1

元宇宙愿景能否成真?

元宇宙（Metaverse）的概念最早起源于美国作家尼尔·史蒂芬森于1992年出版的科幻小说作品《雪崩》（*Snow Crash*），书中描述的是一个和现实世界平行但又紧密联系的超现实主义的三维数字虚拟空间，在现实世界中地理位置彼此隔绝的人们可以通过自定义的“化身”在元宇宙中进行交流娱乐。

从概念上来看，Metaverse这一英文单词是由meta和verse构成。Meta表示超越，verse则代表宇宙（universe），因此Metaverse一词合起来通常表示“超越宇宙”的概念，代表平行与现实世界的人造虚拟空间。但很长一段时间来都仅停留在概念阶段，直到脸书CEO扎克伯格（Mark

Zuckerberg）提及元宇宙愿景后，宣布成立工作小组并接续发表一系列相关技术与应用，才被大众所关注。

2021年3月10日，“元宇宙第一股”——世界上最大的多人在线创作沙盒游戏平台——Roblox在美国纽约证券交易所上市，首日估值达到450亿美元。

NVIDIA早在2021年4月时便发布Omniverse平台，是基于通用场景描述的一款云端平台，拥有高度逼真的物理模拟引擎及高性能渲染能力，支持多人在平台共创内容，并与现实世界高度贴合；同年5月，微软CEO Satya Nadella宣布正在打造一个“企业元宇宙”。

中国科技业者亦不遑多让。腾讯CEO马化腾表示，未来将在高工业化游戏、元宇宙等领域扩大投资。事实上早在2020年年底时，马化腾就曾提出“全真互联网”概念，与元宇宙有着异曲同工之妙。更有报道指出，腾讯已申请注册“王者元宇宙”“天美元宇宙”商标，国际分类含社会服务、通信服务等。

中国阿里巴巴集团也同样积极拓展相关布局，阿里巴巴新加坡控股有限公司已申请注册“阿里元宇宙”“淘宝元宇宙”“钉钉元宇宙”等多项商标，且国际分类涵盖网站服务、教育娱乐、科学仪器等。

2021年度阿里云云栖大会上，最新设立的达摩院XR（AR、VR、MR）实验室负责人谭平阐述了阿里巴巴对于元宇宙的理解。谭平认为，元宇宙是增强现实（Augmented Reality，AR）、虚拟现实（Virtual Reality，VR）、混合现实（Mixed Reality，MR）眼镜上的整个互联网，AR、VR、MR眼镜是即将要普及的下一代移动运算平台，而元宇宙便是互联网产业在新平台上的呈现。谭平进一步提到，元宇宙由四层技术构成。第一层为全像构建，建构出虚拟世界的几何模型，并于终端装置上显示，达到沉浸式的体验，现在市面上的VR看房、VR演唱会等约为此。第二层是全像仿真，建构出虚拟世界的动态过程，让虚拟世界无限近似真实世界。比如水要往低处流，或是人物能对环境、事件做出自然反应等，若是能达到此层，就能够建立一个完美的VR世界，目前有些游戏能够达到第二层全像仿真。第三层是虚实融合，要将虚拟与真实世界融合在一起，本质上是建构真实世界的三维地图，并且在地图中运用精准的定位。到达第三层，意味着能够创造出完美的AR世界，也代表着虚拟与实体世界的藩篱被打破。最后第四层是虚实联动，到此层则能够透过虚拟世界改变真实世界。

产业人士认为，按照阿里巴巴所提到的四个层面，仅第二层目前便尚未普及，要到达第三乃至第四层的技术障碍更高。尤其是虚拟与实体之间的隔阂弭平并非易事，目前要谈未来发展仍有太多未知数。

小说《雪崩》中的元宇宙世界精彩纷呈，而在现实世界中，想要实现元宇宙并非易事，需要在技术上实现跨越突破。元宇宙强调沉浸感、参与感、实时互动等特点，对现有技术提出了更高的要求，因此许多新兴的独立工具、平台、基础设施、协议等出现以支持元宇宙运行。随着AR、VR、MR、AI、5G、云计算等技术的成熟度提升，元宇宙有望逐步从概念走向现实。其中以XR硬件为代表的人机交互技术的发展能够提供栩栩如生的虚拟内容，提升虚拟内容的沉浸感和交互体验，被称为“元宇宙的入口”。

资料来源：笔者根据多方资料汇编。

Knowledge Innovation

第二章

知识创新

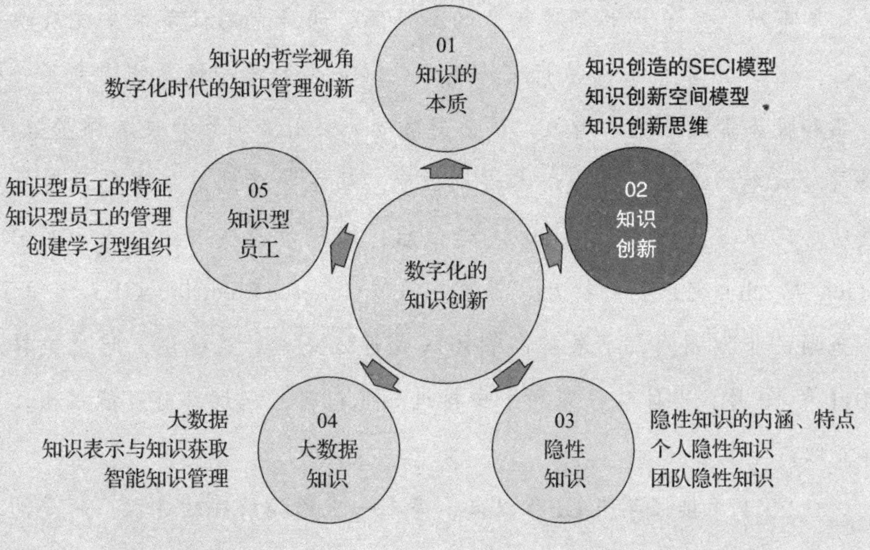

开章案例

苹果公司的创新停滞了吗？

史蒂夫·乔布斯（Steve Jobs）去世后，硅谷（Silicon Valley）曾预计苹果公司的业务将出现下滑，华尔街（Wall Street）对苹果未来的走向忧心忡忡，苹果的粉丝也担心他们心爱的公司的未来。然而，如今苹果的股价处于历史最高水平，市值超过2万亿美元，超过加拿大、俄罗斯或西班牙的GDP。华尔街日报刊发文章指出，将史蒂夫·乔布斯的创新变成蒂姆·库克（Tim Cook）的苹果，是一位被称为“禅师”的工业工程师（Industrial Engineer，IE）证明自己的过程，也是在他的带领下，让苹果公司成为史上最赚钱的商业公司的过程。

乔布斯定义了能够颠覆行业的新产品，而库克则让苹果更能反映他自己。这位62岁的首席执行官库克围绕其前任的革命性发明建立了一个产品和服务帝国来追求增长，该公司成功地吸引亚洲客户使其销量飙升，公司对效率的追求，也使成本得到控制。从主导者到继任者的过渡很少成功。比尔·盖茨（Bill Gates）退位后，微软步履蹒跚；杰克·韦尔奇（Jack Welch）交出指挥棒后，通用电气（General Electric，GE）倒闭了。乔布斯的长期顾问、苹果前高管团队成员迈克·斯莱德说，时光倒转到2011年10月，当你从乔布斯手中接过领导权时，一切都有可能搞砸，但库克做得非常好。

自2011年接任苹果CEO以来，库克一直遵循前任的建议：不要问我该做什么，做正确的事。他继续每天早上4点前起床，查看全球销售数据。他坚持在周五与运营和财务人员开会，团队成员称这种会议为“与库克的约会之夜”，因为会议会持续几个小时一直到晚上。2017年访问乔布斯的母校亚拉巴马州奥本大学时，库克告诉ESPN（时代华纳旗下有限体育频道），他知道他的工作不是模仿乔布斯，否则他会惨败。对于许多人来说，当他们从优秀的人那里接棒时，这就成了一个大问题。你得自己制订计划，你必须成为最好的自己。

相对而言，库克对乔布斯青睐的激进创意活动并不熟悉，在这位苹果创始人去世后，他也没有改变这一点。相反，他专注于为iPhone打造“堡垒”的一系列小步骤，包括智能手表、AirPods、AirTags、音乐、视频和其他订阅服务。根据对比研究的数据，苹果手表的销量超过了整个瑞士手表行业，而真立体无线耳机（AirPods）在2019年年底全球耳机销量中占了近一半，2019财年的总营收为245亿美元。

2000年左右，库克将生产转移到中国的工厂。2014年，他与中国移动签署了一项协议，将iPhone的销售扩大到7亿新用户，使中国成为苹果的第二大市场。回到美国后，他通过特朗普总统的女儿和女婿，与总统直接建立了联系，还会见了美国贸易代表罗伯特·莱特希泽和经济顾问拉里·库德洛。最终，美国政府免除了苹果智能手表的早期的一轮关税。

尽管现任和前任员工都说，库克创造了一个比乔布斯更宽松的工作环境，但他同样要求严格，注重细节。库克先生对细节的掌控，以致下属们带着“恐惧”参加会议，他以一种近乎质疑的方式来主持会议，其精准度已经重塑了苹果员工的工作和思维方式。第一个问题是，我们今天生产了多少台？1万台。产出是多少？98%。你可以这样回答。然后他就会说，好吧，98%，请解释一下为什么会有2%的失败？你会想，该死的，我不知道。他把对细节的关注提升到了一个新的水平上，因此每个人都变得像库克一样，苹果前运营主管乔·奥沙利文说。现在，中层管理人员在与库克会面前，要对员工进行筛选，以确保他们了解情况。一位资深高管表示，新手最好不要说话，这是为了保护你的团队和他，不要浪费他的时间。这个人士说，如果他觉得有人没有准备好，他就会失去耐心，然后翻到下一项会议议程说，下一位。有人哭着离开了。

库克重组了苹果公司的董事会，用以财务为导向的董事取代了以产品和营销为导向的董事。在呼吁软件、硬件和设计高管进行合作时，库克表现出深思熟虑和谨慎的倾向，让创意在较少监督的情况下发展，就像乔布斯当时所做的那样。在库克的领导下，苹果加入了正在重塑的智能家居、电视和汽车行业，但未能像乔布斯那样定义这些行业。然而，苹果一直蓬勃发展，库克的崛起让外界感到意外。正如乔布斯告诉传记作者沃尔特·艾萨克森（Walter Isaacson）的那样，库克不是一个“产品狂人”，但同事们理解他的选择。在失去了不可替代的人员之后，苹果需要一种新的运营方式。

iPod 不是最先出现的数字音乐播放器，iPhone 也不是第一部智能手机，iPad 更不是第一部平板电脑。苹果公司借鉴了其他产品，并从人性的需求方面吸引了用户，因为这些产品美观且便于使用。苹果公司之所以如此受设计师的崇敬，还有一个原因是，它的产品不是为了展示技术而进行设计和开发的。苹果公司曾经因为 Mac 电脑而家喻户晓，现在又因 iPod、iPhone、iWatch 闻名于世，iTunes 在线音乐商店的获利也弥补了高度竞争的 PC 市场的收益。乔布斯最伟大的能力之一便是能够决定公司不应该从事怎样的项目。例如，苹果公司的工程师在 2002 年 2 月一直说服他们的老板进行台式机的开发，但是乔布斯没有采纳。相反，他坚持公司要专注于开发智能手机，iPhone 便是他们的成果。这个产品又改变了另一个市场，并且这个市场至今还在为苹果公司赚钱。像苹果公司这样具有创造力的公司，很少会缺乏想法。但是在一个正确的时间选择专注一件正确的事情去做，是很难的。

那么苹果公司伟大的创新引擎熄灭了吗？

资料来源：笔者根据多方资料汇编。

第一节　唯有“创新”，才能“成长”

关于创新，人们已经探讨和辩论了数百年。如今，创新的概念已经成了我们文化的一部分，每天都有很多人在谈论创新。尽管这一术语现在已经被深深嵌入我们的语言体系，但是人们在多大程度上真的理解了这个概念呢？

德鲁克是一位非常重视“创新”的世界级管理大师，他曾在其著作中写着“创新，是持续成长的不二法门（Innovation is the only way to keep growing)”，以及“不创新，就死亡（Innovate or die)”的历史名言。德鲁克坚信，通过不断的创新，就能够产生创造出新的价值及新的产品，这些新价值与新产品，都会带给消费者新的期待、新的惊喜、新的感动与新的购买和使用，而这些就能为企业带来新的业绩、新的获利与新的成长。

一、创新与人类发展

人类社会的发展史，就是一部创新的历史。

14 世纪的文艺复兴开启了新思维的解放。

15 世纪的大航海拓展了人类文明的疆域。

16 世纪启动的科学革命奠定了技术革命的基础。

17 世纪初资本市场的出现延伸了社会金融活动的空间。

18 世纪开始的第一次工业革命开创了“蒸汽时代”，标志着农耕文明向工业文明的过渡。

19 世纪开始的第二次工业革命开创了“电气时代”，电力、钢铁、铁路、化工、汽车等重工业兴起，石油成为新能源，世界各国的交流更为频繁，逐渐形成了一个全球化的国际政治、经济体系。

20 世纪发生的第三次工业革命开创了“信息时代”，人类文明达到前所未有的高度。

21 世纪正在发生的第四次工业革命（Fourth Industrial Revolution，4IR），是由人工智能、生命科学、物联网、机器人、大数据等为代表的新技术推动的工业革命，这些新技术会带来物理空间、网络空间和生物空间三者的融合。第四次工业革命在技术更新和扩散速度、对人类社会影响的深度和广度上，都是前三次工业革命不能相比的。

学者们从历史的发展轨迹中发现了一个共同的元素——创新（Innovation）。

亚力克·福奇（Alec Foege）在《工匠精神：缔造强大美国的重要力量》（*The Tinkerers: The Amateurs, DIYers, and Inventors Who Make America Great*）一书中，将创新者——喜欢捣鼓小器具、小发明的业余爱好者，以及 DIY 一族和发明家称为“Tinkerer”（中文版译为“工匠”，也有“创客”的含义），认为正是他们造就了美国奇迹。美国的工匠们是一群不拘一格、依靠纯粹的意志和拼搏的劲头，做出了改变世界的发明创新的人。比如，本杰明·富兰克林、伊莱·惠特尼、塞勒斯·麦考密克、托马斯·爱迪生和怀特兄弟等，都是人类历史上杰出的创新者。

自 20 世纪 80 年代以来，知识与经济之间的相互渗透和作用越来越强劲，使得全球经济发生根本的变化。一方面，知识因素更高程度地融入经济活动；另一方面，以提高竞争力为目的的经济活动中，知识取向不断增强，产品与服务的知识含量不断提高。当今，经济增长比以往任何时候都更加依赖于知识的生产、扩散和应用。知识创新，无疑将主导 21 世纪经济发展的成败。

德鲁克主张，在新经济中，知识不仅是与传统生产要素——人力、资源和土地并列的资源，而且是唯一有意义的资源。他指出，知识已经成为最重要的资源而不是一般资源，这是新型社会的独特之处。在一个以知识为基础的社会中，“知识工作者”是企业最重要的财产。而创造新知识实际上就意味着在个体和组织自我更新的连续过程里对企业及其所有成员进行重新创造，这不是少数精英的责任，而是组织所有成员的事。

当前新一轮科技革命和产业变革蓄势待发，全球产业结构和竞争格局的深度调整正在孕育，未来可能取得的颠覆性创新对人类“技术—经济—社会”范式的变革具有重大意义。

2013 年 5 月，麦肯锡研究院发布了《2025 年前可能改变生活、企业与全球经济的 12 项颠覆性技术》。据估算，到 2025 年这 12 项技术对全球经济的直接影响将达 14 万亿～ 33 万亿美元。12 项颠覆性技术如表 2-1 所示。

表 2-1 12 项颠覆性技术

序号	领域	描述	到 2025 年对全球潜在的经济影响
1	移动互联网	移动计算设备更小、更强、更直观、可穿戴，装有许多传感器。使消费者获得医疗、教育等服务的改善，提升员工生产力	3.73 万亿～ 10.8 万亿美元
2	知识工作自动化	主要应用于：销售、客服、行政支持等普通业务工作，教育、医疗保健等社会服务业，科学、工程、信息技术等技术性行业，以及法律、金融等专业服务业	5.23 万亿～ 6.7 万亿美元，相当于增加 1.1 亿～ 1.4 亿个全职劳动力
3	物联网	医疗保健业和制造业是其经济影响最大的应用领域，其他应用领域包括智能电网、城市基础设施、公共安全、资源开采、农业和汽车等	2.73 万亿～ 6.2 万亿美元
4	云技术	使数字世界更简单、更快速、更强大、更高效，不仅为消费者和企业创造巨大价值，还使企业能更有效、更灵活地管理信息	1.73 万亿～ 6.2 万亿美元
5	先进机器人	主要包括工业机器人、手术机器人、外骨髓机器人、假肢机器人、服务机器人和家用机器人	1.73 万亿～ 4.5 万亿美元
6	自动驾驶	可增加安全性，减少拥堵，节省时间，并降低燃料消耗和污染排放	0.23 万亿～ 1.9 万亿美元，可挽回 3 万～ 15 万人的生命

（续表）

序号	领域	描述	到 2025 年对全球潜在的经济影响
7	下一代基因组学	将推动生物学领域的快速进步，主要应用于疾病诊断和治疗、农业和生物燃料生产等方面	0.7 万亿～ 1.6 万亿美元
8	储能技术	主要应用于电动和混合动力汽车、分布式能源、公用事业及储能	900 亿～ 6350 亿美元
9	3D 打印	主要应用包括消费者使用、直接产品制造、工具和模具制造、组织器官的生物打印	2300 亿～ 5500 亿美元
10	先进材料	先进纳米材料在医疗健康、电子、复合材料、太阳能电池、海水淡化、催化剂等领域具有广泛应用，但生产成本提高；纳米医用材料有很大潜力，可为癌症患者提供癌症靶向药物	1500 亿～ 5000 亿美元
11	先进油气勘探开采	页岩气和轻质油勘探开采，主要应用于北美地区	950 亿～ 4600 亿美元
12	可再生能源	到 2025 年，风能和太阳能光伏占全球电力产量的比例可能由目前的 2% 增至 16%	1650 亿～ 2750 亿美元，每年可减少碳排放 10 亿～ 12 亿吨

二、创新的本质

1. 创新的研究

19 世纪的经济史学家观察到经济增长的加速是技术进步的结果，约瑟夫·熊彼特（Joseph Schumpeter，1883—1950 年）是首批强调新产品在促进经济增长方面的重要性的经济学家之一。他指出，新产品带来的竞争比现有产品边际利润的变化重要得多。举例来说，诸如计算机软件或药物的新产品开发比现在产品（如电话或汽车）价格的降低更可能带来经济增长。

19 世纪中叶，卡尔·马克思（Karl Marx）首先提出创新可以与经济增长的波动联系起来。此后，其他人如熊彼特、康德拉季耶夫（Kondratieff）

等论证了创新的长波理论。康德拉季耶夫对于经济增长理论的观点与马克思的观点相冲突，马克思指出资本主义最终将会衰亡，而康德拉季耶夫认为资本主义经济将会经历波段式的增长和衰落。任何行业领域诞生初期都伴随着突破性的产品创新，然后是突破性的生产流程创新，继而才是广泛的渐进性创新。

第二次世界大战后，战争中的军事研发带来了大量的技术进步和创新，包括雷达、航空航天和新武器。1960 年美国总统肯尼迪（John F. Kennedy）发表把人类送上月球的讲话后，美国在研发支出上的快速增长时期随之到来。但是，经济学家很快就发现，研发支出和国家经济增长率之间不存在直接的相关关系，显然，它们之间的关系比最初设想的更为复杂。

我们需要理解科学技术怎样影响经济系统。20 世纪 50 年代开展了一系列关注经济中的创新过程内部特征的创新研究，其创新过程概述如图 2-1 所示。这些研究采用了跨学科的方法，融合了经济学、组织行为学、运营和管理理论。研究考察了以下方面。

- 新知识的产生；
- 将新知识应用到产品和流程开发中；
- 以财务收益为导向，对这些产品与服务进行商业开发和应用。

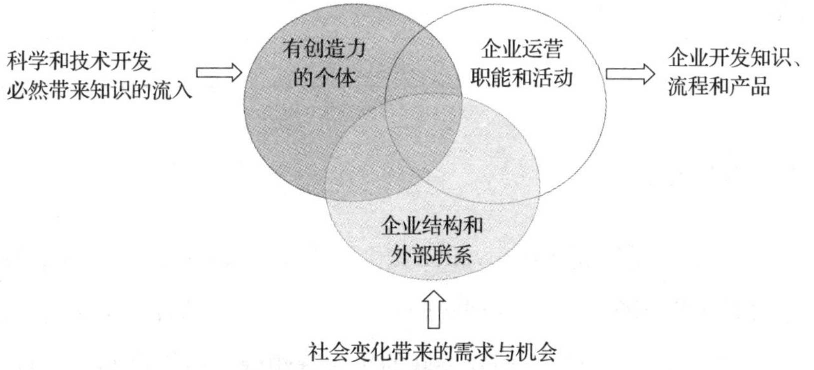

图 2-1　创新过程概述

特别需要指出的是，这些研究揭示了企业会以不同的方式开展工作，一直以来每个企业以构建自身独特的组织结构的方式开展工作。根据这个框架，我们知道这一切将会对企业的创新绩效产生相当大的影响。同样，企业对有创造力的个体的管理方式也会对企业的创新绩效产生很大的影响。

值得注意的是，熊彼特认为，拥有研发实验室的现代企业已经成为创新的中坚力量。近年来的创新和科学发展，如手机、计算机硬件和软件的开发，都依托的是组织而不是个人。现代企业技术创新离不开组织（如表2-2所示）现今企业所需要的知识、技能、资本和市场经济资源意味着重大的创新必须依赖于组织。企业创造一个新想法，对其进行开发并获得商业上的成功，需要大量的专业资源和巨额资金的投入，当今的创新都是与群体或公司相关联的。

表2-2 现代企业技术创新离不开组织

时间	新产品	开发组织
20世纪30年代	聚乙烯	英国化学工业公司
1945年	圆珠笔	雷诺国际制笔公司
20世纪50年代	制造流程：浮法玻璃	皮尔金顿
20世纪七八十年代	溃疡治疗药物：雷尼替丁	葛兰素史克公司
20世纪七八十年代	影印	施乐公司
20世纪80年代	个人计算机和操作系统 Windows 95	IBM、微软公司
1995年	阳痿治疗药物：万艾可	辉瑞公司
2006年	智能手机	苹果公司

2. 创新与发明

许多人都会把创新（Innovation）和发明（Invent）这两个术语混淆。创新本身是可以用多种方式来理解的概念。一个比较综合的定义，创新不是一种单独的行为，而是由相互关联的子过程组成的一个完整的过程。它不仅是想出一个新的创意、发明一个新的设备或开发一个新的市场，创新是所有这些行为过程的整合。就人类的行为而言，通过距离首次被使用或被发现的时间长短来“客观”地判断一个想法是否新颖并不重要——如果这个创意对某个人来说是新颖而独特的，那么它就是创新。

许多人认为创新关心的是创意（Idea）或发明的商业化（Commercialization），从而把创新和发明区分开来。这样发明就是想出创意，而创新就是发明的后续经济转化。下列简单方程有助于说明二者的关系：

创新 = 理论概念 + 技术发明 + 商业开发

新创意的概念（Concept）是创新的起点，但它既不是一项发明又不是一个创新，它仅仅是一个概念、一种思想或一系列想法的集合。将充满智慧的思想转化为有形的产品的过程就是一项发明。在这个过程中，科学和技术通常发挥了巨大的作用，但科学和技术之间显然存在明显的差别，技术常被看作科学应用的产物。索尼董事会前主席盛田昭夫（Akio Morita）指出，科学为我们提供了以前未知的信息，而技术则来源于将科学应用于概念、流程和设备。反过来，技术又可以让我们的生活或工作更高效、更方便和更有影响。这个阶段需要许多工程师的艰苦工作，把发明转化成能提高公司业绩的产品。技术开发工作由工程师而不是科学家来完成，这个完整的过程才代表创新。这就引出来一种观念，即创新是对许多具有不同特征的过程进行管理。总而言之，创新依赖发明，而发明需要被应用到商业活动中才能为组织的成长做出贡献。所以，创新是对新产品或制造流程或设备的创意产生、技术开发、制造和营销过程所涉及的所有活动的管理。

创新不仅包括重要的突破性创新（Disruptive Innovation），还包括较小的渐进性创新（Incremental Innovation）技术进步。事实上，上述定义暗示创新的成功商业化可能会给组织带来相当大的变化，例如，智能手机这样根本性的技术创新总是会导致组织内部和外部发生重大的变化。因此，技术创新可能伴随着更多的管理和组织变革，这些变革常常也被称为创新。这代表了一种更加模糊的概念，并且把创新的定义拓展到几乎任何组织和管理的变化。表 2-3 展示了创新的分类。

表 2-3 创新的分类

创新的类型	例子
产品创新	新产品或改进产品的开发
流程创新	新的制造流程的开发，如皮尔金顿的浮法玻璃制造流程
组织创新	新的投资部门、新的内部沟通系统、新的会计程序的引进
管理创新	全面质量管理（TQM）、业务流程再造（BPR）、企业资源计划（ERP）的引进
生产创新	质量周期、精益生产、新的检测系统
商业 / 营销创新	新的财务安排、新的销售手段
服务创新	网络金融服务

3. 创新与研发

19 世纪，爱迪生（Thomas Alva Edison）把发明转化成了一门科学，即研究与发展（Research and Development，R&D）。研究与发展成了国家和企业技术创新能力的重要指标。

研究与发展的定义很多，经济合作与发展组织（简称经合组织，OECD）认为研究与发展是一种系统的创造性工作，目的在于丰富有关人类、文化和社会的知识宝库，并利用知识进行新发明、开拓新应用。经合组织将研究与发展划分为基础研究、应用研究和实验发展三个部分。基础研究（Fundamental Research）指的是以现象和事实为基础的实验或理论工作，主要是为了获取新知识，没有任何具体的应用目的。基础研究的作用是产生新知识和发现真理，无指向目的性。在美国，虽然大量的基础研究由政府资助，但许多处于技术进步领导前沿的企业在基础研究方面很成功。

应用研究（Application Research）指的是对原始数据进行调查研究，主要针对某个特定应用领域或具体使用目标获取新知识。应用研究的目的在于解决企业遇到的实际问题，它有明确指向，所产生的发明更有可能被利用。应用研究的倡导者认为，目前已有足够的科学知识存量供企业利用，自己无须开展基础研究。

实验发展（Experimental Development）指的是系统的试验工作，把从以生产新材料、新产品和新设备为目的的科学研究和经验中获得的知识，用于新工艺、新产品、新系统和新服务开发，或者用于改进已有的工艺、产品和服务。

研究与发展是一个从创意产生到研究、开发、试制完成的过程，研究与发展强调的是“过程”与“产出”。

创新是从基础研究向应用研究转化的全过程，这中间有一个“死亡之谷”。一个有效的创新需要建立从基础研究到应用研究的桥梁，否则创新的最终商业化将付之东流，创新的价值难以实现。因此，如何搭建基础研究到商业应用研究的桥梁就成为创新成败的关键。创新的本质如图 2-2 所示

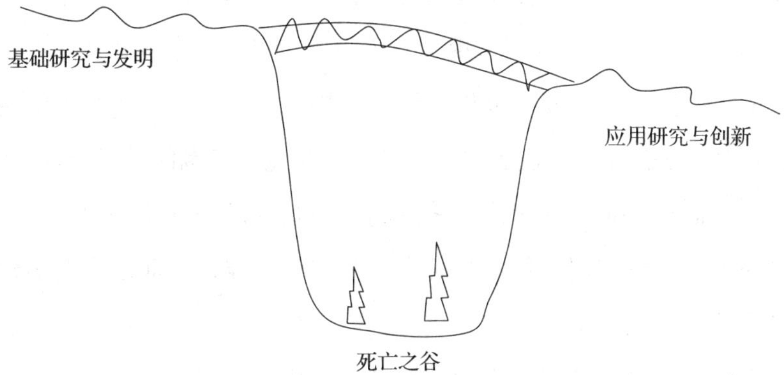

图 2-2　创新的本质

目前越来越多的企业重视自身的研发能力，国内外一些大的企业都有自己专门的研发机构。这是因为：①企业难以从市场上购得所需先进技术，特别是在市场竞争异常激烈的今天，具有最先进技术的企业不会在拥有模仿能力的竞争者出现之前，轻易放弃利润丰厚的回报；②企业即使可以购得一些常用技术，但其用于交易的费用也会很高，尤其随着科技的发展和市场竞争的加剧，企业需要越来越先进的技术，而购得技术的代价将

更高；③引进的技术并不能立即就为企业所利用，需要通过企业内部的消化、吸收，并与本企业生产、管理融合之后才能取得实效。

综上所述，技术知识是企业核心能力的重要组成部分，企业只有通过研发形成自己与众不同的技术和知识积累，尤其是形成自己的研发人才积累，才能使别人难以模仿和超越，保持长久不衰的竞争优势。

三、创新的不确定性

以大中型企业为例，考察其运营和业务都必须确保其产品按照精确的标准制造出来，并且在第二天能够准时送到客户手上。在这个繁忙的、重复的、高度组织化的环境中，维持低成本、高效率或消除冗余是至关重要的。但长期的经济增长取决于企业改进产品和制造流程的能力，这意味着企业需要以某种方式为创造和创新留出空间。也就是说，系统允许冗余（Redundancy）的存在。这就出现了一个困境：以基础市场和技术的变化程度来衡量，任何一家企业寻求创新的力度越大，其创新失败的可能性就越大。然而，一家企业寻求创新的程度越低，企业自身倒闭的可能性就越大。

那么，企业如何一方面设计减少成本和冗余以提升竞争力，另一方面又设法提供冗余以实现创新？与所有两难问题一样，企业必须在运营中艰难地寻找动态平衡。最显著的方式是将研发从制造中分离出来，企业通常都是这么做的，也有许多改进和创新是从企业的运营中产生的，企业的运营为创新提供了广阔的空间。

实际上，企业一方面需要稳定的、静态的惯例来有效和快速地完成日常工作，能够应对当前的竞争。例如，一家连锁店对遍布全国的零售外卖点进行食品递送，这需要高水平的效率控制。另一方面，企业也需要开发新创意和新产品，以便在未来进行竞争。这就给今天的管理提出了一个最基本的矛盾问题。在企业的长期生存中，所有组织内部都存在稳定性需求和创造性需求的基本矛盾，组织面临的基本问题就是要充分利用和探索未来的生存能力，利用包括效率提升、精准控制（提高确定性和降低不确定性），探索则包括搜索、发现、创新和拥抱变化。二元性就是要二者兼顾，在战略上对效率和创新做出权衡，需要突出高管团队建立动态能力的实质性作用。

创新过程管理包括尝试对组织的创造潜力进行挖掘利用，孕育新的想法，产生创造力，其核心就是对不确定性事件的管理。企业面临着结果的不确定性（包括市场不确定性），即市场需要什么；也面临着过程的不确定性，即应该怎么组织生产。皮尔森（Pearson A.W.）提出了不确定性矩阵图，能够帮助管理者应对不同类型的不确定性。

皮尔森不确定性图（见图 2-3）为分析和理解不确定性与创新过程提供了一个框架。皮尔森分析了如皮尔金顿公司（Pilkington）的浮法玻璃流程、3M 公司的 Post-It 系列软件和索尼公司的随身听（Walkman）在内的大量的主要技术创新案例。在这些案例研究中，创新项目都伴随着大量的不确定性因素，皮尔森将不确定性分成两个维度。

- 目标的不确定性（业务或项目的最终目标是什么）；
- 方法的不确定性（如何达到这个目标）。

这个框架基于上述两个维度，即纵轴上目标的不确定性和横轴上方法的不确定性，得到四个象限。

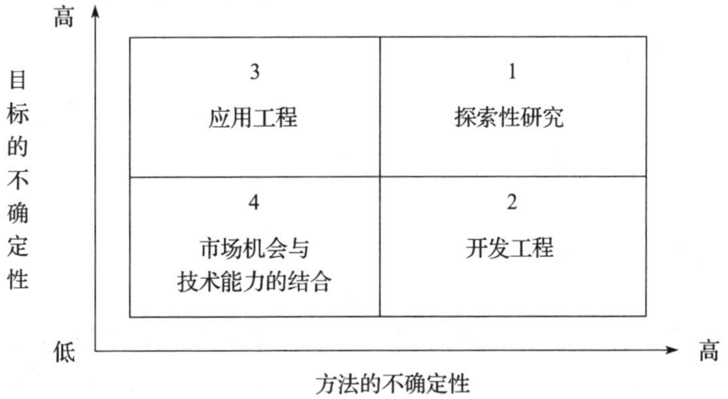

图 2-3 皮尔森不确定性图

1. 第一象限

第一象限表示方法和目标不确定性程度都很高的业务。最终目标还没有明确的定义，如何达到这个目标也不清楚。这个象限被称为探索性研究或蓝天研究，因为有时这些工作距离现实如此之远，以至于人们把它比作在“云”里工作。这些业务通常涉及技术尚未成熟的工作，而且对潜在的产品或市场也未形成充分认识。一般只有大型组织才有必要的资源资助这些探索性研究。例如，微软的大多数研究是在美国西雅图进行的，有趣的是它把这个研究中心称为“校园”。

2. 第二象限

这个象限的目标是清晰的，一个商业机会可能已经被发现。但是实现目标的方法还不具备。

企业可以围绕不同的技术或不同的方法启动几个不同的项目，努力攻关取得期望的结果。企业究竟如何实现目标存在相当多的不确定性，需要不断改进流程，寻找更有效的方法来降低成本。

3. 第三象限

这个象限的特征是目标存在不确定性，通常与如何最有效地利用技术有关，许多新材料属于这个领域。例如，凯夫拉尔纤维（用于制造防弹衣）现在被广泛用于不同的产品领域，其中许多产品的性价比很低，而有些新的改良产品会脱颖而出。

4. 第四象限

这个象限包含最具确定性的创新活动，企业的主导业务是结合市场机会与技术能力改进已有产品或创造新产品。由于具备较强的确定性，使用最少的新技术，企业可快速成功地开发出新产品。

不确定性图的价值在于一方面透过其简洁的框架来传达处理不确定性的复杂信息，另一方面它能够识别很多创新过程中具有不确定性的组织特征。皮尔森不确定性图传达了一个重要的信息，即产品管理和流程创新管理千差万别。有时，人们清楚目标市场和所需要的产品类型的本质，而有些情况下对正在开发的技术及其可能的用途知之甚少。大多数组织的活动都处于这两个极端之间，不同的状况需要不同的管理技能和组织环境。这就导致了关于创新所需的组织结构和组织文化的争论。

第一象限突出了创新活动的一个领域，即创意和研发可能无法立即被转化为商业化的产品。

早在20世纪70年代，在施乐的Palo Alto实验室里，计算机图形界面的早期软件技术就已经开发出来了，但施乐没有认识到这项研究的潜在价值，决定不再进一步发展该技术，这项技术后来在20世纪80年代被苹果公司和微软加以开发利用。关于如何评价研究项目价值，技术管理者也许能更好地理解技术，但市场经理可能看到广泛的市场机会。

另一个极端是第四象限，在这个领域，科学家常常把这类活动看作是对已有技术的改进。然而，市场经理常常感到非常兴奋，因为项目的技术创新虽然少，却贴近市场。

第二象限和第三象限处于这两个极端之间。在应用工程象限，企业探索现有技术的潜力，管理层把精力放在要进入的市场上；而在开发工程象限，需要确保项目取得成功或及时放弃项目。

在上述所有特殊的组织环境中，不同业务的类型，依据项目的不确定性的程度，需要不同的专业管理技能。

四、创新战略

库伯和艾杰特认为，在困难时期，创新战略是进行产品开发和实现持续增长的必要工具。

皮萨诺认为，高层管理者应当制定出清晰的创新战略，讲明公司的创新工作如何支撑整体经营战略，这将有助于他们进行取舍决策，从而选择出最适当的行动措施，排列创新项目的优先顺序，使其与所有职能部门相一致。

在一个组织中，创新应该不仅仅是很多好的想法和计划，创新应该是贯穿于整体组织的协同一致的行动。创新活动由公司战略清晰指引，并与经营战略紧密关联。整体创新战略确定了整个组织的创新目标、方向和框架。单个业务单元和职能部门之间可能有自己的特定目标战略，但这些战略必须与组织的整体创新战略紧密相连。多年来，有许多方法和框架来制定创新战略，没有一个单一的框架足以支撑一个完整的创新战略制定过程，但这些框架提供了一个思考的起点。

1. 创新战略的选择

创新战略是企业围绕企业经营目标，依托于职能部门战略，对创新模式和与创新程度的选择。创新战略的选择维度如图 2-4 所示。封闭式创新与开放式创新是企业创新模式的选择；渐进创新与突破性创新是企业创新程度的选择。

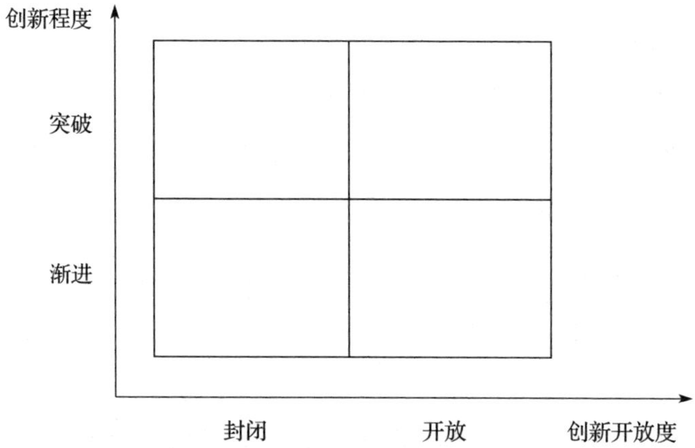

图 2-4　创新战略的选择维度

渐进式创新是指企业在原有的创新管理轨迹下，对产品、流程、服务、商业模式进行较小程度的改进和提升。突破性创新是指企业的一种新产品、新流程、新服务或新商业模式，能够显著增加企业的收入和利润。封闭式创新是指企业主要依靠自己的力量和资源进行创新，很少与外界合作创新。开放式创新是指企业利用内外部互补资源实现创新，并最终转化为商业价值的过程。

技术不确定性与基础科学知识、技术规格、制作工艺和产品的可维护的完整性有关。市场不确定性与客户对产品的实际需求和潜在需求、销售和分销方式及竞争对手的产品有关。突破性创新项目涉及两种类型的高水平不确定性，而渐进性创新通常面临两种类型的低得多的风险。此外，突破性创新项目研究团队除了要克服技术和市场不确定性带来的困难外，还必须接受来自组织和资源不确定性的挑战。组织和资源的不确定性给项目管理带来了不可预期的挑战，传统的管理方法根本不适用于突破性创新项目。突破性创新面临的不确定性如表 2-4 所示。

表 2-4 突破性创新面临的不确定性

项目	内容
技术不确定性	技术开发、应用开发、制造工艺是否可行
	什么时候可以完成
	谁能够完成
市场不确定性	谁会购买
	产品能够为他们创造什么价值
组织不确定性	如何应付企业内的阻力
	采取什么办法获得组织承诺
	谁来领导项目组？谁将会参与到项目中
	如何找到合适的人才
资源不确定性	完成项目的资金和能力如何满足
	如何找到合作伙伴？怎样处理与合作伙伴的关系

资料来源：Leifer R, McDermott C, O'Connor G, et al. Radical Innovation: How Mature Companies Can Outsmart Upstarts [M]. Boston: Harvard Business School Press, 2000.

2. 创新战略制定方法和工具

创新战略的制定工具整合了战略管理与创新管理相关的实用分析方法与模型，表 2-5 对常见的创新战略制定方法与工具进行了介绍。

表 2-5 常见的创新战略制定方法与工具

方法与工具	介绍与解释
4P 模型	主要关注创新相关的产品（Product）、工艺（Process）、地理位置（Position），以及模式（Paradigm）
波特五力模型	主要进行行业竞争者、供应商、购买者、潜在进入者、替代者分析
SWOT 分析	主要进行优势、劣势、机会与威胁分析
PEST 分析	主要用来进行环境分析，即涉及包括政治、经济、社会、技术要素分析，明确战略定位的环境条件
创新扩散分析	创新扩散依据“创新源—信息发布—渠道—信息接收—效果”五个环节的基本过程，扩散速度与扩散效果服从“S”形曲线分布规律
标杆分析	又称战略竞标，即将企业经营的各项活动与最佳活动者进行比较，找到不足，并依此寻找提升策略，优化竞争能力的过程。其通常分为战略层次的标杆分析（本企业战略与对照企业战略比较），营运管理层次的标杆分析（营销、人力资源、信息系统等职能的标杆对照）及操作层次的标杆分析（面向产品、成本与收益的比较对照）
能力地图	能力地图是企业知识资源基础的图谱，表示引导企业竞争优势的知识领域及所具备的战略优势，并反映企业竞争优势所获取的能力缺陷与瓶颈。通常能力地图的分析包括如下步骤：①追溯历史，明确企业过去的核心能力与运作领域；②确定企业发展的战略方向与领域；③梳理战略目标引导下企业发展所需的能力与知识；④根据步骤①和②明晰企业自身的优势与劣势，以及优势劣势对于战略目标的潜在影响；⑤评估能力要素对于绩效的影响，确定能力要素的重要性；⑥确定未来战略发展的核心能力要素及其提升途径；⑦提升核心能力要素的实践方案
风险评估矩阵	对不同创新项目的潜在收益与实施风险进行评估，主要依据如下步骤：①首先制作表格，划分象限，两个坐标轴分别代表项目的潜在收益（高或低）与实施风险（高或低）；②将公司的创新项目依据潜在收益与实施风险放入评估数据中；③根据结果比对潜在收益与实施风险，选择创新项目

（续表）

方法与工具	介绍与解释
核心竞争力分析	分析识别企业核心资源基础上的核心竞争力，其包含四个评判标准：①有价值——很好地为顾客提供价值；②稀缺性——其他企业没有或很少有其他企业拥有；③不可替代——竞争对手无法取代企业对于顾客的价值创造与价值获取过程的作用；④可模仿性——竞争对手是否能够模仿。一般认为企业拥有的与竞争对手相似或比较容易被竞争对手模仿的资源为必要资源，相对应的能力为基础能力。相反，企业拥有的比竞争对手好的或不容易被其竞争对手模仿的能力则为核心能力
创新地图	以企业创新需要的技术能力（利用现有的技术能力或需要新的技术能力）与商业模式（利用现有的商业模式或需要新的商业模式）为标准，形成颠覆性创新（新商业模式与现有技术能力）、结构创新（新商业模式与新技术能力）、常规创新（现有商业模式与现有技术能力）、激进创新（现有商业模式与新技术能力）四种战略
技术路径图	用简洁的图形、表格、文字等形式描述技术变化的步骤或技术相关环节之间的逻辑关系。它能够帮助使用者明确该领域的发展方向和实现目标所需的关键技术，捋清产品和技术之间的关系。它包括最终的结果和制定的过程具有高度概括、高度综合和前瞻性的基本特征
技术预测	预测某一技术在一定时间框架内的进展并估计其实现的可能性。它一般是根据以往的趋势和某种限定条件预测某一技术未来特性的定量评价方法。常见预测方法：数学外推、计量经济模型、模拟预测、专家意见、前景预测法

创新视点 1

创新地图及其在战略选择上的应用

创新地图按照技术变革和商业模式变革两个维度将创新活动分为四种类型。

（1）常规创新（Routine Innovation）。在企业现有技术条件、商业模式和客户群的基础上进行创新，例如，英特尔不断推出性能更强的微处理器，保持了几十年的增长和较高利润水平；微软 Windows 操作系统和苹果 iPhone 的持续升级换代。

（2）破坏性/颠覆性创新（Disruptive Innovation）。企业必须找到新的商业模式，但不一定需要产生技术突破。例如，谷歌为移动设备设计的安卓操作系统，有可能颠覆苹果或者微软，不是因为技术优势，而是因为商业模式，安卓系统可以免费使用，而苹果和微软的操作系统则要收费。

（3）突破性创新（Radical Innovation）。与破坏性创新相反，突破性创新涉及的是纯粹的技术问题。利用基因工程和生物技术进行的药物研发即是一例。

（4）结构创新（Architectural Innovation）。这结合了技术创新和商业模式创新。以数字摄影为例：对于柯达公司，要进入数字市场，就必须从零开始在固体电子、相机设计、软件、显示技术等方面培养竞争力，还需要想办法把利润来源从胶卷、相纸、处理液和冲印服务等“一次性”产品和服务转移到相机上。成熟的企业结构创新无疑是最难的。

设计创新战略时，企业须决定在技术创新和商业模式创新方面的投入比例。创新地图结构（见图2-5）可帮助企业选择适合自身商业模式和技术水平的创新类型。

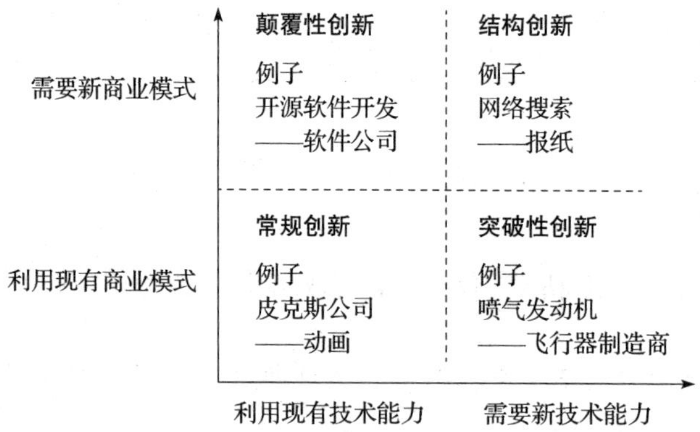

图2-5　创新地图结构

资料来源：“创新引领战略成功”，《哈佛商业评论》，2015年6月。

企业创新战略应明确哪些类型的创新符合企业战略，以及每一类创新所需要的资源。目前，许多创新理论都将突破性创新、颠覆性创新和结构性创新视为增长的关键，而常规创新被贬为目光短浅甚至自我毁灭。这种分类过于简单，实际上，企业创造的大部分利润都来自常规创新。例如，苹果重大的产品创新是2006年的iPhone、2010年的iPad和2014年的iWatch。此后，苹果通过不断升级其核心产品，如Mac、iPhone、iPad、iWatch等，保持了多年的营业收入和利润增长。

学者们也并不提倡企业只专注于常规创新。事实上，没有任何一种创新具有天然优势。在企业发展的不同阶段，不同类型的创新之间是互补而非替代的关系。如果没有前期技术突破的基础，英特尔、微软和苹果就不可能从常规创新获得巨大的利润。反过来，如果颠覆性创新后不能持续进行改进，企业将很难阻挡模仿者。

第二节 知识创新的SECI模型

21世纪以来，知识创新（Knowledge Innovation）的内涵不断变化，其定义亦是颇有争议。争议的一个焦点在于知识创造（Knowledge Creation）是否属于知识创新，并且，以此为标准，知识创新被分为广义和狭义两派。

广义派认为，知识创新是知识创造、演化、转移和应用的动态过程。它通过追求新发现、探索新规律、积累新知识，达到创造知识附加值、谋取组织竞争优势的目的。它不仅包括知识的首次发现，也包含着知识的新组合和新应用。从科学的角度上看，正如路甬祥院士所定义的，知识创新是指通过科学研究获得新的基础科学和技术科学知识的过程。知识创新中，“新”的对象就表现了其宽泛性，可以包括技术创新、制度创新和管理创新三个方面。

综上，知识创新包含了所有科学的活动。因此，广义派认为，知识的创造、运用及最终成果都属于知识创新的范畴；而狭义派认为，知识创造不应等同于知识创新。例如，著名管理学家彼得·德鲁克认为，知识创新仅是指赋予知识资源以新的创造财富能力的行为。

更明确的区分是，知识创造的基本含义应是创造新的思想性的流程性知识的过程，而知识创新则是将所创造的新的思想性的流程性知识具体应用于实践并开发生产出新产品的过程。知识创造产生新知识，其最终目的是知识创新，而知识创新则是新知识物化新产品、流程和服务的过程，它依赖于知识创造。没有知识创造就没有知识创新，有了知识创造也并不意味着必然会转化为知识创新，这是因为知识创新的展开需要新知识的同时还需要其他的物质和精神条件。

但是，无论两者间的分歧如何，我们都可以看到它们在认识论上至少都认为知识创新不像人的其他意识活动单纯是对客观世界的复制和反射，知识创新还蕴藏着改变现有世界潜力的动力。正是人类社会前赴后继的知识创新活动，人类文明才能经久不衰，愈加繁荣。

第一个构筑知识创新过程理论并对知识创新过程做出极大贡献的是日本的野中郁次郎和竹内宏高。一般认为，知识创新的主体是具有一定异质知识、权力、资本和位置的个体或组织。但野中郁次郎对组织与个人在知识创造关系问题上的看法却有其独特见地。他认为，组织本身无法创造知识，个人拥有的隐性知识是组织知识创造的基础。

野中郁次郎通过研究发现，组织的功能是对富有创造力的个体提供支持，或者为个体创造知识的活动提供有关情境。因此，组织上的知识创造应被理解为在组织上“放大”由个体所创造的知识，并将其“结晶”（Crystallize）为组织网络结构的一部分的过程。在认识论方面，他指出企业创新活动的过程中，隐性知识和显性知识二者之间互相作用、互相转化，知识转化的过程实际上就是知识创造的过程，并且隐性知识的转化和作用在知识创新中起关键性作用。野中郁次郎和竹内高宏于1995年合著的《创造知识的企业》（*The Knowledge Creating Company*）一书中，把知识转化归纳为四种基本模式——社会化（Socialization）、外显化

（Externalization）、组合化（Combination）和内隐化（Internalization），即著名的SECI模型，后来又特别指出SECI的过程是一种个人、团队、组织和环境彼此之间动态的交互作用关系。本节将详述有关SECI模型及其改进模型。

一、知识创造的两个维度

野中郁次郎的基本框架包含两个维度：认识论（Epistemology）维度和本体论（Ontology）维度。知识创造的两个维度如图2-6所示。从本体论维度看，从严格意义上讲，唯有个体才能创造知识，没有个体，一个组织是无法创造知识的。组织通过支持有创造力的个体或为他们提供场景来创造知识。因此，组织知识创造应该被理解为一个过程，就是由组织“放大”个体创造的知识，并将其“结晶”固化为组织知识网络的一部分。这个过程发生在不断扩大的“互动社区”（Community of Interaction）内，跨越组织内和组织间的层面与边界。

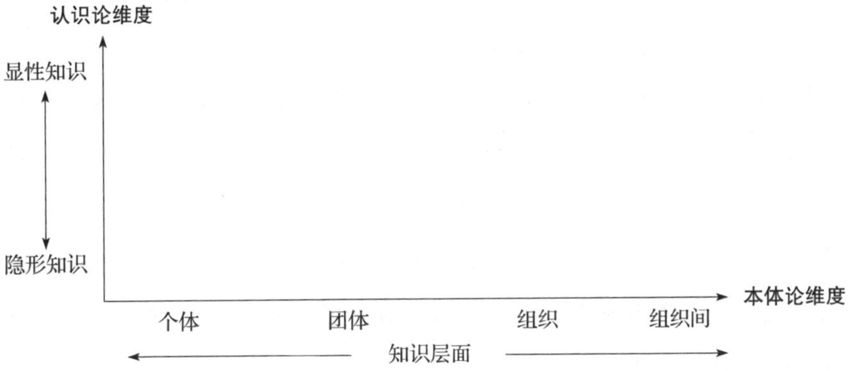

图2-6 知识创造的两个维度

至于认识论维度，隐性知识与特定场景的个人相关，因此很难被形式化，也很难被交流传达。显性知识或“编码”知识，是指可以用系统的语言表达、传播的知识。波兰尼认为人类通过积极主动地创造和组织自己的经验来获取知识，能用词语和数字表达出来的知识，只代表整个知识体系的冰山一角。正如波兰尼所说的，我们所知道的远比我们能言传的多。

波兰尼认为人类是通过把自己与客体联系起来，即通过自我投入（Self Involvement）和承诺（Commitment），或者波兰尼所称的“内置”（Indwelling）来创造知识。对于某一事物的认知，就是隐性地整合具体细节来形成事物的意象或模式。为了理解模式的全部意义，人们必须让自己的身体与具体细节融为一体。因此，“内置”的概念打破了心与身、理性与情感、主体与客体及认知者与被认知者之间的传统二分法，科学客观性不再是知识的唯一来源。我们所拥有的许多知识，都是我们自己和世界打交道时，为实现目的而努力的结果。

隐性知识包含认知要素和技术要素。认知要素集中于所谓的“心智模式”上，其中人们在内心通过构造和运用类比来创造这个世界的运作模式，即个人对现实的写照和对未来的憧憬，“是什么”和“应该是什么”。心智模式（如图式、方式、观点、信仰和看法）可以帮助个体感知和定义他们的世界。隐性知识的技术要素包括具体的诀窍（Know-how）、工艺（Process）和技能（Skill）。

表 2-6 中列出了隐性知识与显性知识的比较。例如，有关经验的知识往往是隐性的和主观的，理性的知识则往往是显性的、形而上学的和客观的。隐性知识是在特定的实践的场景下，在个体之间通过沟通来共享隐性知识，需要对个体共享问题的复杂性进行一种“并行处理”（Simultaneous Processing）。显性知识则是在“彼时彼处”关于过去的事件或对象，并且面向与场景无关的理论。

隐性知识和显性知识是相互补充的实体，并不是完全独立的。在人类的创造性活动中，人类知识通过隐性知识和显性知识之间的社会化相互作用得以创造和扩展的，我们把这种相互作用称为“知识转化”（Knowledge Conversion）。

表 2-6 隐性知识与显性知识的比较

隐性知识	显性知识
无法或难以用语言表达的知识	可以用语言明确表达的知识
来自经验或感官的直接知识	知识体系
此时此地的知识	过去的知识
靠身体的知觉，拥有诀窍和技能	有明确的方法、步骤，拥有帮助理解事物相关信息的词典型结构
主观的、个人的	客观的、社会的
情绪化的、感谢的	理性的、逻辑性的
现场知识	编码知识
常常受特定任务、场所、对象的限制	可以通过信息系统实现跨越时空的转移和再利用
可以通过感官的共同作用实现共享、发展	可以通过语言媒介实现共享、编辑

二、知识转化的四种模式

野中郁次郎通过研究发现，知识是通过隐性知识和显性知识之间互相作用、互相转化而创造出来的，知识转化的过程实际上就是知识创造的过程，并且隐性知识的转化和作用在知识创新中起关键性作用。知识转化被归纳为四种基本模式：社会化（Socialization）、外显化（Externalization）、组合化（Combination）和内隐化（Internalization），即著名的 SECI 模型。知识转化的四种模式如图 2-7 所示。

图 2-7 知识转化的四种模式（SECI Model）

1. 社会化：从隐性知识向隐性知识的转化

它是一个通过共享经历建立隐性知识的过程，而获取隐性知识的关键是通过观察、模仿和实践，而不是语言或文字。个人与个人间由直接的经验分享得以创造出新的内隐知识，从而创造一个共有的知识转化的场所，例如鲁班亲自指导弟子做木工。

在商业环境中，在职培训（On the Job Training，OJT）基本上也采用了同样的原则。如果没有某种形式的共享经验，一个人很难将他投射到另一个人的思考过程当中，经验是获取隐性知识的关键。如果把信息从相关的情感和特定场景（其中嵌入了共享经验）中抽象剥离出来，只剩下单纯的信息转移，通常这么做的意义不大。

社会化的第一个实例来自本田公司（Honda），公司里成立了“头脑风暴营”，即通过详细讨论来解决本田思迪（Honda City）汽车开发项目中遇到的难题的非正式会议。这类会议通常在工作场所之外的地点进行，一般会安排在度假村里召开，与会人员在一起品尝清酒，共享美食，一边泡温泉，一边讨论各种难题。会议出席者不限于项目组成员，而是包括对开发项目感兴趣的所有员工。在这些讨论中，从来不做参与者的高低贵贱之分，大家也会形成默契：不要提缺乏建设性建议的批评，因为批评比给出建设性的意见容易10倍。这样的“头脑风暴营”，不仅是进行创意对话的论坛，还是参与者共享经验和增进互信的媒介。在共享隐性知识和产生新观点时，这种形式特别有效，能够将所有个体的心智模式重新引导到同一个方向上。事实上，“头脑风暴营”代表了一种机制，个人透过这种机制，可以投入身心体验并追寻达至和谐之境。

松下公司（Panasonic）展示了隐性的专业技能是如何进行社会化的。20世纪80年代末，这家总部位于大阪的公司在开发自动家用面包机时遇到了一个很大的难题，即如何实现揉面过程的机械化。研究人员将面包师和机器揉的面团分别进行了X光检测和对比，但没有获得有实质意义的发现。软件开发部的负责人田中郁子（Ikuko Tanaka）意识到大阪地区最好的面包来自大阪国际酒店。为了掌握揉面技巧的隐性知识，她和几位工程师自愿去酒店做学徒，拜面包房厨师长为师。想要做出像厨师长一样美味的面包绝非易事，没人能说出其中的奥秘。但是有一天，田中郁子注意到面包房师傅不仅拉伸面团，还“搓捻”面团，原来这才是制作美味面包的秘密。因此，她通过观察、模仿和实践，经过社会化过程，掌握了面包房厨师长的隐性知识。事实上，社会化同样发生在产品开发者和客户之间，在产品开发前和进入市场后，与客户的互动都是一个永无止境、共享隐性知识和创新改进的过程。

2. 外显化：从隐性知识向显性知识的转化

它是一个将隐性知识借助显性化的概念语言或图片等表现手法清晰表达的过程，其转化手法有隐喻、类比、概念和模型等。这是知识创造过程中至关重要的环节。在外显化过程中，由特定讨论主题所组成的群体，团队内个人间彼此的对话及对主题提供个人隐性知识，使团队主题得以概念化。比如鲁班把做木工的手艺写成一本书，供弟子学习。

外显化是将隐性知识表述为显性概念的过程。这是一个典型的知识创新过程。当我们试图将一个形象概念化时，主要用语言来表达其本质——书写是将隐性知识转化为可以表述的知识的一种行为。可是语言表达往往是不适当、不一致和不充分的。然而，形象和表达之间的这种差异与差距，有助于促进“反思”(Reflection）和个体之间的相互作用。

知识转化中的外显化模式，通常体现在概念创新的过程中，并由对话或集体反思引发。当我们通过演绎或归纳的分析方法找不到一个适当的形象表达时，我们就必须采用非分析的方法。因此，外显化通常由比喻或类比所驱动，引人遐想的比喻或类比，可以有效地促进创新过程中的直接投入。

回想之前本田思迪的例子，在开发这款新车时，渡边庆尾和他的团队用了“汽车进化论”的比喻，团队把汽车视为一个有机体，并探究它的终极进化形式。从本质上讲，渡边在设问：汽车最终将会进化成什么样子？我坚持给机械部分分配最小的空间，而给乘客提供最大的空间。这似乎就是理想的车，汽车就应该进化成这个样子……朝着这个目标，第一步就是挑战“底特律定理”，即为了外观可以牺牲舒适。我们的选择是短而高的车……是球形的，所以更轻、更便宜、更舒服，而且更坚固。

关于车“高而短”的概念——“高个子男孩”，就是通过“人性最大化、机器最小化”的概念与球体形象（在最小的表面积容纳最大的体积）之间类比后出现的，这最终促使设计者设计出了本田思迪。

在知识转化的四种模式中，外显化是一把打开知识创新之门的钥匙，因为它从隐性知识中创新出了新的显性概念。我们怎样才能有效且高效地把隐性知识转化为显性知识呢？答案就在于可以依次比喻、类比和建模。比喻是一种通过象征性地想象另一件事，来感知或直觉地理解一件事的方式。它最常用于溯因推理（Abductive Reasoning）或非分析的方法，来创造颠覆性的概念。它既不是分析，也不是对相关事物共同属性的综合。此外，比喻是创造新概念网络的重要工具。因为比喻是由一个词或短语支持不同事物的两种看法，其含义是它们相互作用的结果。我们可以不断地在内心将相距甚远的概念联系起来，甚至将抽象概念与具体概念联系起来。当我们考虑概念间的相似性，并感觉它们的关系不平衡、不一致或矛盾时，这个创造性的认知过程就会继续，因此往往导致我们发现新的意义、形成新的方式。

通过类比可以协调比喻中固有的矛盾，通过突出两个不同事物的“共性”来减少未知。比喻和类比经常被混淆。比喻是把两件事联系在一起，主要是由直觉和整体意象驱动的，其目的不是找到它们之间的差异。类比则是通过理性思考来建立联系的，并且聚焦于两件事之间结构或功能上的相似性，当然也包括它们之间的差异性。因此，类比有助于我们通过已知来了解未知，并弥补意象和逻辑模型之间的差距。

一旦创新出显性概念，就可以对它们进行建模了。在逻辑模型中，不应该存在矛盾，所有的概念和命题都必须用系统的语言与连贯的逻辑来表达。但在商业术语中，模型往往只是大致的描述或勾画，远远没有达到完全具体化的程度。

3. 组合化：指的是显性知识和显性知识的组合

它是一个通过各种媒体产生的语言或数字符号，将各种显性概念组合化和系统化的过程。

在组合化过程中，组织内各个团队可搜集内部和外部信息并予以系统化，重新整合成可供组织应用的外显知识。例如，将书本中的知识改用生动美观的 PPT 来讲解，即是显性知识的组合化过程。

在商业背景下，知识转化的组合化模式最常见于中层管理者分解并实施企业愿景、经营理念或产品理念时。在通过将编码的信息和知识关联组合来创造新概念的过程中，中层管理人员发挥了关键的作用。创造性地利用计算机通信网络和大规模数据库，无疑会促进知识转化模式的发展。

在卡夫（Kraft）这家奶制品和加工食品制造公司里，来自零售商 PoS 机（Point of Sales，销售点）系统的数据，不仅被用来发现产品销售形势的好坏，还用来创造新的销售系统和方法。公司开发了一个被称为“微营销”（Micro-Merchandizing）的信息密集型营销系统，可以根据该系统中的数据分析，为超市提供及时、准确的最佳商品组合化建议和促销信息。利用卡夫独特的数据分析方法，包括其将商店和顾客独特的六分法，系统能够准确地指出顾客的购物地点和购物方式。卡夫之所以成功地管理其通过超市渠道销售的产品，就是因为控制了“分类管理”法的四个要素——消费者及类别动态、店铺空间管理、商品管理和价格管理。

4. 内隐化：即显性知识到隐性知识的转化

它是一个将显性知识形象化和具体化的过程，组织通过“汇总组合”

产生新的显性知识并被内部员工吸收、消化，最终升华成他们自己的隐性知识。在内隐化过程中，个人透过实践训练，从组织及环境中学习并获得新的隐性知识。例如，公司员工按照知识手册的要求履行自己的职责，从而内化成自己的知识。

内隐化是将显性知识体现到隐性知识里的过程。它与“做中学”（Learning by Doing）密切相关。当通过社会化、外显化和组合化获得的经验，以共享心智模式或技术诀窍的形式被内化到个体的隐性知识库中时，它们就变成了有价值的资产。例如，本田思迪项目组和全体成员内化了他们 20 世纪 70 年代后期的经验，并且由这些经验得来的技术诀窍现在仍被应用于公司的研发项目。然而，要想使知识创新在组织层面内发生，就需要让个体层面积累的隐性知识与其他组织成员进行社会化转化，从而开启新一轮的知识创新螺旋。

如果能将知识用语言表达或用图形描绘成文档、手册或口头故事，对于让显性知识转变成隐性知识就会大有裨益。写成文档能帮助个体内化他们所经历的东西，进而丰富他们的隐性知识。此外，文档或手册也能促进将显性知识传递给他人，从而帮助他们间接体验到他人的经历（即“再体验”，Re-experience）。例如，GE 公司将所有客户的投诉和查询记录，归档记入公司设于肯塔基州路易斯维尔的应答中心（Answer Center）的数据库中。新产品开发团队的成员可以利用这些数据来“再体验”电话接线员所经历的过程。GE 公司于 1982 年成立了应答中心，用来处理各种问题，响应帮助请求，并接受客户对产品的投诉，中心每天 24 小时、全年 365 天工作。GE 应答中心有超过 200 名电话接线员，每天要接听多达 1.4 万通电话。GE 公司将 150 万个潜在问题及其解决方案存入计算机数据库系统，系统配备了在线诊断功能，利用最新的人工智能技术快速回答查询，电话接线员在 2 秒内就能检索出问题与解决方案的答复。如果系统中没有现成的解决方案，12 位至少有 4 年以上维修经验的专家会在现场坐镇，给出解决方案。还有 4 位全职程序员会将这些解决方案输入数据库中，新的信息通常会在次日更新到系统中，每个月这些信息还会被发送给相应的产品部门。尽管如此，产品部门还是经常会派他们的新产品开发人员前往应答中心，与电话接线员或 12 位专家聊天，从而“再体验”他们的经历。

有时候，不见得非要“再体验”他人的经历内隐化才能发生。例如，阅读或倾听一个成功的故事，就能使组织的某些成员感受到现实和故事的精髓，那些发生在过去的经验可能就会变成隐性的心智模式。当组织的大多数成员共享这样的心智模式时，隐性知识就变为组织文化的一部分。在今天的大型书店里，人们可以找到 20 多本关于本田公司或本田宗一郎（Soichiro Honda）的书，所有这些都有助于本田公司为员工灌输浓厚的企业文化。

为说明知识转化过程与具体环境的联系，野中郁次郎进一步提出了“Ba”理论（见表 2-7）。“Ba”是知识创造的知识场，它有四种类型，每一种“场”支持一种类型的知识转化。野中郁次郎分别命名为“创始场（Originating Ba，支持社会化）、对话场（Interacting/Dialoguing Ba，支持外显化）、系统化场（Cyber/Systemizing Ba，支持组合化）、练习场（Exercising Ba、支持内隐化）。场的功能与野中郁次郎对知识创造过程趋势的认识密切相关，野中郁次郎除了提出隐性知识和显性知识透过彼此转换的动态过程，使得新知识不断成长与扩散外，还认为知识创造过程呈现一种“螺旋状”，即逐步由个人的螺旋成长提升到团队的螺旋成长，进而扩展到组织全体的螺旋成长。因此，四种场的首要目的，即为知识螺旋上升过程的具体阶段提供平台，以保障每个转化创造阶段都能达到组织预期的效果。

表 2-7 “Ba”理论

场所（Ba）	原始场（Originating Ba）	对话场（Dialoguing Ba）	系统化场（Systemizing Ba）	练习场（Exercising Ba）
SECI 支持模式	社会化	外显化	组合化	内隐化
参与主体	两个或以上团队成员个体	有特定目标的团队成员整体或小组	不特定的成员个体或整体	团队成员个体

（续表）

场所（Ba）	原始场（Originating Ba）	对话场（Dialoguing Ba）	系统化场（Systemizing Ba）	练习场（Exercising Ba）
互动方式	近距离观察、模仿练习、对话	面对面或在线的多向陈述、宣讲、讨论	人—物互动 人—机互动	个体与环境交互
环境条件	轻松的工作场所：非正式的聚会场所，如咖啡室等	现场会议场所，包括演示设备：远程群体沟通所需的软硬件	实体或虚拟的知识存储、查阅的平台：处理加工工具	个体舒适、安静的思考、感悟和想象的空间

三、知识螺旋和知识内容

如上所述，社会化旨在共享隐性知识。然而，就其本身而言，社会化只是一种有限的知识创造模式。除非让共享的知识显性化，否则它不可能容易地为整个组织所利用。此外，如果仅仅是将分散的显性信息组合形成一个新的整体，例如，公司的会计员从整个公司收集信息并将其汇总到财务报告中，并不会真正扩大组织既有的知识库。但是当隐性知识和显性知识相互作用时，一项创新就涌现了。组织知识创造是隐性知识和显性知识之间不断动态地相互作用。这种相互作用是由知识转化的不同模式之间的变化决定的，而这些转变又是由几个触发因素所导致的。知识螺旋如图 2-8 所示。

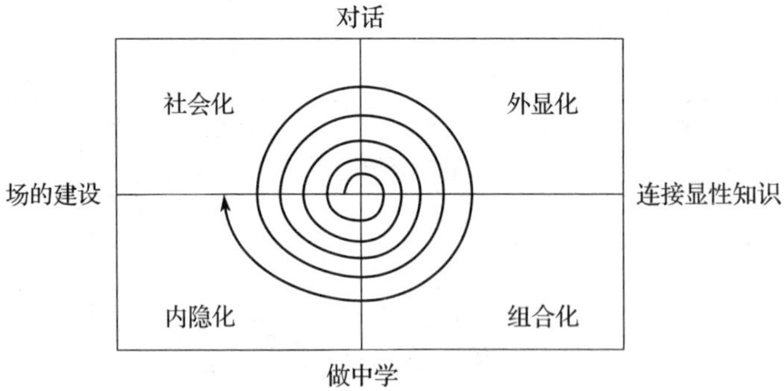

图 2-8 知识螺旋

首先，社会化模式通常会从构建一个互动的“场”开始。这个场能够促进成员彼此之间共享经历和心智模式。其次，外显化模式是通过有意义的“对话或集体反思”来触发的，其中运用适当的比喻或类比，有助于团队成员将那些隐藏的、难以言传的隐性知识表达出来。再次，组合化模式是通过把新创造的知识与来自组织其他部门既有的知识进行“连接”来触发的，从而把它们结晶固化到新产品、新服务或管理体系之中。最后，“做中学”触发了内隐化模式。

每种知识转化模式所创造的知识内容，自然也不尽相同。由四种模式创造的知识内容如图 2-9 所示。社会化模式产生的称为“共情知识”(Sympathized Knowledge)，如共享心智模式和专业技能。在松下公司的案例中，揉面的隐性技巧就是共情知识。外显化模式产出的是“概念性知识”(Conceptual Knowledge)。本田公司案例中“高个子男孩”的概念是通过“汽车进化论”的比喻及在球形与“人性最大化，机器最小化”概念之间的类比，创造出来的概念性知识。组合化模式产生的是“系统性知识”(Systemic Knowledge)，如原型和新的组件技术。卡夫食品公司的微营销计划的例子就是系统性知识，它把零售管理方法作为其组件。内隐化模式产生的是关于项目管理、生产工艺、新产品使用和政策实施的“操作性知识”(Operational Knowledge)。在松下公司的案例中，亲身体验每月工作 150 小时就是一种政策实施方面的操作性知识。

从 到	隐性知识	显性知识
隐性知识	（社会化） 共情知识 (Sympathized Knowledge)	（外显化） 概念性知识 (Conceptual Knowledge)
显性知识	（内隐化） 操作性知识 (Operational Knowledge)	（组合化） 系统性知识 (Systemic Knowledge)

图 2-9　由四种模式创造的知识内容

在知识创造的螺旋中，这些知识内容彼此相互作用。例如，通过社会化和外显化，关于消费者需求的共情知识可以变为关于新产品概念的显性概念性知识。通过组合化，这种概念性知识又成为创造系统知识的指导方针。例如，新产品概念可以引导组合化阶段，其中组合了新开发的和既有的组件技术来建立原型。系统性知识（例如模拟新产品的生产过程）通过内隐化变成大规模生产产品的操作性知识，经常触发知识创造的新一轮循环。例如，用户对产品的隐性操作知识经常通过社会化共享，从而开始改进现有产品或进行开发创新。

到目前为止，我们的讨论还都集中在组织知识创造的认识论维度上。然而如前面提到的，组织不能自己创造知识。个体的隐性知识才是组织知识创造的基础，组织必须激发在个体层面创造和积累的隐性知识。被激发出的隐性知识通过知识转化的四种模式在"组织级"上得以放大，并在本体论维度更高的层面上结晶固化下来，这个过程被称为"知识螺旋"。随着在本体论维度上升级，隐性知识和显性知识之间的相互作用也会在规模上得到放大。因此，组织级的知识创造是一个螺旋式的过程，从个体层面开始，通过扩大的互动社区，跨越团队、部门、区域和组织的边界，不断地向前推进。组织级知识创造的螺旋如图 2-10 所示。

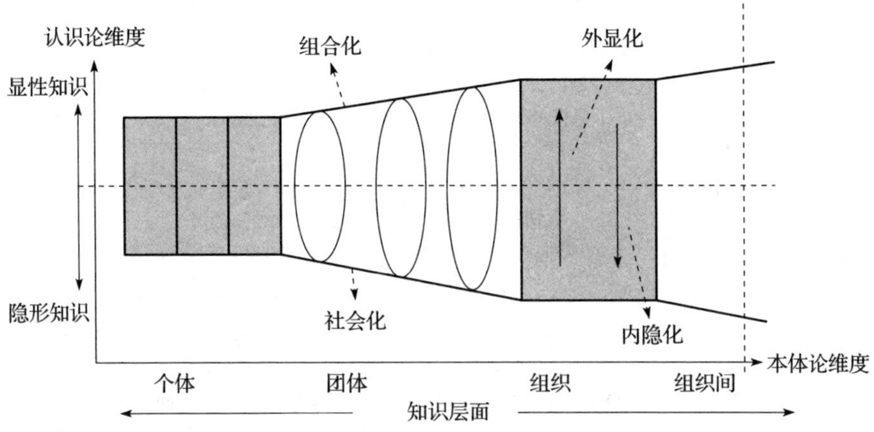

图 2-10 组织级知识创造的螺旋

我们以产品开发为例来诠释知识螺旋的过程。创建一个产品的概念会涉及一个由许多不同背景和心智模式的个体组成并发生相互作用的社区（Community）。来自研发部门的成员关注技术上的潜力，而那些来自生产和营销部门的成员对其他问题更感兴趣。其中只有一部分不同的经历、心智模式、动机和意图可以明确地用语言表达出来。因此，需要一个共享隐性知识的社会化过程，许多公司采用“头脑风暴营”达到该目的。

四、组织知识创造过程的五阶段模型

到目前为止，我们已经看到推动组织知识创造的四种知识转化模式。下面介绍组织知识创造过程的五阶段综合模型（见图 2-11），它使用了在理论框架内开发的基本结构，并把时间维度纳入其中。该模型由五个阶段组成：①共享隐性知识；②创造概念；③验证概念；④建立原型；⑤跨层转移知识。

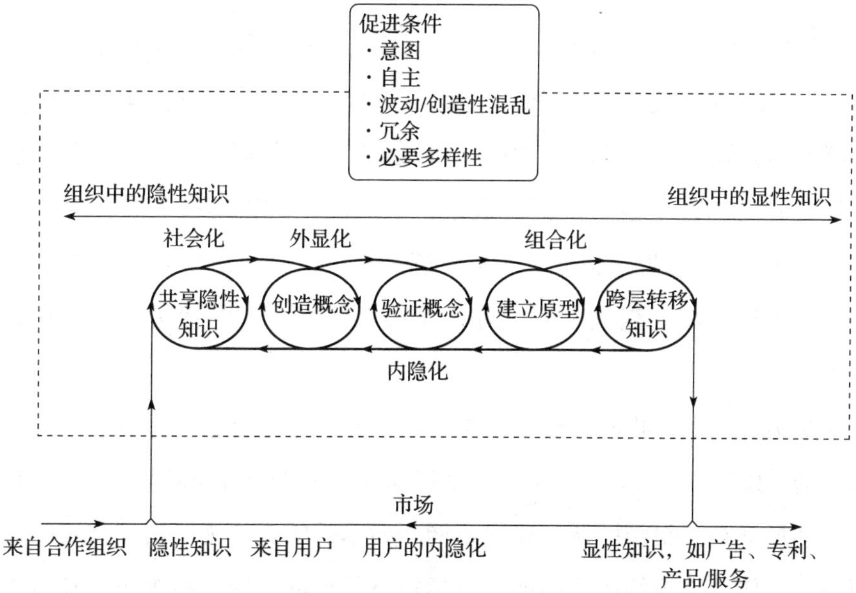

图 2-11 组织知识创造过程的五阶段综合模型

组织知识创造的过程从共享隐性知识开始，这大致对应于社会化，因为存在于个人身上的丰富且未被利用的知识必须先在组织内部进行放大。在第二阶段中，被自组团队共享的隐性知识以新概念的形式转化为显性知识，这个过程类似于外显化。创造的概念必须在第三阶段中得到证明，其中组织确定新概念是否真正值得开发。如果得到组织的批准，新概念就在第四阶段中被转化为原型（Archetype），可以是在“硬”产品开发中采用原型的形式，也可以是在“软”创新里的运行机制（Operating Mechanism），如新的企业价值观、新的管理体系或新的组织架构。最后阶段，将一个部门创造的知识扩展到其他部门的其他人，甚至扩展到组织的外部，我们称之为知识的跨层转移（Cross Leveling of Knowledge）。这些外部成员包括客户、关联公司、供应商、分销商和大学。创造知识的企业不是运行在一个封闭的系统中，而是运行在一个开放的系统中，并不断与外部环境交换知识。

第一阶段：共享隐性知识

正如我们反复提到的那样，个人所拥有的隐性知识是组织创造知识的基础，组织本身无法创造知识。通过关注隐性知识来开启这个过程似乎是顺其自然的事，但隐性知识不能轻易地传递给他人，因为它主要是通过经验获得的，不容易用语言表达出来。因此，让具有不同背景、不同观点和不同动机的众多个体，共享隐性知识就成为组织知识创造的关键步骤。个体之间要建立相互信任，就必须共享个人的情绪、感情和心智模式。

要实现共享，我们需要一个能够让不同个体通过面对面对话彼此互动的“场（Ba）”。在这里，他们共享经验，同步身体和心理的节奏。典型的互动场就是自组织团队，来自不同职能部门的成员为了实现共同的目标而一起工作。自组织团队的例子包括松下公司的家用面包机团队和本田公司的思迪团队。在松下公司，团队成员拜师大阪国际酒店的面包师，通过亲身体验掌握揉面技巧的真谛。在本田，团队成员共享他们的心智模式和专业技能，他们经常在远离办公室的酒桌边一边饮酒，一边讨论如何设计理想的汽车。这些例子表明组织知识创造过程的第一阶段对应于社会化。

自组织团队通过团队成员的必要多样性促进组织知识的创造，他们体验信息的冗余并共享自己对组织意图的解读。管理层通过设定有挑战性的目标，赋予团队成员高度的自主权，引入创造性混沌。自主团队开始设定自己的任务边界，并作为一个“跨界单元”，开始与外部环境互动，同时积累隐性知识和显性知识。

第二阶段：创造概念

一旦在互动场形成了某一共享心智模式，自组织团队就以集体反思的形式通过进一步的持续对话把它表达出来。共享的隐性心智模式被表达为单词和短语，最后结晶固化为显性的概念。从这个意义上说，这个阶段对应于外显化。

通过使用多种推理方法，如演绎法（Deduction）、归纳法（Induction）和溯因法（Abduction）可促进隐性知识转化为显性知识。在这个阶段中，特别有用的是溯因法，即采用比喻和类比的语言。例如，在开发思迪时，本田公司开发团队就充分利用了比喻性的语言，如“汽车进化论”“人性最大化，机器最小化”和“高个子男孩”。本田公司通过运用辩证法，将创造性的思维方式灌输到组织中去，并提升团队成员对话的质量。这是一个迭代和螺旋式的过程，组织可以利用其中的矛盾和悖论来综合产生新知识。

在这个阶段中，概念是通过对话的方式共创出来的。自主性有助于团队成员自由地发散思维，以组织意图为工具，将思维收敛到同一个方向。为了创造概念，团队成员必须从根本上反思既有的前提。在这点上，必要多样性对团队是有帮助的，它可以提供不同的角度或观点来审视一个问题。来自外部或内部的波动和混沌也有助于成员从根本上改变思维方式。信息的冗余使团队成员能更好地理解比喻性语言，并结晶固化他们共享的心智模式。

第三阶段：验证概念

知识被定义为经过验证的真实信念。验证涉及确定新创造的概念是否真正对组织和社会有价值的过程。它类似于一个筛选的过程，个体似乎在持续地、无意识地验证或筛选信息、概念或知识。然而，组织必须以更明确的方式进行这种证明，以检查组织的意图是否仍然完整，并确定所产生的概念是否满足整个社会的需要。

对于商业组织而言，正常的验证标准包括成本、利润空间和产品对公司增长的贡献程度。验证标准既可以是定量的，也可以是定性的。例如，在本田思迪的案例中，组织不仅必须对照由最高管理层建立的愿景验证“高个子男孩”的概念——提出一个根本不同于公司以前做的任何东西的产品概念，制造出一款既不昂贵又不便宜的轿车，还必须对照由中层管理人员表达的产品线概念来验证——制造出一款“人性最大化，机器最小化”的轿车。更抽象的标准可能包括价值主张，如冒险、浪漫主义和美学。因此验证标准不必严格地具有客观性和实际性，它们也可以带有评判性和价值附加。

在创造知识的企业中，最高管理层的职责是以组织意图（以战略或愿景表达）的形式制定验证标准。虽然关键的验证标准是由高层管理者设定的，在某种程度上也是由中层管理人员确立的，但是这并不妨碍组织的其他单位有一定的自主权来决定自己的子标准。例如，松下公司内部一个由200名年轻员工组成的委员会曾经决定，松下公司员工在21世纪应该成为“自发的个体”（Voluntary Individuals），以适应预期的社会变革。在这个意义上，公司的验证标准应该与整个社会的价值体系或需求相一致，在理想情况下应该反映在组织意图之中。

第四阶段：建立原型

在第四阶段中，经过验证的概念被转化为有形或具体的东西，即原型（Archetype）。在新产品开发过程中，我们可以把产品原型（Prototype）看作原型。在服务或组织创新的情况下，我们可以把操作运作机制看作原型。在任意情况下，原型都是通过将新创造的显性知识与既有的显性知识组合化而建立的。例如，在建立产品原型时，需要组合化的显性知识可以采取技术或组件的形式。因为经过验证的概念是显性的，在它被转换为原型后也是显性的，这一阶段类似于组合化过程。

就像一个建筑师在开始实际施工前建造模型一样，组织成员也需要着手建立一个真实产品的原型或系统的模型。为了建立一个原型，组织需要把具有不同专业知识的人聚在一起（如研发、生产、营销、质控）制定每个人认可的规范，然后按照新创造产品的概念制造出一个与实际尺寸 1：1 的模型。为了建立一个模型，比如一个新的组织结构，来自组织内部相关部门的人，以及不同领域的专家（如人力资源管理、法律、战略规划）汇聚一堂，一起描绘新的组织架构图、工作描述、汇报体系或操作程序。在某种程度上，他们的角色类似于建筑师，负责描绘蓝图及实际建构组织概念的新形式。

因为这个阶段比较复杂，组织内部各个部门的动态合作必不可少。必要多样性和信息的冗余都促进了这一过程。组织意图也作为有用的工具将留在组织内部的各类诀窍和技术汇集起来，同时促进人与人之间和部门与部门之间的合作。

第五阶段：跨层转移知识

组织知识的创造是一个永无止境、持续提升的过程，即便原型开发出来，也不会就此结束。新概念经过创建、验证和建模后，在不同的本体论层面上进入知识创造的新一轮循环。对于这种互动的和螺旋式的过程，我们称为“跨层转移知识”，它既可以发生在组织内部，也可以发生在组织之间。

在组织内部，成为真实的知识或采取原型形式的知识，可以引发新的知识创造循环，沿横向和纵向扩展到整个组织。在松下公司内部就能看到横向交叉融合的例子，家用面包机引发了其他“轻松且丰富”产品理念的诞生，例如同一事业部的全自动咖啡机，还有来自另一个事业部的新一代大屏幕电视机。在这些案例里，它发生在一个事业部内的不同部门以及不同事业部之间。纵向交叉融合的例子也来自松下公司，家用面包机的开发给松下公司带来了启发，它以“人性化电子”（Humanized Electronics）作为企业层面的整体概念。整体概念促使公司展开了一系列的自我反省活动，大家都在思考松下公司在21世纪应该成为什么样的公司，以及松下员工能做到多大程度的“人性化”。

在组织之间，由一个组织创造的知识可以通过动态的相互作用，调动企业关联公司、客户、供应商、竞争者和公司以外其他人的知识。例如，某一家公司开发出一套创新的预算控制新方法，可以改变企业关联公司的财务控制系统，从而可能引发新一轮的创新。或者客户对新产品概念的反应或反馈可能会启动新一轮的产品开发循环。例如，在苹果公司，当产品开发工程师提出新产品的想法时，他们制作一个原型机来体现这些想法并把它直接拿给客户征求意见。根据这些反馈，新一轮的开发可能就开始了。

为了使这个阶段有效运行，组织的每个单元都可以自主地选择在别的地方开发知识，并在不同的层面和边界自由地应用它。内部波动（如人员的频繁轮换）将促进知识转移。信息的冗余和必要多样性也是如此。在组织内的跨层转移中，组织意图将作为知识是否应该在公司内部相互交叉融合的控制机制。

认识论维度（在图形上以纵轴表示）是隐性知识和显性知识之间发生知识转化之处。我们讨论了知识转化的四种模式——社会化、外显化、组合化和内隐化。这些模式并非彼此独立，当引入时间作为第三个维度时，它们彼此之间相互作用就产生了知识螺旋。本体论维度（在图形上以横轴表示）是个体创造的知识被转化为团体和组织层面的知识之处。这些层面不是彼此独立的，而是持续地、重复地相互作用。我们再次引入时间作为第三维度，发展出组织知识创造的五个阶段过程——共享隐性知识、创造概念、验证概念、建立原型和跨层转移知识。在本体论维度还产生了另外一个螺旋，例如，当项目组层面开发的知识转化为事业部层面的知识，最后达到组织层面或组织之间层面的知识。两个知识螺旋随着时间彼此相互作用，创新就伴随着这些螺旋涌现了出来。

创新视点 2

松下公司的两个知识创造螺旋

第一个知识创造螺旋

松下公司的案例被分成两个部分。第一部分解释松下公司一款名为“家用面包机”的面包制作设备的开发过程，以及其对整个公司产生的后续影响。在第二部分中，我们将在企业层面上分析松下公司持续不断的知识创新的过程。

松下公司的家用面包机是第一台家用全自动面包机，于1987年在日本上市。它能够把原料配方变成新鲜出炉的面包，从揉面、发酵直到烤出面包，无所不能，其成品质量可媲美专业面包师的手艺。用户要做的就是将面粉、黄油、盐、水和酵母混在一起。如果人们还想更省事，还可以选用预配的面包混料包（Bread-mix Package），省去自己配料的麻烦。该机器的非凡之处在于，它拥有烘焙大师的技艺，即使没有制作面包知识的人也能轻松操作。它抓住了面包师技艺的精髓，并利用机电技术始终如一地复制关键的揉面过程，而在以前主要依赖于面包师的隐性知识。

家用面包机的开发故事，从两个方面佐证了SECI模型。第一，它说明了知识转化的四种模式——社会化、外显化、组合化和内隐化，它特别适合创新时如何调动隐性知识。第二，它说明了知识创造的五个阶段——共享隐性知识、创造概念、验证概念、建立原型和跨层转移知识。知识创造不是一个线性过程，而是一个循环往复的过程。

我们现在准备更深入地了解家用面包机产品开发过程的细节。我们将观察到知识创造过程的三次循环，每个循环都是从团队成员之间的经验共享开始的。基于这些共享的经验，概念和/或原型被创造了出来。然后我们对照组织的意图，证明这些概念和/或原型的合理性。下一轮循环开始，要么是为了对成果加以改进，要么是为了克服上一轮循环的缺陷。

第一次循环始于试点团队（Pilot Team）成员对经验的共享。然后，他们将产品概念外显化为具体的产品规格，并组装、制作出一个原型。然而，初始的原型不能烤制出可口的面包，不足以验证“Rich”（丰富）的概念。结果，该过程进入了第二次循环。

第二次循环始于软件开发人员，田中郁子与面包师共享经验，学习如何正确地揉面。为了将这个有难度的诀窍融入机器中，田中郁子创建了一个“扭曲拉伸”（Twisting Stretch）动作的心智意象（Mental Image）来解释揉面。然后，揉面的技艺固化为具体的机械运动，比如转子的揉面动作，以及特制肋骨状凸纹的设计。因为新的原型成功地生产出美味的面包，开发进入了第三次循环，新的挑战是新产品的设计要满足成本要求。

第三次循环始于商业化团队成员之间共享隐性知识。来自制造部门和营销部门的成员加入团队。团队开发出一种控制发酵的创新方法，在揉面的过程中加入酵母的创新，能以更低的成本生产出更美味的面包。项目组成员对照最初开发产品概念时所定的成本和质量要求，证明其研发的家用面包机做出的面包合格。完美的家用面包机从市场中脱颖而出，最终战胜竞争品牌并一举成为拳头产品。家用面包机的成功使得企业层面的知识跨层转移。

1. 家用面包机知识螺旋的第一次循环

1984 年 4 月，烹饪家电事业部部长佐野启明（Keimei Sano）开始了家用面包机的开发工作。他组建了一支试点团队，把来自家用电器实验室（负责包括烹饪家电事业部在内的四个事业部的研发实验室）的人员与一位机械设计师和一位软件开发人员（他们两人都熟悉面包制作）组合在一起。这支特别专设团队为了使开发的产品概念实现“轻松且丰富（ER)”的目标，进行了几次讨论。家用电器实验室的鸟越正雄（Masao Torikoshi）担任团队的领导。为了避免任何妥协，他自己提出了如下产品规格。

（1）只需将配料放入机器，它就能自动揉面、发酷和烤面包。

（2）它应该不需要专门混合配料。

（3）内置定时器，允许用户在夜间准备好配料，次日早晨就能得到烤好的面包。

（4）制作面包时不能受室温的影响。

（5）面包的外观应该好看。

（6）面包的味道应该比大规模生产和大规模销售的要好。

（7）零售价格应该介于 3 万～4 万日元之间。

由于这些规格是按照理想的状态而不是技术可行性定义的，所以还必须清除许多障碍。

1985 年 1 月，项目得到了公司的正式批准，并由实验室和烹饪家电事业部共同组建了一个官方团队。团队中的 11 名成员是从几个部门抽调来的，鸟越正雄担任项目负责人。其中，1 名成员来自产品规划部门，3 名成员来自机械部门，2 名成员来自控制系统部门，3 名成员来自软件开发部门。由于一年前发生了合并而组合成一个事业部，因此这些成员带着完全不同的文化背景进入新项目。

因为面包机本身对松下公司而言是一件新鲜事，所以一切都必须在内部开发。几项活动都是同时进行的，例如开发口味测量系统和全自动面包机的配方、学习揉面和烘焙技巧、开发机身、机械和控制系统。

第一台原型机做出的东西简直不能被称为面包，因为它的面包皮烤煳了，但里面还是夹生的。有几个问题亟待解决，第一个问题是面团的形状，因为英式面包是方的，所以容器也必须是方的。然而，如果容器是圆的，揉起面来就会方便得多。第二个问题是电力系统的差异，日本东部和西部的电力系统不同，这会影响马达的转速，因此研发团队需要设计面包机的调节控制系统。第三个问题是温度对发酵和烘烤过程有重大的影响。理想的发酵温度是 27 ~ 28℃，而在日本的不同地区，夏季气温的变化范围在 5 ~ 35℃。如果温度太高，面团过度发酵，做出来的面包味道就会变酸。而如果温度太低，面团就会发酵不足，膨胀不起来。此外，不同品牌和种类的面粉与酵母进一步使控制系统变得复杂。面包机的系统必须足够强大，才能在任何环境下都做出美味可口的面包。家用面包机的产品开发任务如图 2-12 所示。

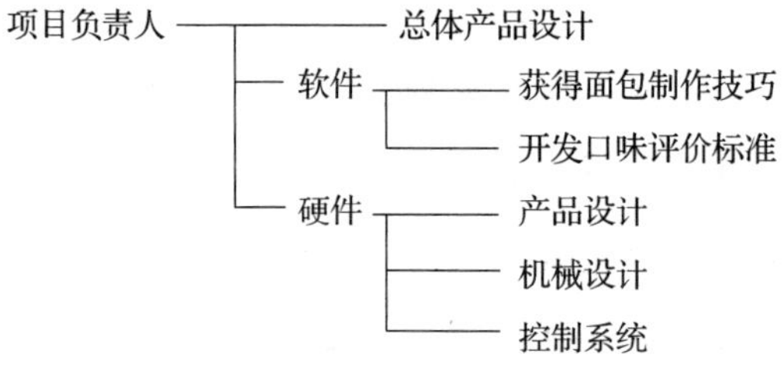

图 2-12 家用面包机的产品开发任务

在试点团队中，针对家用面包机究竟应该是什么团队进行了多次讨论。整体事业部的理念“轻松且丰富”成为讨论（共享隐性知识）的指导方针。它能够包容每个成员的隐性知识，同时，它又非常具体，足以澄清烹饪家电事业部所有产品开发的关键要求，即易于使用和实现真正的品质。

在实现易用性时，每个团队成员的隐性知识和消费者的需求被外显化为产品特性，规定“只需将配料放入机器，它就能自动揉面、发酵和烘烤面包”及“内置定时器，允许用户在夜间准备好配料，次日早晨就能得到烤好的面包”。在共享隐性知识后，具体的产品概念就被创建出来。然后，试点团队对照组织意图验证这个产品概念的合理性。在这个案例中，研发团队对照“轻松且丰富”验证具体的产品特性并接受。一旦概念经过验证，就通过组合显性知识建立原型。换句话说，家用面包机的原型机是通过组合既有的技术建立的。然而，这台原型机烤出的面包外皮煳了，里面还是生的，试点团队对照最初的产品概念，没有验证其合理性。结果，知识创造过程又回到第二次循环的开始。家用面包机知识螺旋的第一次循环如图 2-13 所示。

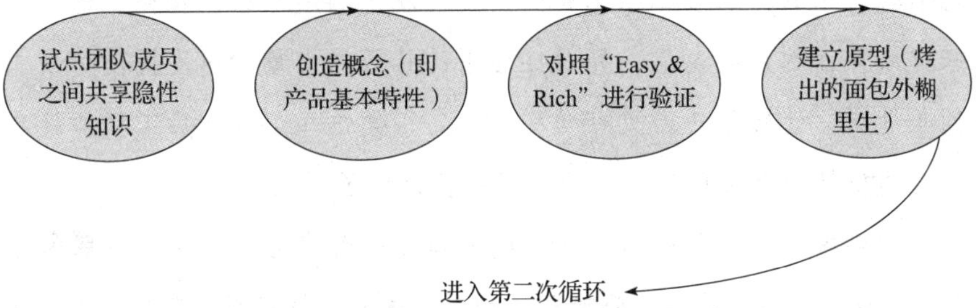

图 2-13 家用面包机知识螺旋的第一次循环

2. 家用面包机知识螺旋的第二次循环

第二次循环始于软件开发人员，田中郁子共享主面包师的隐性知识，目的就是学习他的揉面技巧。面包师经过多年的体验，才学会揉面的手艺，这是制作面包的一个关键步骤。然而，这种专门知识是难以用语言表达清楚的。为了捕捉这种通常需要大量的模仿和实践才能掌握的隐性知识，田中郁子提出了一个创新性的解决方案：大阪国际酒店因能制作出大阪地区最美味的面包而享有盛誉，为什么我不拜师于大阪国际酒店的面包师来研究揉面技巧呢？田中郁子通过观察、模仿和实践，最终学会了揉面技巧。她回忆道，最初，一切都让人吃惊。反复失败后，我开始扪心自问，我究竟比师傅差在哪里，我认为，如果没有亲身实践，一个人就无法领会或学会这门手艺，即使我们用了同样的材料，我的面包和师傅的面包做出来后仍有相当大的差别，我问自己为什么我们两人的产品如此不同，并试着反思我们两人在揉面技巧上的差距。

即使在这个阶段，面包师和田中郁子都不能以任何系统的方式来表述知识。因为他们的隐性知识尚未变成显性的，松下公司内部的其他人依然迷惑不解。结果，工程师们也被带到酒店学习揉面和烘烤面包，以增进他们对这个过程的了解。佐野部长指出，如果工匠不能解释他们的技艺，那么工程师就应该成为工匠。

由于田中郁子不是工程师，所以她不会设计具体的机械规格。然而，她能够把自己的知识转移给工程师，方法就是利用“扭曲拉伸”这样的词汇来描绘揉面的大致意象，并对揉面用的转子的力量和速度提出建议。她会简单地说，让转子转得更有劲一些或转得更快一点。然后工程师就会调整机器的规格，这种反复试验的过程一直持续了好几个月。

她所要求的“扭曲拉伸”动作被工程师们解读后，促使在容器内壁上增加了特殊的肋骨状凸纹，当转子转动时，这些凸纹对面团产生阻力，从而达到拉扯面团的效果。经过一年的反复试验并与其团队提出了产品规格，面包机成功地再现了面包师的拉面技巧及田中郁子在酒店学到的制作面包的品质。之后，团队把这个概念固化下来，将它变成一份手册并体现在产品上。

1985 年 11 月，该团队成功地开发出一台能制作美味面包的机器。产品有一个揉面装置，包括一台电机、一个面团容器及一个在适当时间加入酵母粉的酵母盒。一台微电脑通过定时器和温度传感器控制加热器与酵母盒。此时，原型机准备好，项目组的成员，连同烹饪家电销售部门、技术部门及事业部的负责人，都把原型机带回家里进行试用。他们的配偶和孩子用原型机试做面包，并提供反馈意见。他们的评论证实，在家里自制高品质面包的目标终于实现了。

在第二次循环中，团队必须解决让机器正确揉面的问题。为了解决揉面的问题，田中郁子来到大阪国际酒店并成为主面包师的学徒。在那里，她通过社会化过程学会了技艺，方法是观察和模仿面包师，而不是通过读备忘录或手册。然后，她把揉面技巧转化为了显性知识，通过创造概念“扭曲拉伸”外显化了知识。此外，她还通过表达揉面转子所需的动作，用像“再慢一点”或“再有力一点”这样的短语外显化了这些知识。对于那些以前从来没有碰过面团的人，理解揉面技巧是如此的困难，所以工程师必须在面包师那里花几个小时体验面团的触感，从而共享经验。通过在面团容器内增加专用肋骨状凸纹，外显化了隐性知识。当“扭曲拉伸”的概念和工程师的技术知识联合起来造出家用面包机的原型机时，组合化就发生了。再对照“丰富”的概念来验证原型机时，开发工作进入第三次循环。家用面包机知识螺旋的第二次循环如图2-14所示。

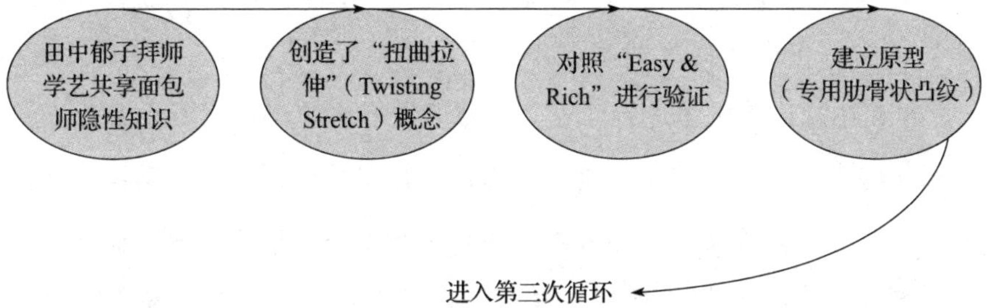

图2-14 家用面包机知识螺旋的第二次循环

3. 家用面包机知识螺旋的第三次循环

看到新原型机成功后，佐野将项目从技术开发阶段推进到商业化阶段，同时把项目从实验室移交给事业部。设计人员增多了，还添加了来自营销和生产部门的成员。项目组必须解决工业设计、质量稳定和降低成本等现阶段的主要问题。

虽然项目负责人从鸟越正雄变为事业部规划部门的负责人荒尾弓弦（Yuzuru Arao），但鸟越正雄继续出席重要的会议，其他10位原成员也还留在团队中。这样就能够利用他们的隐性知识，即使原型机已经捕获到面包制作的隐性知识，但仍然需要原成员的隐性知识，原成员做面包的隐性知识被认为是不可或缺的。

商业化阶段的最大挑战是降低总成本，使零售价不超过4万日元。成本的主要关键点是冷却器，它的功能是防止加了酵母的面团在高温下过度发酵。总工程师柴田恒雄（Tsuneo Shibata）回忆说，他们比预定计划落后了，还没有制作出一台能在成本要求的范围内做出美味面包的机器，每个人都非常紧张。当项目团队中有人发现在制作过程中可以先加入其他配料，稍后再添加酵母时，重要的转机便出现了。这是过去人们做面包的方式，因为当时没有控制温度的手段。松下公司获得了这项专利技术，后来证明这是个重要的因素，使公司能够在竞争对手蜂拥进入市场时仍保持自己的技术优势。

松下公司的家用面包机于1987年2月投放市场，售价为36000日元，第一年就卖出了创纪录的536000台，荣登母亲节礼物清单的榜首。它的成功非同凡响，在成熟的烹饪家电市场上实属罕见，《财富》杂志于1987年10月26日还对这款机器进行了专题报道。在日本市场推出6个月后，松下公司开始将家用面包机出口到美国和德国，后来扩大到瑞典、泰国、澳大利亚和新西兰。虽然价格定得比日本国内市场高很多，但家用面包机一直畅销全球，超出了生产计划的预期。据松下公司介绍，随着新的竞争者进入市场，在美国，全自动面包机的整个市场扩大到100万台。

验证合理性在第三次循环中发挥了关键的作用（家用面包机知识螺旋的第三次循环如图2-15所示）。在商业化阶段中，团队面临的问题是必须显著降低机器的成本，同时保持最初的质量要求。团队通过提出一个创新的解决方案，即舍弃昂贵的酵母冷却器来解决这个问题。解决办法就是在揉面过程的稍后阶段添加酵母，而不是一开始就把它和其他配料混合在一起。这提高了质量，同时降低了成本。这种方法被称为“中面”，是团队成员隐性知识社会化和外显化的结果。

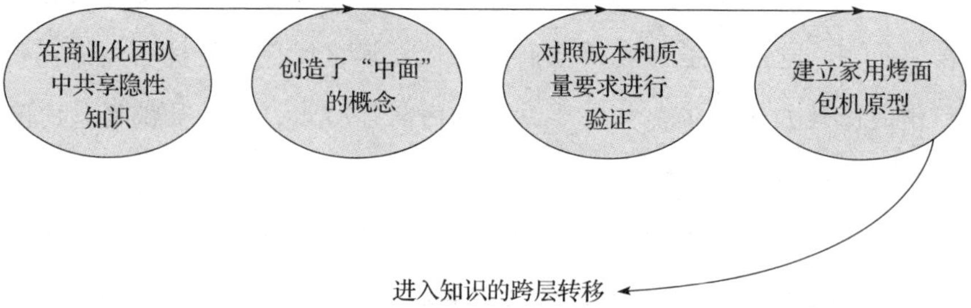

图2-15 家用面包机知识螺旋的第三次循环

然而，设计上的变更就需要推迟新款面包机上市的时间，这是个重大的两难问题，因为在日本市场上，上市时机对于产品的成败来说至关重要。对“轻松且丰富”这个组织意图的承诺，允许佐野来验证即使推迟上市也要进行设计变更这一决定的正确性。

图 2-16 显示了家用面包机知识螺旋的三次循环：第一次循环经过知识创造五个阶段中的四个，然后在进入跨层转移阶段之间，又重复了两次循环。这张图清楚地显示了创造知识是循环往复和螺旋上升式的过程，而非一次性且线性的过程。

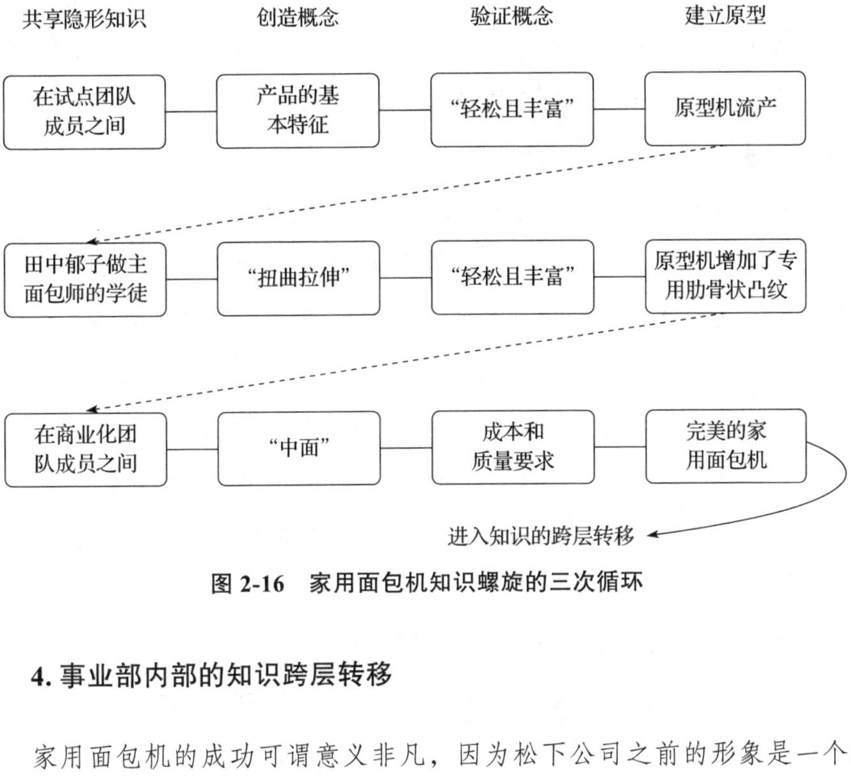

图 2-16 家用面包机知识螺旋的三次循环

4. 事业部内部的知识跨层转移

家用面包机的成功可谓意义非凡，因为松下公司之前的形象是一个在成熟市场中基于价格的竞争者，产品相对标准，企业文化也显得保守和安于现状。因此，涌现的“新”产品和“新”流程，对于过去的传统是一种巨大的突破。这个案例提供了一种洞察，即怎样才能激活既有的组织流程，以支持产生创新性的方法，进而培育创新。

开发家用面包机时，松下公司通过设置跨部门间的项目组，提供一个可广泛讨论的跨部门的组织活动论坛，从而打破了组织内部僵化的壁垒。家用面包机还使工程师能够近距离地倾听用户的声音，这对烹饪家电事业部来说似乎就像吹进了一股清新的风。因为以前打交道的都是成熟产品，这个过程给工程师们带来了一种启迪。

家用面包机的成功改变了工程师对新项目的态度，他们的经验给松下公司的员工开发另一款创新的产品带来了信心和希冀。在家用面包机之前，工程师开发产品是为了应付公司内部的竞争。在推出它之后，大家的关注点转移到了如何创造具有真正的品质、能够满足消费者真正需求的产品上，在开发概念时，工程师开始调查探究消费者的愿望。佐野说，通过探询人们在日常生活中有什么梦想，以及如何来实现它们，我们就能取得下一个突破。

受家用面包机成功研制的启发，旨在提升消费者“生活品质”的产品开始陆续面世。其中的一款产品是自动咖啡机，它装上了一个集成的咖啡研磨机，作为日本第一款这样的产品于1987年秋季上市。它能自动完成磨咖啡豆和煮咖啡的工序，这样，用户足不出户就能享用新鲜、浓郁的咖啡，就像在咖啡店或餐厅一样。这款集成了研磨机的咖啡机获得了巨大的成功，此类产品至今还占据松下公司在日本咖啡机销售量的半壁江山。

紧随家用面包机脚步的是另一款产品“电磁加热（IH）电饭煲”，它煮饭的方式类似于传统的铁釜（日式蒸汽炉），但采用了自动电子系统。这款新电饭煲于1988年推出，采用电磁感应加热系统，可以实现更高的温度和更精准的控制。虽然价格高达59000日元（约合480美元），几乎是传统电饭煲价格的两倍，但销售情况良好，现在已占到松下公司电饭煲销售额的40%上。电磁加热（IH）电饭煲自1988年上市以来，松下公司的电饭煲销量总体增加了50%，市场份额上升了7%。

在开发家用面包机时所创造的新知识，慢慢溢出到产品开发团队之外。它证明了可以通过合作而不是通过内部竞争来开发创新的产品，也证明了消费者会对符合“轻松且丰富”的产品做出积极的回应。此外，它还证明了探询用户在日常生活中有什么样的需求，创新满足这些需求的产品概念的价值。

家用烤面包机的成功故事，通过口碑和内部出版物传遍了整个松下公司。正如上面提到的，新创造的知识在开发团队以外的事业部成员之间转移，我们把这称为知识的跨层转移（见图2-17）它从根本上改变了员工对家电潜力的看法，并激励组织内部的其他人开发其他类似于家用面包机的创新产品。集成了研磨机的全自动咖啡机和新一代电饭煲以家用面包机为榜样，但所有这些产品都基于“轻松且丰富”这一相同的理念（即组织意图）。

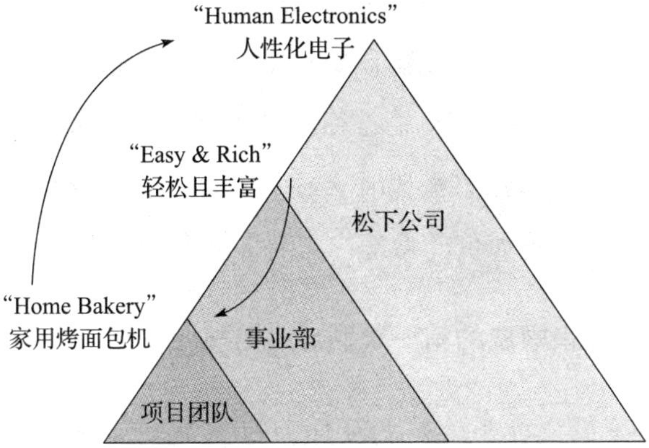

图2-17 知识的跨层转移

5. 事业部之间的知识跨层转移

家用面包机的开发极大地鼓舞了松下公司总裁谷井昭雄（Akio Tanii）。他于1986年1月采纳“人性化电子”（Human Electronics）作为整个松下公司的整体概念，在“人性化电子”的主题下，松下公司打算利用高科技（电子）开发更“人性化”的产品。对于谷井昭雄来说，“人性化”的产品就是能通过简便的方式来解放和升华人们精神的产品。电子技术通过提供“纯正”的品质，以提高消费者的满意度和幸福度。松下公司的总经理水野博之（Hiroyuki Mizuno）说，家用电器正是电子技术终将大爆炸的地方。

第二个知识创造螺旋

在第一个螺旋中，知识创造的成果采取了诸如家用面包机这类产品的形式。但产品并不是知识创造的唯一成果，在此过程中还可以创造出关于经营业务、运转部门、开发新产品或管理人员等方面的新知识。在第二个螺旋中，我们把注意力放在知识创造“软性”的一面上，而不是侧重于产品开发“刚性”的一面上。“软性”的一面涉及一些不太有形的成果，例如管理体系、运营机制或人力资源管理规划，这些与在公司内部产生创新，进而在市场上获得可持续的竞争优势同样重要。

第二个螺旋带领我们探索了松下公司在21世纪应该成为什么的“理想”，还讨论了在这个整体概念下松下公司的人应该像什么。这个过程被称为企业层面的第一次知识创造循环。在决定了松下公司应该成为什么样的公司，松下公司员工应该成为什么样的人之后，知识创造过程的下一个循环，会带领我们穿越如何开发适应“新”理想的管理和运营体系。

1. 企业层面知识螺旋的第一次循环

1989年，松下公司开始建立面向21世纪的企业愿景的过程。高层管理者质疑公司将走向何方及他们希望成为什么样的公司。当时整个日本都陶醉在泡沫经济的狂欢之中，但松下公司的高层管理者对公司的定位心存疑虑，因此，他们决定对公司进行批判性的评估。

当意识到今天年轻的一代将来会成为公司的领导者后，松下公司征询了200名20～30岁的员工对制定公司21世纪企业愿景的意见。最初，制定企业愿景的任务被委托给了“Human200人委员会”，其成员是从大量的申请人中选的200位“明星”。

在松下集团的12家分公司中，每家分公司都组织了“Human200人委员会”，共组建了大约20支团队。其成员很可能会成为21世纪公司的领导力量，他们探讨了对下个世纪的愿景，并把讨论结果撰写成报告。然后，“Human200 人委员会”会扮演监察官的角色，审查这些报告并决定公司是否应该采纳他们的建议。

每隔一个周末，“Human200 人委员会”都要在东京或大阪举行一次会议。该团队试图回答的其中一个问题是，松下公司的员工应该建立一个什么形式的团体。他们在讨论过程中提出了“由自发的个体组成的团体”（A Group of Voluntary Individuals）概念。年轻的员工认为，人们的价值体系在将来会发生变化。说得更具体一点，21 世纪的人不仅会追求物质上的富裕，还会追求精神上的满足。在这样的社会中，企业的每个成员都应该成为松下公司所称的“自发的个体”，大家都信奉自发、抱负、创造力和精神生产力这样的价值观。松下公司的每个员工都应该彻底重新思考工作和管理，努力成为一名好员工、好公民、好的家庭成员和好的个人。经过这样的努力，公司中就会形成“由自发的个体组成的团体”。这个想法是项目成员对企业如何才能真正做到自发、雄心勃勃和富有创造性进行反思后收获的成果。

“由自发的个体组成的团体”的想法，成了“Human200 人委员会”将“探索可能性的公司”（Possibility Searching Company）定为松下公司企业愿景的基础。在这样的公司中，一群拥有丰富、多样化的个人知识基础的志愿个体将共享相似的理想和价值观。简而言之，松下公司设想自己成为一家创造知识的企业（Knowledge Creating Company）。但是因为成为创造知识的企业的想法是激进的和崭新的，公司的一些高层管理者不愿意接受这一愿景就不足为奇了。然而，年轻一代员工的热情最终战胜了高层管理者。

1990 年 4 月，松下公司向外界正式宣布它将成为一家“探寻可能性的公司”的企业愿景。在这个愿景下，松下公司在业务、技术、人员和全球化方面提出了如下四个目标。

（1）“人性化创新业务”：除了效率和便利之外，还基于创造力、舒适度和快乐来创造新生活方式的业务。

（2）“人性科技”：所有基于对人类研究的技术，如人工智能、模糊逻辑、神经计算机以及芯片系统和联网技术，都是“人性化创新”业务所必需的。

（3）“积极的异质团体”：基于个性和多样性的企业文化。

（4）“多本地化和全球化网络管理”：一种既能实现本地化又能实现全球协同效应的企业组织结构。

企业层面知识创造的第一次循环，始于200人在“Human200人委员会”上共享他们的经验并进行对话。对话的中心是未来的社会将是什么样的，这对松下公司意味着什么。结果出现了“自发的个体”的概念，这得到了“Human200人委员会”的验证。虽然没有完全经历完整的五阶段模型，但知识创造过程的第一次循环带我们经历了其中三个阶段（企业层面知识螺旋的第一次循环如图2-18所示）。

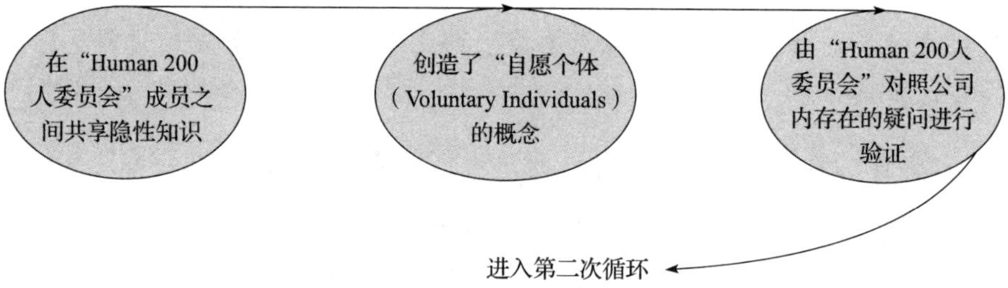

图2-18 企业层面知识螺旋的第一次循环

此外，在知识创造过程的第一次循环中，我们可以清楚地观察到知识转化四种模式中的两个。当“Human200人委员会”成员共享经验时，社会化过程便发生在其间。当他们讨论松下公司将来需要什么类型的员工——被明确表达为“自发的个体”时，外显化过程又发生在其间。

2. 企业层面知识螺旋的第二次循环

第一次循环中创建的“自发的个体”的概念，在第二次循环里投入了运转。“自发的个体”的目标是让松下公司的员工变得更自愿、有抱负、有创造力和有精神生产力，不仅要成为好的员工，也要成为好的公民、好的家庭成员以及好的个人。实现这些目标的运作手段之一是减少工作时间。通过消除或减少花在例行工作上的时间（如信息处理），员工将有时间在精神生产力、抱负和创造性方面进行提升。增加个人的时间，也会丰富他们作为公民或家庭成员的个人生活。

松下公司发现，工作效率低下不仅阻碍了员工的创造力，还剥夺了他们的个人时间。机关组织中的人员饱受生产力低下之苦，而一线活动的生产力也已经达到瓶颈，这导致加班工作成了常态。1990 年松下公司的平均年工作时间是：机关人员 2131 小时，一线人员 1903 小时，公司平均为 2036 小时。

为了解决这个问题，松下公司在 1991 年制定了一个目标，将年工作时间减少到 1800 小时，这个计划被称为“迈向 1993 年心智与管理创新”（Mind and Management Innovation Toward 1993，MIT’93）。MIT’93 推进办公室的总经理田中修（Osamu Tanaka）强调了该计划的目的是增强员工的创造力，而不是简单地减少工作时间或成本：如果我们只是为了减少工作时间，就不需要 MIT’93 了，我们只要告诉员工，公司不会再为任何加班工作付钱即可，在像这样的不景气时期，裁员是另一种选择，但我们必须记住 MIT 的目的，它不是通过这个项目简单地减少工作时间，我们希望通过这个项目提高我们机关组织的生产力，公司希望把时间还给个人来提升创造力。如果一个人每天工作到深夜 12 点，他怎么可能有创造力？人们的价值感正在迅速地发生变化，你不可能每晚只看办公室的计划就能制造出原始性的产品。

为了提升创造力，松下公司感到创新必须在人们的思想和管理体系同时发生，该项目因此而得名。1800 小时项目被认为是松下公司关于管理和运营系统创新的象征。

MIT’93 推进办公室要求松下公司的每个事业部开发新的管理和运营系统，使年工作时间能够减少到 1800 小时。为了协调这项工作，公司成立了 3 个委员会——劳资关系、人事和会计委员会。但是，为减少工作时间的新管理和运营系统的实际开发，工作留给了每个事业部内部的自组织团队。没有提供如何着手降低工作时间的具体细节，MIT'93 推进办公室提供的唯一指导方针是：①分析既有的工作时间和业务流程；②找出效率低下的原因，让员工先实际体验每月 150 小时的时间制度（等同于年 1800 小时工作制度）。

MIT'93 推进办公室对机关组织的现有工作时间和业务流程进行分析，得出了一些发现。

- 研发部门将 45% 的工作时间花在了非开发工作上，包括产品设计移交给生产部门后发生的额外设计变更所带来的必要后续工作。
- 原料管理部门将 40% 的工作时间花在因产品设计或生产计划变更所引起的后续工作上。研发部门将 20% 的工作时间花在了内部会议、来访者接待及与开发工作无关的访谈上。
- 销售人员花在与客户交谈上的时间不到其工作时间的 20%。

这些发现揭示了可以改进当前运营系统的巨大潜在机会。研发部门和原料管理部门的团队成员发现，效率低下主要是由于日本式产品开发过程的缺陷所造成的。松下公司采用橄榄球式的方式进行产品开发，其中多个职能领域（如工程、制造、规划和营销）在一个多职能团队中一起工作，通过在会议或露营中进行的对话来交换信息和共享隐性知识。这种系统有一些优势，例如让协调更容易进行，使开发工作能在较短的时间内完成并确保开发出的新产品能满足客户的需求。但它也导致了原始设计和产品规格经常变更的弊端。橄榄球式的开发有过度依赖社会化模式的倾向，当参与项目的人数增多、变更的建议数量倍增时，就会导致效率低下。

例如，让员工亲身体验每月 150 小时工作制，有助于那些参与产品开发的人认识到橄榄球式产品开发的缺陷。他们有了亲身体会的经验，知道在较短的工作时间内什么能做、什么不能做。亲身体验使他们相信大量的设计变更是不能被接受的，必须杜绝某些不必要的工作。这种体验形成了每年工作 1800 小时所意味的隐性知识。

这种体验还导致提出了一种被称为“并行工程”（Concurrent Engineering）的创新的产品开发过程，它可以在开发的早期阶段设定所有的规格，从而减少后续阶段的设计变更。每月工作150小时的体验使人们认识到，他们不能像以前开那么多的会，必须更加充分地利用计算机网络进行沟通。团队成员依靠并行工程，通过利用电子媒介，如CAD/CAM，在产品开发的早期阶段就详细地记录了产品特性的规格。“有言在先”的明示信息有助于产品工程（上游）在“最初就做对”，并让工艺工程（下游）尽早接触产品设计规范，从而缩短了解决问题的前置时间。CAD/CAM能确保信息沟通更加准确，并减少沟通链条的长度。

在企业层面知识螺旋的第二次循环（见图2-19）中，新的运作系统赋予员工更多的时间，使他们可以变得有创造力。为了实现这一目的，松下公司在每个事业部和集团公司都建立了自组织团队。知识创造过程始于每个团队成员共享隐性知识，即为了充分利用他们的创造力，松下公司的员工应该做和不应该做什么类型的工作。团队成员还分析了既有的工作模式并找到了效率低下的原因。例如，他们认为研发人员应该把大部分时间花在实际的研究和开发上，而不是额外的设计变更带来的后续工作上。创建“迈向1993年心智与管理创新”的概念是为了增强创造力和减少工作时间。培养“自发的个体”的目标验证了这个概念，允许它发展成为一个运作系统（原型）将并行工程的元素结合到既有的运作系统中。目标实现后，松下公司于1994年3月解散了MIT’93推进办公室。

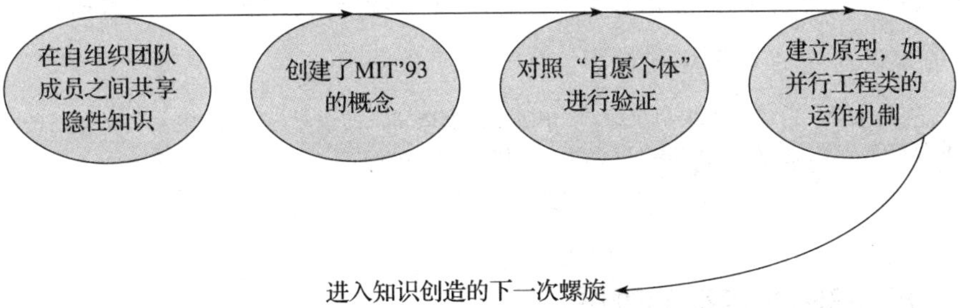

图2-19 企业层面知识螺旋的第二次循环

在知识转化的四种模式中，内隐化发挥了重要作用。员工们通过试验性地被迫体验更短的工作时间（每月150小时），从而真实地感觉（内隐化）

这样一个缩减的时间表有多短，以及必须消除多少工作。他们是在“做中学”。此外，团队成员交换了对每月工作时间限制在150小时的隐性理解（社会化），并提出了一个被称为并行工程的新开发系统（外显化）。这种机制与既有的运作系统和其他显性知识结合，形成了新的运作系统（组合化）。

SECI模型提出后，其内容和框架被不断丰富完善。野中郁次郎进一步提出了组织知识创造的五个阶段，即隐性知识的共享—创造概念—验证概念—建造知识—转移知识。隐性知识的共享大致与社会化对应，而创造概念类似于外部化过程。所创造的概念在第三阶段必须能被验证，在这一阶段组织可以决定新概念是否值得投入成本进行开发。如果答案肯定，概念获得组织批准，概念就会在第四个阶段被转化为产品原型。事实上，新概念可以是硬产品开发的原型，也可以是软创新中的运营机制。在最后阶段，将所创造的知识扩展。例如，将某一部门的知识传递给其他同事、其他部门或组织外部，完成“知识转移”，即组合化的过程。

在野中郁次郎和竹内弘高的基础上，Scharmer通过对知识创造的最终源泉和驱动力研究发现，隐性知识可以细分为两种类型：物化的隐性知识和自我超越的知识。因此，原有的SECI概念也被分解成两个部分，即SECI1（显性知识和物化的隐性知识的相互转化）和SECI2（显性知识和自我超越的知识的相互转化）。三种类型的知识之间相互转换成为知识创造的源泉。这样，知识创造在野中郁次郎和竹内弘高的知识螺旋的基础上提出了知识创造的双重螺旋模型。

资料来源：改编自野中郁次郎，竹内弘高. 创造知识的企业——领先企业持续创新的动力[M]. 吴庆海，译. 北京：人民邮电出版社，2019.

五、SECI模型的改进

SECI模型和“场”理论对组织内部、组织之间的知识创造过程给出了一个系统性解释，是迄今为止最有影响的知识创造过程模型，也是知识管理理论的重要基石之一。该理论的开拓性成就是看到了知识创新与外部环境互动的重要性并提出了具有普适性的模型，将知识创新视为个体、组织与环境之间动态交互的辩证过程。对知识创新和知识管理提出了一个新颖的认识，SECI 理论的提出，大大拓宽了知识创新的研究领域。在 SECI 研究基础上，关于知识创新的理论不断涌现，比如知识创新空间理论、群体创新理论等。这些理论在各类组织（企业、社会组织甚至国家）都得到了广泛的应用，正产生难以估量的社会价值。

但是，SECI 理论也存在不足之处。一是它忽略了隐性知识与显性知识的联系，而过分注重其区别。例如，Hall 和 Andriani 就认为简单地将知识划分为显性知识和隐性知识是不合适的，并就此提出知识谱（Knowledge Spectrum）理论，认为知识都是显性知识和隐性知识的复合体，只不过显性知识和隐性知识的构成百分比不同而已。知识创新过程是不断从隐性知识的极端（即纯隐性知识）到显性知识的极端（纯显性知识）的发展和进化过程，因此存在着无数复杂的转化过程。二是该理论强调知识环境客体的作用并在此基础上将理论系统化，却没有对知识转移与知识创新的主体——人和组织的知识创新行为及人自身的因素进行深入的分析，忽视了不同知识结构的人进行创新活动的多样性。三是该理论把组织或者组织内的个人作为知识创造的源泉，却忽略了组织外部的知识对组织的影响以及作用。因此，从实际的维度上考察，SECI 模型所揭示的仅仅是组织知识形成过程的一部分，而非全部。

为改进 SECI 理论，在 SECI 模型基础上不少学者提出了改进模型。I-SECI 理论对 SECI 模型从以下两方面进行了修正。

第一方面，不要把组织当作一个封闭的自治系统。从组织角度看，首先，组织内个体的知识是否能分成隐性和显性是无意义的，因为只要个体不把他的知识用组织内可以理解的语言表达出来，那么组织就无从了解该知识是隐性还是显性。其次，组织难以判断外部知识是隐性知识还是显性知识，外部隐性知识是通过组织内的个人传递到组织内的。为此，在以模型方式解释组织知识创造时，不再将组织不能管理的个人知识和组织外部知识细分为隐性和显性知识。

第二方面，组织知识应进一步细分为组织隐性知识和显性知识，并且不能与个人知识混淆。隐性知识是指存在于组织中难以用文字规范化、难以言明和模仿、依靠组织语言共享、不易被复制或窃取的各种知识。显性知识是指容易通过正常的语言或文字方式传播的知识，它是可以表达的，也是可确知的，有物质载体。

综上，在探讨组织知识创造的 SECI 模型时，需要把外部知识、个人知识、组织知识作为一个整体予以考虑，并且，需要将组织的隐性知识和显性知识区分开来，但组织不能管理的个人知识和外部知识则不宜进行简单的隐性、显性之划分。

基于以上分析，I-SECI 理论提出如图 2-20 所示的组织知识创造模型（I:Integration，表示内外知识的整合化、一体化），作为对 SECI 模型的修正。

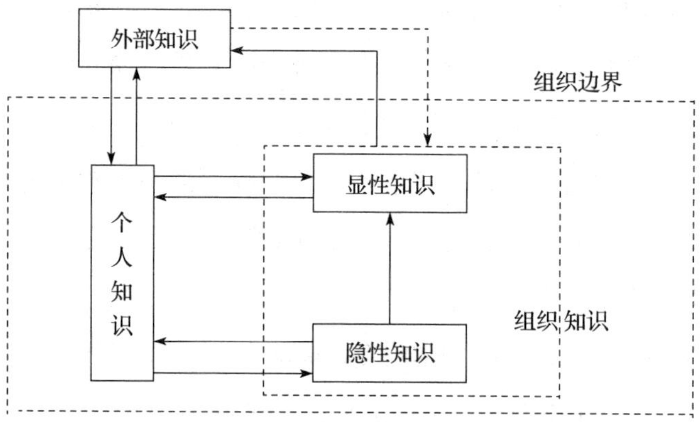

图 2-20 组织知识创造模型

（1）图中的实线箭头表示知识从某阶段到另一阶段的过程中可能创造出组织可管理的新知识，虚线箭头表示知识从某阶段传递到另一阶段，不产生新的组织知识。

（2）组织显性知识不能直接被转化为组织隐性知识，需要借助于组织中的个人。

（3）从知识创造的角度看，有三条大的知识循环路径，分别用A、B、C类表示如下。

A：外部知识→个人知识→组织隐性知识→组织显性知识→外部知识。

B：外部知识（组织知识）→个人知识→组织显性知识→外部知识。

C：组织显性知识→个人知识→组织隐性知识→组织显性知识。

除了上述三类主要路径外，在组织内部循环上，也有三种方式，分别用a、b、c类表示如下。

a：组织显性知识→个人知识→组织显性知识。

b：组织隐性知识→个人知识→组织隐性知识。

c：组织隐性知识→个人知识→组织显性知识。

上述a、b、c类循环实质上是组织知识和个人知识的分享过程，即组织知识和个人知识之间的相互转化，在转化过程中，通过组织内的个体，实现组织的知识创造。

（4）在组织内知识转化创造过程中，个人知识和组织隐性知识起到了桥梁和纽带作用；在组织知识与外界知识转化过程中，则是个人知识和组织显性知识起到了桥梁和纽带作用。

第三节　知识创新空间理论

一、知识创新空间模型

知识创新空间理论的认识论基础源自直觉主义哲学。20世纪下半期，现代西方哲学、人文学术以至科学都对人类的直觉认知（包括情感认知）有了十分深刻的认识，概括起来就是，人类的认知中直觉占有极为重要的位置。传统的主观与客观、理性与非理性的划分过于笼统，不能够很好地阐释信息时代知识发展的问题。直觉同理性有区别，但不是非理性，而是一种准理性（A-Rational），因此在理性与非理性之间需要有一个中间的第三层次，即直觉（Intuition）。

如图 2-21 所示的知识创新空间理论的表达模型引入了直觉，它是一个 3×3 的矩阵，分为认知和社会两个基本维度。认知维度分为情感、直觉和理性 3 个层次；社会维度分为个体、群组和人类 3 个层次。两个维度相互组合，形成了模型中的 9 个节点及 15 种节点关系。节点代表知识类型或认知状态，节点关系代表不同类型知识间的转换或特定的认知过程。

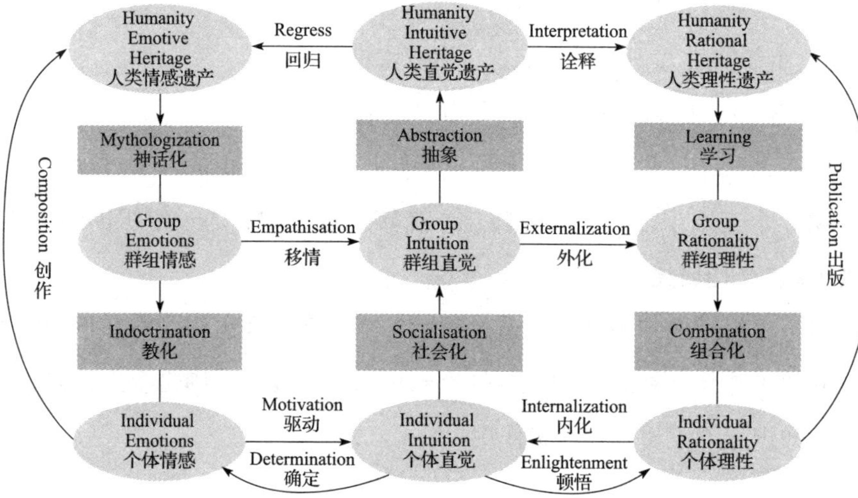

图 2-21　知识创新空间理论的表达模型

为了更好地理解创新空间的 3×3 矩阵，我们可以对比 SECI 的 2×2 矩阵来加以理解。创新空间模型中的理性知识大体相当于 SECI 模型中的显性知识，直觉和情感知识总体相当于 SECI 模型中的隐性知识。但情感中的显性层面（如艺术、文学及数字化时代以来迅猛发展的影视）属于显性知识，而情感中的本能部分则属于隐性知识。

创新空间模型蕴含多个既有的知识创新模型，其中最为重要的就是创新空间右下角由个体直觉、个体理性、群组理性、群组直觉四要素组成的 SECI 模型及代表了同一个模型西方版本的 OPEC 模型。OPEC 同样包含了相当于创新空间中右下角的四个要素，但所使用的名称不同，特别是它的转换方向与 SECI 中的转换方向相反。还有一个被包含在 3×3 矩阵中的模型是左上角由群组直觉、人类直觉遗产、人类情感遗产、群组情感四个要素构成的 ARME 螺旋模型，这一模型解释的是革命性的知识创新过程。以爱因斯坦的相对论发明过程为例，科学上的重大发现常常源于重大的科学危机，科学家在人类直觉遗产（即牛顿的经典力学体系）中找不到合理的解释时，会运用荣格所阐述的集体无意识回归到人类情感遗产中去找寻答案，在此例中即为人类对时空的感觉，表 2-8 为知识创新过程的评述。

表 2-8　知识创新过程的评述

	作者	知识创新过程
1	Wiig（1993）	知识的创造、知识的显现、知识的使用和知识的转移
2	Nonaka（1994）	扩充个人知识，分享个人隐性知识并进行概念化，结晶化，知识校验和质量的评估，知识网络的传递
3	Leonard Barton（1995）	认为知识创新包括解决共享问题，实施与整合知识与工具、实验与原型，吸收组织外部知识
4	Szulanski（1996）	知识的启动、知识实现、上升阶段、集成阶段
5	Andesrne 和 APQC（1996）	知识共享，知识创造、确定，知识收集、适应，知识组织和知识应用
6	Choo（1996）	理解知识、创造知识、知识决策
7	Tayor（1996）	知识开发、知识使用
8	Rob van derspek（1996）	概念化、反应改进、回顾、内部开发、外部开发
9	Alvai（1997）	知识创造与开发，索引、集成和内外的互联，知识的应用
10	Krgoh 和 Gand（2001）	新知识的产生、合理性的证明和范例的不断发展和完善

要清楚此模型，我们还必须理解直觉知识的概念。直觉知识即关于直觉的知识，可以理解为人类认识世界所依赖的根本性的某些条件及前提。如人类的时空观念就属于直觉知识，人类对世界的感知是中观的，一般来说，对于微观世界和宏观世界的关系，个人是无法亲知的，但是正是这种

中观的感知，使人类能够对时空有很强的直觉理解能力。人类运用语言的能力或知识和进行逻辑推理的能力或知识，也属于直觉知识范围。这种直觉知识和能力可以在学校教育中通过语言的训练和形式逻辑的学习而得到加强。可以说，包括空间、时间、语言、逻辑在内的直觉认知能力是人类重要的认知能力。在直觉主义者看来，直觉是比经验及理性更为重要且根本性的认识世界的方式。

知识创新空间模型是近年来有关知识创新过程的较为全面、系统的理论论述，对当前创新型社会的建设与发展具有重要的应用和参考价值。作为一个初创的理论，知识创新空间理论难免会有一些不足。例如，该模型中的人类知识类型及其相互转化的有关概念和术语，即有关模型节点和节点关系的名称过于抽象，在一定程度上影响了对该理论更好地理解和应用。不过概念和概念关系的不断澄清，正是研究工作尤其是理论研究工作的本质过程。知识创新空间模型目前正在经历不断丰富、完善的自我改进过程。

二、企业知识创新过程

关于组织的知识创新过程我们选择了当下两大主流理论进行了叙述。在当今社会经济中和所有的组织形式中，作为特定主体的企业知识创新极受重视，因此有必要对企业知识创新过程进行叙述。

当代跨国大企业间的合作知识创新一般主要集中在合作技术创新领域。技术创新的过程一般为新思想、设计、试验、再设计、生产直到市场销售，而企业知识创新过程则不仅如此。在参考国内外企业知识生命周期等相关研究文献的基础上，我们可以根据对企业知识创新功能概念的分析研究，绘制出企业知识创新的一般过程模型。企业知识创新过程主要包含企业知识的学习编码、共享、应用和创造过程，并最终指向企业的价值创造。为了完成企业知识创新的不断循环，这个知识生命周期也建立了知识的反馈和向外界的学习机制。知识可以给企业提供更大动力并让其取得竞争中的领先优势，公司需要整合公司内部的数据资源，分析外部环境对业务的影响，识别和获取知识，推广企业文化，培养员工个人修养与知识保护意识，提升企业核心竞争力。而且，企业快速创新知识能力是影响企业核心竞争力的重要因素之一。只有经过识别、获取、积累的过程才能使知识得到吸收，而只有对知识进行整合、转移和创新才能使知识得到转化，通过这种方式，可以获得新的服务或产品，以满足消费者的需求。知识创新包括从创造知识到应用知识的一切过程。知识创新理论的发展概况如图2-22所示。

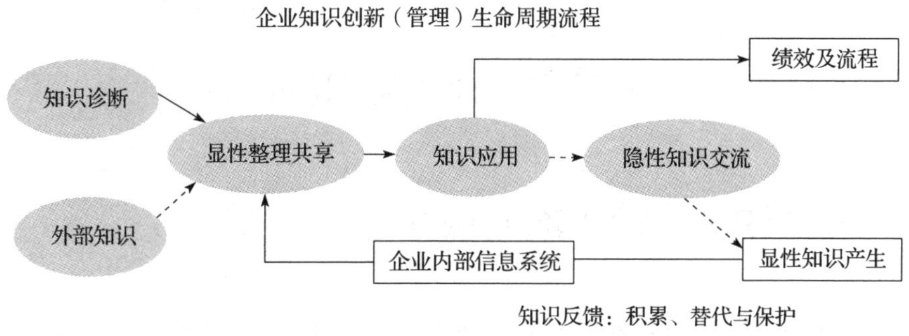

图 2-22　知识创新理论的发展概况

可以明显看出，企业知识创新过程突出的是企业创新过程中知识的重要地位和作用，重点考察的是企业知识的演变转化规律及其对企业价值的意义，而企业技术创新过程强调的是新的产品工艺从研发到市场的一系列过程，仅仅着眼于企业的技术类知识。企业技术创新过程中含有部分知识创新，而企业的知识创新概念中则包含了企业技术创新领域的内容。

就特征而言，首先，企业知识创新过程具有不确定性特点。创新的机会可能无法预测，希望有一个时间表是不现实的，并且进度表也不可能与实际的步调完全一致。创新的失败率很高，创新得到的收益也有很大的不确定性。有时，会得到意想不到的收益，而有时，即使成功，收益也未必一定大于成本。

其次，企业知识创新过程具有知识密集性特点。创新过程中的集成和创造新的知识依赖于人的智慧创造力和知识共享与互动。企业在创新中的学习曲线呈非线性，成长是跨越的，要求其中每个知识节点上的个体都要有紧密的联系和密切的信息交流。

最后，企业知识创新过程还充满了各种冲突。如创新方案之间的竞争、创新主体之间的利益冲突、创新组织与原有组织的冲突。因此，企业知识创新过程必须面向市场和未来，离开这个原则，企业知识创新将失去应有的价值。

第四节　知识创新思维

一、知识创新对个人能力的要求

知识创新能力是指在旧有知识和能力的基础之上，在科学、艺术、技术和各种实践活动领域中不断提供具有经济价值、社会价值、生态价值的新思想、新理论、新方法和新发明的能力。从个人的角度上看，知识创新能力的内容至少应包含以下几个方面。

1. 观察能力

观察是人们有目的、有计划、主动的知觉。换句话说，人们通过感觉器官感受外部的各种刺激，形成对周围事物的印象，这就是观察。观察可以被分为直接观察（实地观察）和间接观察（科学实验）。创新要求的观察能力就要求我们坚持观察的全面性，全面、系统地观察事物，并在观察中渗透着理论，即观察的理论性，善于发现理论与实际的联系，从而提高科学观察的能力。

2. 信息搜集能力

信息的充分性是进行创新的基本前提。这种信息的充分性并不是指不必要的复制、浪费或信息过载，而是指保存那些不要立时之需的信息。充分的信息分享可以促进内隐知识的分享，为团队创新带来更大的收益。在当下，传播信息的载体更趋多样化，它既可来源于生活，也可来源于书籍，更主要的则是经过网络得以广泛传播，如何克服信息过滥的弊端，找到有用的信息并保存好，这个问题对创新主体是个极大的考验。

3. 思维能力

思维是人脑借助于语言和形象对客观事物本质及其规律的间接的、概括的反映或主观理想的创造。思维一般分为抽象（逻辑）思维和形象思维两种基本形式，被统称为科学思维。思维活动按其性质的不同又可以被分为继承性思维和创造性思维两种。继承性思维就是模仿性思维，这种继承性思维对于学习前人的知识和经验都是必要的，但是继承的目的是创新。爱因斯坦就认为“想象力比知识更重要”。创新性思维就是指具有创新和开拓性质的思维，包括创新性的抽象思维和创新性的形象思维。其共同的本质特征是突破和创新。它要求突破常规旧例，突破已有的陈腐观念和陈旧理论的局限，创造出新概念、新思想、新判断、新设想、新方法和新领域等。创新性思维对于认识和实践的发展具有极其重要的作用，但必须注意，任何创新思维都离不开继承性思维，都必须以继承性思维为基础。

4. 实际操作能力

知识创新活动固然是一种智力活动，但智力活动不仅限于大脑的思维和想象，还必须有一定的技能作保证，否则仍然难以获得成功。不同的活动需要不同的技能系统。就是在科学活动内部，不同学科和不同的研究课题，甚至一个大型课题的不同方面，对技能的要求也有很大的差别。在社会发展的今天，计算机技能尤其成为实际操作能力的一个重要内容，值得重点学习。

二、促进个人知识创新的思维系统要素

创新思维活动范畴与一般思维活动范畴的关系是特殊与一般、个性与共性的关系。创新心理活动状态绝不是指脱离人的一般心理活动之外的某种神秘活动范畴。它本质上是仍属于人的一般心理活动过程的范畴之中。这种特殊的心理活动结构的要素、心理倾向能力、存在状态及其心理效应都存在和发展于主体的一般心理活动全过程之中，而不是独立于主体的一般心理活动之外。从本质上，它就是指主体一般心理活动诸要素在活动变化发展过程中所达到其创造功能的显著程度或状态。

从作为知识创新活动之主体的人自身来说，可以被分为两个层面，即作为个体主体的人和作为群体主体的人。从作为个体主体的人的创新思维活动来说，其本身就是知识创新的思维活动的重要基本形式。它作为一个高级复杂的思维活动系统，也必然是一个自身活动要素所构成的有机整体。就知识创新思维的个体活动系统来说，它的要素结构同样也是一个系统的结构存在，我们可以对其进行多层面的透视。从最基本的层面来说，我们可以从以下两个基本层面来进行具体的把握。

1. 材料层面要素

任何个体思维活动的形成和发展都离不开最基本的材料要素，就如同建大楼不能缺乏砖瓦水泥材料要素一样。就个体思维创新活动的材料要素来说，主要有以下基本的材料要素。

（1）知识。不言而喻，知识是构成任何形态的思维活动的最基本的材料要素。知识创新的个体思维活动也不例外。没有知识，就不可能形成任

何形态的思维活动。知识是任何形态的思维活动所借以形成和展开的基本材料，或者从某种意义上说，思维活动是一个以知识为主要的内在中介而得以展开的运动过程。如果没有知识材料要素的参与，任何主体的思维活动都不可能得以发生和发展，更不用说创新思维这种高级复杂活动形式了。

关于知识的含义，我们在前面已做了较详细的分析，提出知识可以从多种意义上被加以规定。而从最一般的认识论意义上来说，所谓知识就是指人类主体在改造自然和社会的实践活动中积累起来的精神文化财富与认识成果。合理的知识系统结构，对于知识创新思维活动来说，具有以下基本的创新功能。

首先，具有思维创新的定向启动功能。知识创新的思维活动是一个由各种活动要素指向特定的思维对象而展开的组合运动。储存于人脑的原有知识作为富含特定意义的思维材料就成为对新的思维问题进行指向思考的原生点。对问题的思考过程实际上就是利用已知的知识材料进行演绎、推理并不断趋近思维目标的过程。在这种创造性思维的过程中，起着启动与导向功能的一般是公理性的元知识。它们作为思维运行的起点，不仅启动了思维的运行、规定了思维发生点，而且还规定了思维创新运动的基本方向与轨迹。

其次，具有思维创新的选择与统摄功能。知识创新的思维活动实质上就是一个诸多思维要素在特定层次上进行重新组合的过程。在这个创造性的重组过程中，必然存在着以某种知识为主体去选择和统摄其他知识材料，以建构新的知识体系的运动趋向。库恩（Thomas Samuel Kuhn）曾提出，知识体系的发展、科学的发现就是一个以“范式”（Paradigm）的知识为主体去选择和统摄其他知识材料而扩张的过程。

最后，具有思维创新的移植组合建构功能。知识创新的思维活动从知识系统自身的发展意义上来说，也是一个不同的知识材料按照一定的内在联系重新加以移植组合的建构过程。在思维创新过程中，不同的知识之间必然存在着逻辑联系，彼此之间可以相互贯通、相互过渡、相互渗透并移植一体，从而建构成具有新意义的思维知识成果。

（2）语言。语言是人类思维活动的物质外壳，是人类思维活动得以展开进行的内在中介，是思维信息的直接载体。因此，不难理解，语言是人的任何思维活动都不可缺少的构成要素，当然也是知识创新这种复杂高级的思维活动的要素。

一般说来，语言是指具有一定的形（音）义的符号系统。它是由声音（语音）、词汇和语法这3个部分所构成的。语言从一开始就是作为表达、储存和传递思维知识信息的载体而存在的。

对于语言与思维究竟是什么样的具体关系，虽然理论界仍有不同的理解，但有一个基本观点是可以得以确认和共识的，即语言与思维作为不同的事物，是能够密切联系在一起的。从完整的思维活动意义来说，语言是人的思维活动不可缺少的要素。没有语言就不可能有完全意义上的思维活动。因为人的思维活动总是以语言符号为中介，并借助语言符号而得以表达和体现于社会交往实践过程。

从知识创新的意义上来说，语言具有以下思维创新的基本功能，首先，语言具有思维信息储存、传递和表现的功能，是思维创新活动得以展开的前提条件。语言以它自身特定的形音符号形式来记录和储存思维信息，并通过自身在人的社会交往活动而传递和表达特定的思维信息。

其次，语言还具有自身特殊的生成转换创造功能。由著名的美国语言学家乔姆斯基（Chomsky）所提出的生成语法学（Generative Grammar）理论认为，文字语言本身具有一种生成转换能力。许多语言学家也都认为，人类创造语言文字符号时，赋予语言文字符号本身的创造性功能。这主要表现在：可以通过把文字语言的最小单位即词素以新的方式置入语言模式中；或者像创造成语时那样通过改变原有语词意思的办法，就能创造出的新的语言信息；此外，语义自身的多重灵活性或多重歧义性也为语言文字符号在不同语境中的运动组合赋予了自身创新的契机与功能。

因此，我们不难理解，在知识创新的个体思维活动中，由于语言文字符号要素的参与，借助它自身的生成转换功能特性，必然会形成整体思维创新活动的内在机制。

（3）思维观念。知识创新的个体思维活动本质上应该说是一种自觉行为，即是说知识创新的思维活动绝不是一种盲目性的随意行为，而应该是一个有目的、有意识并受一定思维观念所支配的积极能动的自觉过程。这也就是说，思维观念也是人的知识创新思维活动所不可缺少的基本要素。

观念一词在哲学中有多种含义。它有时指人们由对客观事物的反映所形成的看法或认识，有时也指人的感官对于外部事物作用而形成的某种特定的认识即表象或印象，有时还指作为社会存在反映的社会意识形态。人的观念则是在对知识进行概括和总结的基础上所形成的看法或态度，具有明显的主体倾向性，因而会有正确与错误的可能。我们在此对思维观念提出自己的理解，即所谓思维观念是指主体对认识客体的过程及其成果进行概括总结而形成的具有主体倾向性的评价态度或看法。与每门学科的具体知识相联系，总会有由该学科知识概括转化而来的思维观念与之相对应而存在。

从认识和知识转化而来的思维观念，一旦形成后便具有了相对独立性并成为思考问题、分析和评价事物的思维“先验框架”或观念模式。它对知识创新的思维活动来说，会具有以下重要的影响功能：①正确的思维观念无疑会对知识创新的思维活动具有积极的促进功能；②错误的思维观念会对知识创新的思维活动具有阻碍功能。就正确的思维观念对知识创新思维活动的积极促进功能来说，又具体表现在以下基本方面。正确的思维观念能正确规定知识创新思维活动的方向，促进其思维活动有序地向前发展。知识创新的思维活动是一个复杂的过程，其参与的各种要素是复杂多样的。正确的思维观念通过发挥思维定向作用，就必然会同化、选择、协调和规范诸思维要素的相互运动，从而促进思维创新运动向预定的目标发展。

问题作为特定的思维范畴，它在知识创新思维活动中具有独特的功能地位。首先，问题的发现或设定是知识创新思维活动得以进行的根本前提和重要阶段。知识创新思维活动作为一个揭示未知领域新发现的整体性运动，总是从发现问题开始的。思维问题是展开知识创新思维活动的逻辑起点。许多学者认为，问题的发现较之问题的解决更为重要。这是因为，问题的解决从某种意义上来说，只是对已有的思维对象基础进行思维研究而已。然而要提出一个新问题或者从新的角度来设定问题，却需要创造性的思维审视，这本身就是一种思维的创新。爱因斯坦说得好，提出一个问题往往比解决一个问题更为重要。因为解决一个问题也许仅仅是一个数学上或实验上的技能而已，而提出的问题、新的可能，却需要创造性的想象力，而且标志着科学的真正进步。其次，问题作为思维对象，其自身的规定性（如性质、范围、难易程度等某些属性的规定）会制约着思维其他要素功能的发挥。问题作为被思考和探究的对象，其自身的结构或属性的差异要求参与探索它的其他思维要素的性质与程度是不一样的。波普尔（Karl Popper）曾把科学发现描述为 P1—TT—EE—P2 的过程，即科学发现总是从问题（P1）开始，通过提出试探性理论（TT）然后通过证伪加以消除错误（EE），从而发展到下一个问题（P2）。因此，思维问题在这里实际上起着牵引或规定主体的思路向前延伸发展的功能性作用。

综上所述，知识创新的个体思维活动就是一个由以上基本材料要素所构成的整体的复杂过程。或者说，是知识、语言、观念和问题等诸方面材料相互作用、相互贯通而不断得以重组以形成创新思维成果的过程。其中，不同的思维材料要素在思维创新的实际过程中具有不同的思维功能特性。

2. 能力层次

（1）思维记忆能力。思维记忆能力是任何主体展开思维创新活动所必须具有的最基本的能力。思维记忆能力依据其不同的运动功能可分为不同的具体类型。从知识创新的思维活动意义上来说，思维记忆能力作为任何思维活动形式所必须依赖的最基本的运动能力，它在主体的知识创新思维活动过程中具有重要的功能。

其一，它是主体知识创新思维活动形成和发展的信息运动机制。如前所述，思维记忆本质上就是主体的思维信息的储存、提取和运用的过程。或者说，它是作为人脑内部信息运动的形式而存在的。知识的创新是离不开思维储存信息运动的。从某种意义上说，知识创新的思维活动就是一个思维信息在特定的层面或空间进行重组的建构运动。如果离开了思维信息运动这一基本层面或前提，知识创新就成了空洞的抽象而根本没有发生的可能。

其二，它具有调动、组织其诸要素的驱动功能，为主体的知识创新思维活动提供内在的动力。这就是说，主体通过发挥思维记忆能力，可以把思维储存信息材料从大脑信息库中提取出来，运用到特定的思维创造空间去进行组合，从而为思维的创新活动起到了启动、调动、组织和传递思维材料的驱动功能。值得说明的是，在思维创新的实际过程中，这种思维记忆能力所发挥的传递和调动的功能并不是简单地再现或重复，它往往由于其运动的相关性而会具有能动性质，从而为思维的创造赋予创新契机。

其三，它在知识创新思维活动中也是形成和制约其他思维运动能力的内在基础。知识创新思维无疑是一个由多种思维活动能力相协调进行的复杂过程。而知识创新思维活动所依赖的其他思维活动能力，诸如后面要讲的思维逻辑抽象能力、思维发散能力和思维想象能力等，都是在思维记忆能力基础上形成的并受其功能的制约。

（2）思维逻辑能力。从知识创新的思维活动的本质上说，它作为一种具有高度综合互补的整体性思维过程，总是将逻辑性思维与非逻辑性思维进行内在统一的过程。那种把创新思维简单看成是非逻辑性思维活动的流行观点，是忽视了创新思维整体本质的片面观点。

知识创新并不是一个凭空产生的过程，它总是从原有知识系统中产生出来的。从原有知识到新知识的出现，必然要经过一个遵循概括、演绎和推理的自我发展的逻辑发展过程。新思想的出现还要经过逻辑的检验和校正。演绎推理本身具有纠正错误、克服缺点、提出新见的创造性；类比推理可以从事物相似之处进行知识之间的联结组合、触类旁通，形成新的知识成果。它始终贯穿于主体知识创新思维过程之中。无论是主体的何种思维创新活动都离不开其逻辑运动能力的作用。知识创新的思维活动绝不是一个胡拼乱凑的过程，而是包含着对事物深刻理解，按照事物内在本质的要求进行创造的过程。对思维要素的取舍组合和变换都必然存在着一个思维概括、分析和综合的逻辑向度。例如，就形象思维创造活动形式来说，对形象材料的取舍与组合就包含着一个逻辑的概括、分析与综合的过程。而就灵感直觉思维创造活动形式而言，它作为本质上属于潜意识与显意识相互作用的整体过程，其显意识领域的逻辑思考则是其形成的首要阶段和前提基础，没有具有逻辑的“长期冥思苦想”的思索，就不可能有“偶尔得之的顿悟”。因此，任何类型的知识创新思维活动本质上都内在地包含着思维逻辑运动层面，而并不是一个纯粹的非逻辑的活动。

（3）思维发散和想象能力。众所周知，主体的知识创新思维活动是一个体现主体思维灵活变通、全方位多思路进行自由创造的过程。它体现为一个不断超越思维传统限制、不断拓展思维视角、灵活转换思维的自由状态。而知识创新思维活动的这种功能状态，就是主体借助于思维发散能力形成的。思维发散和想象能力是主体从事知识创新思维活动的一种重要的运动能力要素。

而美国学者 S. 阿瑞提在《创造的秘密》中提出，想象是心灵的一种能力，是心灵在有意识的和清醒的状态下产生或再现多种符号功能的能力。从思维学的角度讲，思维想象能力是指主体在思维活动中利用思维形象（包括思维表象与意象）进行时空跨越以形成新思维形象的思维实际动作能力。它在知识创新思维活动中具有以下基本的功能特性。

其一是思维意象的组合性，即它在思维活动中把某些富含思维意义的形象材料进行变换与重组，整合为具有新的思维意义的形象。这个过程可以说是思维意义与思维形象材料相结合而生成的过程，即思维意象组合。

其二是思维时空跨越性。这是说它作为主体的思维活动能力可以超越某种思维空间的局限——或天南地北，或古今中外，以跨越不同的时空维度进行意象组合。其跨越时空维度的层次越多、领域越广阔，其思维创造的意象就越丰富、越新奇。

其三是其高度的思维自由性。即它在思维创新活动中进行意象组合时既可以遵循事物的某种逻辑相关联系，也可以打破某种事物既定的逻辑规则，具有高度自由灵活性，自由纵横驰骋、变幻无穷。

三、促进组织知识创新能力的关键因素

在组织知识创造的过程中，组织的角色是提供合适的环境，以利于个体层面的知识创造和积累，并促进组织活动。促进组织知识创新能力的关键因素包括以下五个方面。

1. 意图

意图（Intention）被明确定义为对其目标的渴望。实现组织意图的努力通常是以战略的形式表现的。从知识创新的角度看，战略的实质就是开放能够获得、创造、积累及利用知识的组织能力。因此，意图对于知识创新的方向有着战略高度的导向作用。注重创新的组织，不仅意味着为创新增加更大的投入，更表示要明确组织创新的方向和目的。是否能基于环境变化确立组织创新的前提和宗旨，是影响组织能否创新成功的关键因素。

要创新知识，组织应当通过制定组织意图并向员工传达它来培育员工的承诺。高层或中层管理人员可以通过提出一些最基本的问题，把组织的注意力吸引到对基本价值观认同的重要性上，如“真理是什么？”“人类是什么？”或“人生是什么？”。这样的活动都是组织层面而非个体层面的。组织可以通过集体承诺的方式，对个体重新进行教育和提升，而不仅仅完全依赖个体孤立的思考和行为。正如波兰尼指出的，承诺是人类知识创造活动的基础。

2. 自主管理

在个体层面，只要组织允许，应该让组织所有的成员都自主（Autonomy）行动。通过自主行动，组织可以增加意外机会的可能性。还可以让个人实现自我激励，从而提高创新的可能性。注重个体创造也并不意味着要建立“自下而上（Bottom-up)”的管理模式。相反，野中郁次郎通过研究指出，采取“自上而下（Top-down)”的管理模式，由于高层控制知识创造过程的缘故，忽略了对可能发生在企业第一线员工那里的隐性知识的开发。另一方面，“自下至上”的管理对处理隐性知识有利，但它过于强调自治，这意味着传播和共享这些知识是极其困难的事。因此，他认为最有利于知识创新的模式是“自中而向上下（Middle-up-down)”型，即重视中层管理者的作用，把创新的主要代理人视为以中层管理者为领导的团队，中层管理者可以帮助一线员工，传播并帮助他们理解高层提出的概念，也有助于基层理解自己体验的意义从而发掘隐性知识，起到桥梁和媒介的作用。为此，野中郁次郎提出了超级文本式的组织结构，如图 2-23 所示。

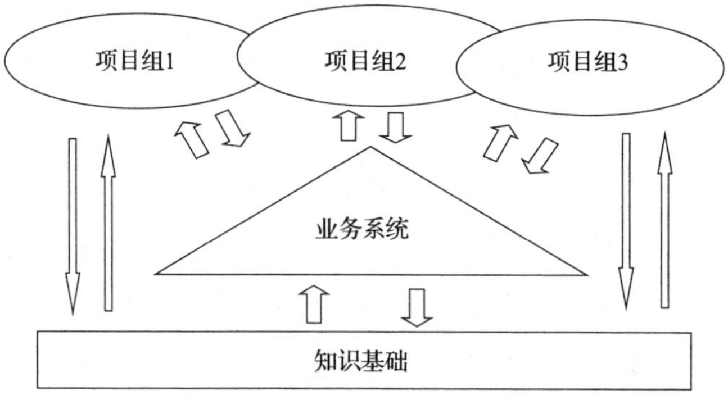

图 2-23 超级文本式的组织结构

3. 波动与创造性混沌

促进知识创新能力的第三个关键因素是波动（Fluctuation）和创造性混沌（Creative Chaos)，它们刺激了组织与外部环境之间的互动，有意打破组织内部的稳定性，引入局部性危机可以提高组织全员的危机感，从而除旧立新。波动与无序不同，波动也是一种有序，其特征为“没有循环的有序”。在刚开始，这种有序的模式是难以预测的。如果组织对环境各种信号持开放态度的话，他们可以利用信息的冗余、模糊和噪声，有意创造混沌，对自身知识体系进行改善。当组织内导入波动时，它可能“瓦解（Breakdown)”成员在例行程序、习惯或认知上的模式。瓦解是指我们习惯的、感到自在的存在状态被打破。当面临这类瓦解的时候，我们有机会对自己的基本思维方式和视角进行重新反思。这种由组织成员对当下假设前提进行质疑和重新考虑的持续过程，促进了组织的知识创造。环境波动经常引发组织内部的震荡，从中可以创造出新的知识。有些人把这种现象叫作“从噪声中创造有序”或“从混沌中创造有序”。

每当组织面临一场真正的危机时，例如由于市场需求的变化或竞争对手的显著增长而导致业绩快速下滑，组织自然就会产生混沌。当组织的领导者试图通过提出有挑战性的目标，让组织成员产生“危机感”时，也会有意识地制造混沌。这种刻意造成的混沌，被称为“创造性混沌”，它增加了组织内部的张力，并将组织成员的注意力集中在定义问题和解决危机情况上。

在一个舒适区放松，一个人很难深刻地思考。只有当一个人站在悬崖绝壁上挣扎求生时，才会急中生智，没有这样的挣扎奋斗，我们永远也无法赶超国际标杆公司。

4. 冗余

冗余（Redundancy）在很多管理者看来，意味着重复浪费、信息过剩等含义，听起来有害无益，但野中郁次郎对冗余持一种赞同态度。在商业组织里，冗余指有关业务、活动、对话、管理职责和整个企业方面的信息有意图的重叠。分享冗余的信息，可以促进隐性知识的共享。信息冗余使个体侵入（Invade）彼此职能，组织成员对冗余信息的讨论，有助于从不同角度提出观点从而推动创新。冗余在概念开发阶段尤其重要，因为这时将源于隐性知识中的意象表达出来至关重要。分享冗余信息还可以帮助个体了解自己在组织中的位置，反过来组织可以借此达到控制的目的。

信息的冗余增加了要处理的信息量，可能会导致信息超载的问题。至少从短期来看，它还增加了信息创造的成本（如降低了运营效率）。因此，信息的创建和信息处理之间的平衡是另一个重要的问题。面对冗余可能带来的缺点，处理办法之一是弄清组织的信息都存在哪里，以及知识都存在哪里。

5. 必要多样性法则

野中郁次郎认为，组织想要迎接环境所带来的各种挑战，其必要多样性（Requisite Variety）必须配得上环境的多样性及复杂性。这意味着组织内部管理及人员调配应该多元化。单一的管理模式和同一能力的个体成员对推动创新很难有实质性作用，唯有特性化的管理和互补的人员调配才能达到这一目标。倘若组织成员拥有必要多样性，他们便可以有效处理许多不测事件，而提高必要多样性也可以通过不同的信息联结方式。为了维持必要多样性，组织必须确保各个成员以最快方式获取最广泛的必要信息，这意味着要建立快速全面的组织内部信息流通机制。开发一个扁平且灵活的组织结构，靠信息网络把不同的单位连接起来是处理环境复杂性的一种方式。另一种快速响应不可预知的环境波动并保特内部多样性的方式，是频繁改变组织结构。此外，岗位经常轮换也能使员工获得多种职能知识，帮助他们应对多方面的问题和意外的环境波动。

四、Web2.0 下的知识创新工具

1. Web2.0 下的知识管理工具类别

2004 年 3 月，提姆·奥赖利（Tim O’Reilly）等技术精英在讨论互

联网发展趋势时，提出Web2.0概念。2004年10月召开了首次Web2.0大会，2005年10月召开了第二次Web2.0大会。第二次大会盛况空前，Web2.0从此大热。Web2.0以其独有的技术优势为知识创新工具的多样化设计与开发提供了有力的支撑。Web2.0兴起后，人们将社会性网络工具（微信、微博、博客和维基等）融入知识管理实践中。

现阶段Web2.0环境下伴随着博客（Blog）、维基（Wiki）、简易信息聚合（RSS）、社会性网络服务（SNS）、标签（Tag）、网摘（Social Bookmark）、即时通信（IM）等技术的出现，进一步推动了知识管理的发展，促使知识管理工具向正式化和非正式化、云端化和协同化、移动化和个性化、多样化和综合化方向发展。

当前Web2.0环境下主流的知识管理工具可按知识类型划分为文献管理工具（文献信息）、数据分析工具（数据信息）、概念地图工具（隐性信息）、云端笔记（印象笔记、为知笔记、有道笔记等）和网络资料管理工具（OneNote、笔记和日常信息）、社会性网络工具（微信、QQ、推特、Meta、YouTube等）等几大类，各种工具之间既有共性又各具特性。Web2.0下知识管理工具如图2-24所示。

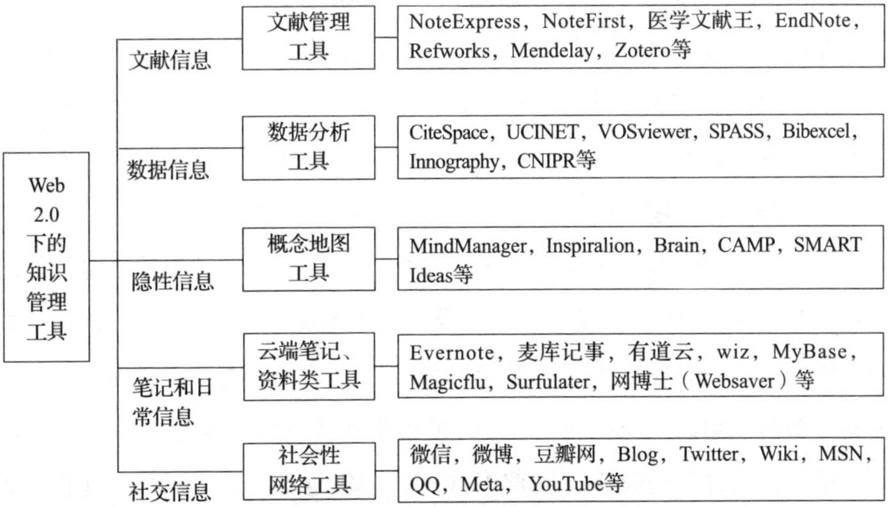

图2-24 Web2.0下知识管理工具

2. Web2.0 下的知识创新管理工具设计

（1）推动“社会化”知识创新管理工具的设计。

社会化过程即隐性知识到隐性知识之间的传递，与之相对应的是知识管理活动的交流共享环节，这是知识创新管理的原始场（Originating Ba）。在这一过程中，个体一般是通过“内隐学习”与“交流同化”的方式直接从他人那里获取新的知识。针对 Web2.0 环境下的知识创新管理，这一过程可借鉴社会性网络工具良好的交流协作共享机制进行改进设计。

现实生活中隐性知识的转化是在面对面的交流中进行的，但在 Web2.0 环境中，可利用 Wiki、Blog 等技术在知识创新管理工具中嵌入线上虚拟学习交流社区，功能包括话题发布、消息提示、评论留言区、讨论交流区、团队协作区等以促进知识工作者在学习、工作中打破时空的限制随时随地交流、协作、共享，从而激发新的灵感实现知识创新。

（2）推动“外显化”知识创新管理工具的设计。

外显化过程即隐性知识到显性知识的显露或表现过程，在知识创新管理活动中相对应的是知识分类获取和知识分析发现环节，这是知识创新管理的对话场，也称交互场（Interacting/Dialoguing Ba）。

在这一过程中，外显化是在社会化所产生的隐性知识的基础上，如研究主题、想法、灵感、学习心得等，通过知识图谱与正式或非正式的资料收集转变为可用题录、条目等表现的可定义的显性知识。可从以下两个方面对该过程进行改进设计。

第一，知识收集的方式和类型多样化。知识工作者可根据自身的需求通过 RSS 订阅推送、在线检索、浏览器插件保存、数据库导入、网页抓取、手工录入、日常记事、拍照等多种收集方式，把内外正式和非正式的资料类型需求纳入知识创新管理中，使得隐性知识需求显性化。

第二，设计可视化知识图谱工具栏。概念地图工具可以很好地将知识工作者的隐性知识通过图谱的网络结构外化成系统性的显性知识。它不仅可以帮助个人决定知识需求，而且在将隐性知识显性化的知识分析、分享过程中，也会发现新的灵感。

（3）推动“组合化”知识创新管理工具的设计。

组合化即将外显化过程所收集的知识通过组织、分类、查重等条理化、系统化的方式进行整合梳理，形成新的知识体系，这是知识创新管理的系统场（Systemizing Ba），即与知识创新管理活动的存储管理和评估组织环节相对应。这一过程是通过把较零散的显性知识加以有序聚合，是知识创新管理的关键性流程。据此可借鉴文献管理工具和云端笔记、资料类工具，从知识仓储和文档管理、内容管理加以改进设计。

系统可根据知识工作者的不同需求构建多样化、多类型的知识库，且该知识库可同步至云端。知识工作者把外显化过程所收集的知识，通过建立相关类型的知识库存储管理，如某个研究专题知识库、某个课程知识库等。

有序化资源管理。在知识库中可进行各类资源的查重清洗、整理归类、编辑更新、多种排序、标记重点、设置自定义标签等一系列组合化、系统化过程。同时，参照“Dublin Core”规定的Web资源的15项信息，为收集的资源增添题录信息，例如，Type（类型）、Format（格式）、Title（标题）、Year（年份）、Author（作者）、Subject（主题）、Keyword（关键字）、Date（日期）等。在检索时，可以同时满足库内和跨库检索，按照标题、作者、年份、关键字、主题等词条设置简单检索和高级检索入口。

（4）推动“内隐化”知识创新管理工具的设计。

内隐化过程即显性知识到隐性知识的转化，相对应的是知识创新管理活动的分析发现和应用创新环节，这是知识创新管理的实践场，即实施场、练习场（Exercising Ba）。这一过程在知识创新管理流程中，是将组合后的知识库中的显性知识结合自身实践和经验进行学习、阅读、分析、书写，将所学知识具体运用到实际工作和生活中，进一步对知识进行认知、理解、消化与运用，最终成为自有的隐性知识，更好地实现知识的创新。

因此，改进设计为：可利用Blog技术为Web2.0知识创新管理工具设计“个性化创造空间”，在知识库的基础上，知识工作者可在此进行反思、总结、创作。该空间功能被细分为阅读笔记、图谱解读、数据分析、文章写作、报告撰写、任务安排、随感杂谈等整合了5类常见知识创新管理工具的创新应用。此外，该空间也可发展成为“开放式创新社区”（OIC），不断提升知识创造能力。

Tacit Knowledge

第三章

隐性知识

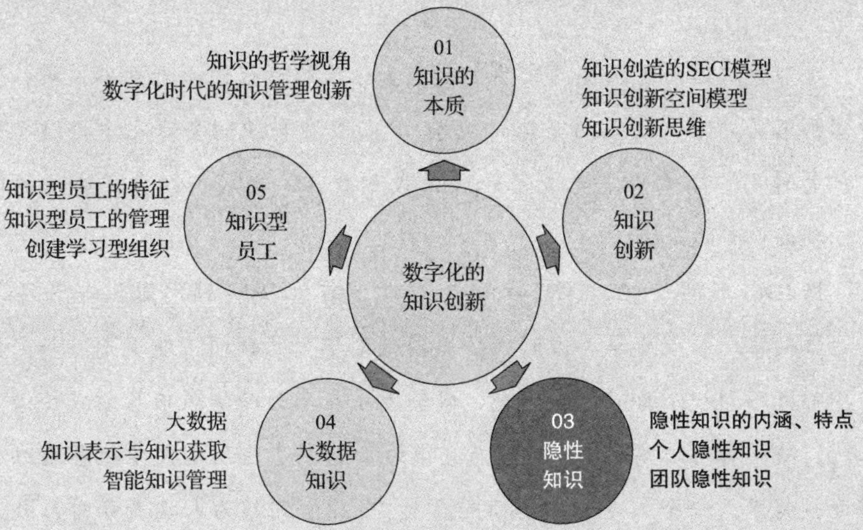

开章案例

一杯咖啡吸收宇宙能量

2014年，任正非提出一句很响亮的口号：“一杯咖啡吸收宇宙能量”。2013年是华为发展历史上的一个里程碑点，华为销售营收2390亿元人民币（约395亿美元），超越了爱立信（约353亿美元），坐上了全球通信设备商头号交椅。成为行业世界第一的华为，不仅仅需要脸朝黄土背朝天的农民和工程商人，更需要科学家。但是顶尖科学家不是培养出来的，而是需要用发现的眼光去寻找。嚼着东北大蒜的农民和端着咖啡杯的科学家是无法对话的，因此任正非用“咖啡”隐喻，要求华为人要主动改变自己，适应科学家的行为习惯，来吸取外部的正能量，才能真正走进科学家的世界。

咖啡曾烘焙出全人类的文明史。在全球化的时代，咖啡豆不仅被社会学家形容为“卓越超凡的全球化现象”，而且在企业的全球化中扮演了催化剂的作用。喝咖啡本身成了一种仪式和载体，当我们约会喝咖啡的时候，我们更多的是交流。

据IBM顾问回忆，1997年华为邀请了首批IBM顾问进驻华为深圳基地帮助推进管理变革。当时，从美国赶到华为的顾问，发现走遍华为园区，都找不到一个咖啡机。而今，我们漫步在华为深圳坂田基地或松山湖基地，随处都可以看到illy咖啡厅（华为松山湖基地用小火车把各座办公楼连接起来，每个火车站都有咖啡厅）。当你看到华为人端着咖啡，或是沉思着在电脑前奋战，或是三五成群热烈地讨论时，就能感受到文化在演进。

至于什么是“一杯咖啡吸收宇宙能量”，最为透彻的一个解读，莫过于任正非2017年12月11日在华为喀麦隆代表处的讲话中的现身说法。“一杯咖啡吸收宇宙能量，并不是咖啡因有什么神奇作用。而是利用西方的一些习惯，表述开放、沟通与交流。你们进行的普遍客户关系，投标前的预案讨论、交付后的复盘、饭厅的交头接耳……我都认为在交流，吸收外界的能量，在优化自己。形式不重要，重要的是精神的神交。咖啡厅也只是一个交流场所，无论何时、何地都是交流的机会与场所，不要狭隘地理解形式。

“法国的花神咖啡馆是几百年来文人作家的交流场所；摩洛哥里克咖啡馆是‘二战’期间各国间谍的交流场所，不是有《北非谍影》吗？老舍茶馆、成都的宽窄巷子……是用品位吸引人们去交流，你约不到人，咖啡馆就是可被动获得机会的邂逅，不仅仅是学术。

“我强调公司要开放，见识比知识还重要，交流常常会使你获得一些启发。我觉得你们年纪轻轻就走出国门，就到了艰苦地区，不要自闭于代表处，自闭于首都，要大胆融入当地社会，更重要的要融入当地的上层社会，市场的机会、格局的形成，都在他们手里。西方人好运动，你们固守在‘闺房’中，如何交朋友？打球去、滑雪去、水上运动去……一切运动都是接近客户的机会。没咖啡，胜似咖啡。”

“一杯咖啡吸收宇宙能量”，主要是用于研发创新领域。任正非把华为的研发人员划分为两类，两万多名基础研究的科学家和专家是把金钱变成知识，七万多名应用型人才开发产品则是把知识变成金钱。在两万多名基础研究人员的金字塔最顶部，是华为的科技思想研究的群体，这是一群“科技外交家”。华为自己有20名左右这样的“科技外交家”，任正非要求这群人每年必须拿出三分之一的时间，到全球大学或者高端科学论坛，与全球顶级科学家喝咖啡，目的是对不确定的未来进行前瞻。所谓“与凤同飞，必是俊鸟”，如果身处一个充满高水平、正能量的圈子，华为就有前进的动力和方向。这些“科技外交家”要把全球的新技术、新思想带回来，再召开不同形式的战略务虚会。最后，在华为最高层务虚会上进行多路径的技术方向研究和探索，从而形成一杯咖啡吸收宇宙能量，让黑天鹅在华为的咖啡杯中飞。

“一杯咖啡吸收宇宙能量”自从提出以后，影响力已超出研发体系，成为华为全面开放文化的思维符号。咖啡本质是一个符号，是华为下决心全球化的符号，随着咖啡逐渐融入华为在全球的170多个国家，咖啡文化的精粹——开放、平等、包容，也被一口一口润物无声地浸入华为全球的每一个角落。我们需要认识到，无论是科学理论的重大突破，还是主航道的无人区，开放的文化会孕育出多样性，让华为在面临未来不确定性和黑天鹅突变时拥有充分选择权。任正非坦言，“一杯咖啡吸收宇宙能量”是向谷歌学来的，谷歌的母公司赚了钱就去研究很难实现的东西，甚至还研究长生不老药，它也是为人类社会贡献，把财富转移到探索人类社会的未来去，华为走上行业世界第一后，也希望把钱投出去，探索人类未来。引入的这些科学家研究的内容，华为也没有刻意去计划，很多伟大的突破是带有偶然性的，并非按预定计划发生。华为支持给大学教授、顶尖科学家做基础研究，他们就像一个个灯塔一样，既可以照亮华为人，也照亮别人。

2016年，华为首次提出每年基础研究的经费占全年研发经费的30%左右，其中相当一部分用于和全球一流大学、研究机构的科学家的合作，并且为一些合作确定的基调是，华为出钱支持你，论文是你的，专利是你的，开发权也是你的，华为只要和别的企业同等竞争开发的权利，当然，如果你失败了，华为拥有知悉怎么失败了的权利。因为华为人早有思想准备，而且勤奋学习，理解就比别人快，所以做出的东西比别人快。至于大家很关心的科研失败怎么办，任正非也给予很大的宽容。“在科学的道路上没有失败这个名词。你只要把失败的这个路径告诉我们，把失败的人给我们，这些失败的人甚至比成功的人还要宝贵。他们可以补充到我们的主力军中去，把失败的经验带到我们其他的项目中，避免失败。合作中没有失败这个名词，不要说这个没有做好，那你能不能请我们喝一杯咖啡，告诉我们哪里走弯了，将失败的教训告诉我们，这就是成功，钱花了就花了。我们以这个思想，从中国到日本，再到俄罗斯、东欧、整个欧洲、加拿大、美国、以色列，建立了各个强大的能力中心，合作非常成功。越来越广泛的朋友圈，使我们的实力大幅提升。”

任正非认为，如果华为人都只会英勇奋战，思想错了，方向错了，越厉害就越有问题，未来很难还走向世界级。他多次讲话强调华为的高级技术人员和高级干部要去掉“农民意识”，现在华为缺思想家和战略家，只停留在将军层面，需要到全世界去喝咖啡，用“一杯咖啡吸收宇宙能量”，通过喝咖啡来加强与世界各国科学家的沟通与联系。或是合作，或是资助其研究，不限制其学术自由，不占有其专利，只要求与他们合作。同时，通过喝咖啡来发现“黑天鹅”——即那些可能出现的颠覆性技术。“华为公司的圈子还太小，你们这些 fellow（fellow 是指华为公司级院士，是华为研发技术水平人员最高荣誉称谓，向 IBM 学习来的）都不出去喝咖啡，只守在土围子里面，守碉堡最终也守不住的嘛。你们这些科学家受打卡的影响被锁死了，在上研所这个堡垒里面怎么去航海？去开放？航海的时候怎么打卡？发现新大陆怎么打卡？沉到海底怎么打卡？从欧洲通向亚洲的海底有 350 万艘沉船，那些沉到海底的人怎么打卡？所以，我们的管理要开放模式。我在干部大会上讲，‘反对高级骨干埋头苦干’，要多参加业界会议，与业界人士交谈；‘一杯咖啡吸取宇宙能量’，敢于与世界名流喝咖啡，听听人家的想法，也会给我们启发，少走弯路。”

有人曾问过任正非：“到底谁是你的老师？”任正非回答，我的老师不就是一杯咖啡吗？一杯咖啡吸收宇宙能量，我与你们在座谈的过程中，你们的话对我也有反向输入，吸收多了，自然而然对我就有了改造。谁也没有限制我们的科研，要开放心态，连接世界上一切优秀的资源。没有谁在限制我们的科研，我们也不要自己约束了自己，要敢于到贴近人才资源的地方进行研究活动，在每个研究所形成自己的技术要素，对行业发展形成牵引。

从 1998 年“削足适履”向西方学习管理，到如今的“一杯咖啡吸收宇宙能量”，任正非的过人之处，在于始终保持开放的心态和持续学习的能力。

案例问题：

1. 什么是隐性知识？隐性知识的特点是什么？
2. 在喝咖啡的交流中，华为隐性知识是如何转化为显性知识的？

资料来源：改编自邓斌，“一杯咖啡吸收宇宙能量”，《经理人》，2020 年第 9 期。

第一节　隐性知识的内涵、分类及特点

随着知识管理实践的发展，人们意识到对企业发展起关键作用的除了那些可编码的、可以用计算机技术加以实现的显性知识外，还有隐藏在员工个人和组织深层的隐性知识。Goldblatt 指出，显性知识仅仅代表了知识整体的冰山一角（见图 3-1），而隐性知识则占据冰山的大部分。相对于显性知识而言，隐性知识是隐含的、未编码的和高度个人化的知识，不容易被竞争对手仿制和模仿，是构成企业核心竞争能力的基础，隐性知识的挖掘和显性化往往是知识创新的源泉，是企业新产品、新服务诞生的前提。隐性知识对企业发展推动作用的日益彰显，提出了对隐性知识进行管理的必要性和迫切性。

图 3-1　显性知识仅仅代表了知识整体的冰山一角

迈克尔·波兰尼（Michael Polanyi）非常强调隐性知识的重要性，他认为，我们所知道的往往比能够说出来的要多。所有的知识，要么是隐性知识，要么是植根于隐性知识。我们需要克服只看重那些所谓的客观的、科学的、显性知识的偏见，重新调整对于知识的认知，平衡信仰与理性、主体与客体、艺术与科学之间的关系。

我们看到，中国传统文化中儒、释、道哲学，强调天人合一、自他合一、身心合一，与野中教授分析的日本人关于知识的观点“主客一体、身心如一、自他统一”有异曲同工之妙。《道德经》有云：“人法地，地法天，天法道，道法自然。”天地万物一体，合道如水，随顺万物，无我而利他。

易学在中国传统文化中有特殊的地位。《易传·系辞上传》有言：“易有太极，是生两仪，两仪生四象，四象生八卦。”《周易》把世间万事万物，无论是自然现象还是社会关系，都统一纳入六十四卦的体系中。六十四卦中的任何一卦，都代表了一个具有独立性的小天地、小宇宙。六十四卦的每一卦都体现出了天、地和人一体的宇宙整体观。《周易》认为自然和人是相互联系，又相互矛盾的有机统一的整体，因此世间万物都不能孤立地存在，而是相联系、相互影响、相互统一、同时也存在对立的，但是它们共处于和谐的整体之中。“太极”是世界万事万物组成的整体的最原始的状态，其初态是混沌一片的。

中国传统文化显然有闪光之处，尽管缺乏严密的逻辑和实证，不能算科学理论。但毕竟是人们在社会实践的过程中，通过对事物表象变化的观察和推敲，然后定性为事物发展简单朴素的理论。虽然它不能精确、定量地解决一些具体问题，但作为一种理念和思维方式，在很多方面都能体现其价值。

如果认为企业之大道在于“人的存在”，企业拥有的人的知识的存在，恰如企业之“太极”。对于企业经营而言，考虑人的知识的存在，则应该基于“客户”和“员工”（太极生两仪）。从客户考虑，制造（包括产品设计等活动）、商业活动都应该以客户为中心，这是现代企业的基本理念，企业的战略也应该围绕客户中心展开；与员工直接关联的是员工的业务活动及业务流程和组织的管理，这是企业内部管理的出发点，此即“两仪生四象”。对某些企业的“制造”而言，则有“个性化（柔性）制造”和“客户数据驱动”，也就是说，欲以客户为中心，就需要个性化制造，但一定要辅以“客户数据驱动”。这里个性化制造是“阳”（显性知识），数据驱动为“阴”（隐性知识），此乃“四象生八卦”的层面。按此条理念思考企业创新管理之道（见图 3-2），对于把握企业经营的宏观脉络、梳理其整体联系无疑有莫大的好处。

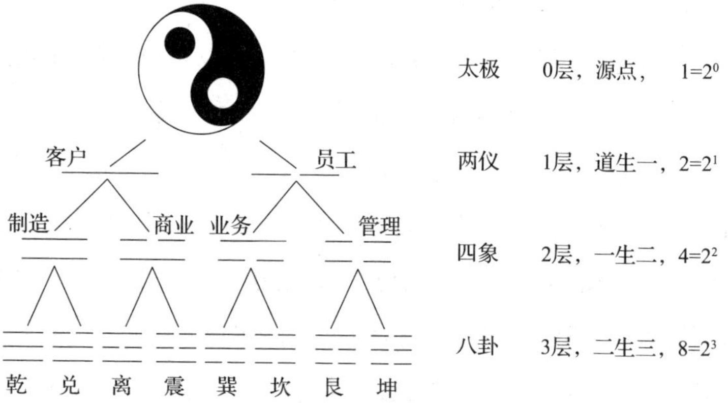

图 3-2　企业创新管理之道

虽然太极的整体观思想简单而容易被接受，但由于它在解决一些具体问题（如加工精度控制、设备的性能）的局限使之在工程实践中常常被忽视。在数字技术迅速发展的当下，传统的整体观思想能否焕发出新的生命力？答案是肯定的。思想应用的广度一定是与工具联系在一起的。既然大数据和人工智能技术可以帮助我们探索和认识一些无法以数学模型描述的事物或活动之间的关联，人们就应该在工程领域通过利用数字技术工具而发现一些新的规律或知识。

一、隐性知识的内涵

迈克尔·波兰尼认为，在一个人所知道的、所意会的及与他所要表达的东西之间存在着隐含的未编码的知识——隐性知识。这种知识来源于个体对外部客观世界的感知与判断，人们感知到的事物能被明确认识，却不能完全清晰地表达出来，所有理解都基于人们的内心留置（Indwelling），即个人的心智模式（Mental Models）。

日本学者野中郁次郎认为隐性知识是高度个人化、难以形式化或沟通、难以与他人共享的知识，并从东方认知科学的角度对隐性知识给予了充分的重视，他认为隐性知识包括心智模式和技能（Technical Skills）。

哈佛大学教授巴顿解释说，隐性知识常常是人们自己也不知道的知识，数据库在隐性知识和显性知识的转换中起到了至关重要的作用，它不是简单地将隐性知识转化为显性知识，而是同时产生了显性知识并创造了新的隐性知识。组织中的个体通过合作和知识的再创造与他人分享隐性知识。隐性知识是相对于显性知识而言，存在于所有者潜在的素质中，与所有者的经历、修养、知识层次、创新意识等抽象的内在因素有关系，隐性知识是个人或者个体长期积累和创造的结果，是一种难以用语言表达，也难以收集、交流和传播的知识。

在不同领域、不同企业中所产生的隐性知识是不同的，有其自身的特点，有的学者从具体的实践中对某一领域的隐性知识加以解释。下面的阐述主要从科学研究领域、科技企业、管理咨询公司角度对隐性知识进行说明。

朱克曼在《科学界的精英》一书中从科学社会学和科学研究中的师徒关系说明了学生在老师那里习得的更多的是如工作标准和思维模式等更大范围的倾向性态度、不能编纂整理的思维和工作方法等隐性知识。

罗森伯格（Rosenberg）通过对那些不是基于科学知识上的，纯粹从实践中得来的传统技术知识的描述得出结论，即使一个人不能准确地说出为什么，关于技术、工作方式和设计方法的知识依然以某种方式起作用，并且产生一定的结果。因此，罗森伯格认为，隐性知识某种程度上等同于实践中“知道怎样做”的知识。罗森伯格给出了一个基于科技企业中隐性知识的定义，关于技术、方法和设计的知识，即使人们无法解释出其原因，这些知识仍以某种方式来工作。

苏州科技大学的施琴芬用博弈论分析了管理咨询公司的隐性知识拥有者与公司之间的价值取向及其博弈关系，得出了由于管理咨询公司这种知识型企业的特殊性和隐性知识主体这一知识资本的特殊性，决定了双方在寻找利益平衡点时的困难程度和个人与组织的离域程度。

上述观点主要涉及了隐性知识的个体属性。一些组织理论研究者进一步扩展了隐性知识的内涵。温特（Winter）、尼尔逊（Nelson）、斯班德（Spender）、爱莉斯等在对企业能力的研究中，认为企业内部存在着隐含性的组织知识。

尼尔逊和温特把隐性知识扩展到组织层面，引入了今天西方在知识经济研究中常提到的“组织惯例”（Organizational Routines）。他们认为，组织层面的“组织惯例”相当于个人层面的技能。在大多数组织中，“如何从事”被储存于这些惯例中，组织中的个人只能通过“干中学”来掌握这类知识。

斯班德进一步将组织隐性知识划分为知觉的、自动的和共有的隐性知识，每一种隐性知识都有其不同的战略作用。

爱莉斯在 1997 年提出了知识的内嵌性，认为知识内嵌于组织当中，与组织密不可分。1998 年她将自己的观点整理成一个完整的理论框架，该理论框架以知识的内嵌性为核心，从认知、组织和社会三个层面分析和论证了知识、组织、组织学习三者之间相互影响和嵌套的关系。

二、隐性知识的分类

1. 显性知识与隐性知识

在知识管理研究中，根据知识外显程度的不同，把知识分为显性知识和隐性知识的分类方法是理论界和学者普遍认可的一种方法，其中显性知识和隐性知识又可分别被称为编码知识和未编码知识。

隐性知识是相对于显性知识而言的，不同学者对显性和隐性知识的知识分类是不同的，同是隐性知识，其隐性的程度也有不同，其内容也不尽相同。这种差异可以从不同学者对知识的分类研究中看出。

波兰尼（Michael Polanyi）最早明确指出了隐性知识的存在，并区分了显性知识和隐性知识。波兰尼认为，所有的知识或者属于显性的或者属于隐性的。隐性知识是个人的、受特定情景限制的、能够感知却不能表达的知识。波兰尼对知识的分类只是简单地分为显性知识、隐性知识，而没有具体论述显性知识、隐性知识包括的内容，对隐性知识也没有做具体的分类和阐释。

经济合作与发展组织（OECD）在《以知识为基础的经济》一书中把知识分为四大类，知道是什么（即知事，Know-what，又称事实知识）、知道为什么（即知因，Know-why，又称原理知识）、知道怎样做（即知窍，Know-how，又称技能知识）和知道谁有知识（即知人，Know-who，又称人力知识）。前两类知识即事实知识和原理知识是可以表述出来的知识，是显性的，而后两类知识——技能知识和人力知识难以用文字表述，是隐性的。OECD 知识分类不仅可看出显性知识、隐性知识之间的区分，还详细地给出了显性知识、隐性知识所包括的内容。

博伊索特也提出了知识的四种分类方法。第一类，公共知识，通过编码可以扩散和传播的知识；第二类，专有知识，由于知识的专有性，通过编码也难以传播的知识；第三类，个人知识，不易编码、不易扩散的知识；第四类，常识，没有编码但广泛传播的知识。其中个人知识和专有知识属于隐性知识的范畴，而常识和公共知识则属于显性知识的内容。在这种分类中，博伊索特已把隐性知识不仅看作个人所拥有的知识，而且还包括某一部门或领域中包含的知识，比如专有知识就是被一部分人所拥有的隐性知识。

隐性知识不仅有内容上的区分，而且在隐性的程度上也存在着差异。隐性知识在为自己所觉察、与他人交流、为他人理解的难易程度上不同，根据隐性知识隐性程度的不同，学者们对知识分类进行了更为详尽的研究。

大连理工大学的王众托认为，隐性知识包含了经验、技巧、诀窍，是要靠实践摸索和体验来获得的，可意会而不可言传。因而，他建议用意会性知识取代隐性知识的概念，并指出在我国《易经》的《易传》中有“书不尽言，言不尽意”一说，可以说是对意会性知识的一种说明。我们不可能把意会的东西都说出来，不可能把说得出来的都写出来。这类说不出来的意会性的经验、体会就是意会性知识。王众托的知识分类如图 3-3 所示。

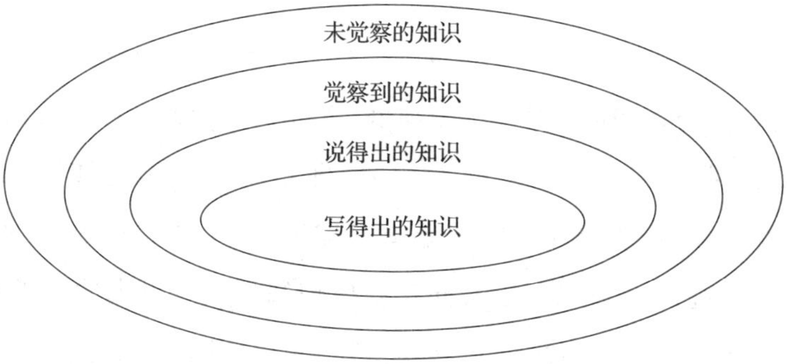

图 3-3 王众托的知识分类

从图 3-3 中可看出，写得出来的知识是说得出来的知识的一部分，说得出来的知识仅仅是人们所觉察出来的知识的一部分。在说得出来的知识之外的、人们能够觉察到的知识的那一部分，就是意会性知识。但实际上人还具备一些连自己也还没有觉察到的不可言传的知识，在特定的场合下，却能发挥出来，这种知识是更为隐性的知识。

吴素文、成思危等人提出了知识的三分法，即除了隐性知识、显性知识外，还存在着亚隐性知识，并对三种知识的知识主体、知识客体、知识类别、学习方式和知识转移方式进行了说明，其中知识主体指的是知识的拥有者，而知识客体指的是知识的学习者。吴素文、成思危等学者的知识分类如表 3-1 所示。

表 3-1　吴素文、成思危等学者的知识分类

知识主体	知识客体	知识类别	学习方式	知识转移方式
主观愿意且容易表达	很容易接受	显性知识	知识拷贝	市场交易
主观无意识且容易表达	容易接受	亚隐性知识	知识挖掘	战略联盟或并购
主观不愿意但是容易表达	不容易接受	亚隐性知识	反客为主	并购
主观愿意但不容易表达	较难接受	隐性知识	互动反馈	战略联盟或并购
主观不愿意且不容易表达	不能接受	隐性知识	反客为主	并购

2. 个体隐性知识与组织隐性知识

根据知识外显程度的不同，知识被分为显性知识和隐性知识，而根据知识拥有主体的不同知识，知识又可以被分为个体知识和组织知识。因而，对应于这两个维度，又有个体显性知识、个体隐性知识、组织显性知识、组织隐性知识的划分方法。因而对于隐性知识本身而言，根据其拥有主体的不同，主要有个体隐性知识和组织隐性知识。

（1）个体隐性知识。对于个体而言，显性知识可以通过系统的书面资料或他人清楚的叙述和讲解等形式获得。而隐性知识的获得则比较抽象。研究表明，个人经常是在不知不觉中吸收复杂的知识。德鲁克则认为隐性知识，如某种技能，是不可以用语言来解释的，学习这种技能的唯一方法就是领悟和学习。

影响个体隐性知识学习与创新的因素包括多个方面。Corsini 认为，影响个体学习包括五个相关的方面。①可表述的知识：个人所有的外在的知识；②个人的智力技能：它可以促进把概念和规则运用到具体的实践中；③认知的能力：这一能力包括识别、编码、回忆和思考；④态度：态度是个人的一种状态，这种状态影响人对人、物和事件的行为选择；⑤操作技能：具有一定的劳作能力以使整个流程可以顺利进行下去。Koskinen 则更强调个人经验对个体学习的重要性。他认为，个人经验的多方面性将会增

加他解决在工作任务中出现的问题的可能性。知识深度和知道如何解决问题也会对问题的解决起到促进作用。

（2）组织隐性知识。组织隐性知识与个体隐性知识既有联系又存在着差别。Hedber 认为，虽然组织学习是通过个人学习而发生的，但把组织学习看作只是个人学习的简单叠加却是错误的。组织没有大脑，但它却有认知系统和记忆。组织的成员加入、离开，组织的领导者发生变化，但组织的记忆中在相当长时间内还保存着特定的行为、心智模式、规则和价值观。

组织隐性知识学习过程对组织隐性知识的学习能力和学习结果都有重要的影响。Cohen 和 Levinthal 对 R&D 中的学习进行了较为详尽的研究，他们指出在 R&D 中发生的学习不仅表现在研发中实际获得的结果，而且还包括研发过程本身。一方面，R&D 活动本身产生了创新；另一方面，R&D 还发展了公司从外部环境中识别、吸收和探索知识的能力及公司的学习或适应力。

三、隐性知识的特点

隐性知识是与显性知识相对而言的，它存在于人的认知过程中的隐性觉察系统。隐性知识在可表述程度、可移动能力、获取方式上与显性知识有着显著的不同。显性知识容易被表述（口头或者书面），它的移动可独立于知识主体，而隐性知识则不易被表述，它的传递必须通过其间的知识主体互动和交流。在获取方式之上，显性知识可通过人类的逻辑推断产生。或者通过正式的学习渠道获得，而获取隐性知识需要边做边学，不可与实务脱离。在知识的存储和分布方式上，显性知识存储于普通实物之中（如纸张、磁盘），可以根据需要随时调用，而隐性知识内嵌于知识主体，难以剥离知识主体而移动。

博伊索特（Max Boisot）在《知识资产：在信息经济中赢得竞争优势》

一书中，对隐性知识与显性知识进行了系统比较，显性知识与隐性知识的比较如表 3-2 所示。

表 3-2　显性知识与隐性知识的比较

隐性知识（主观的）	显性知识（客观的）
难以用文字记录和传播的知识	通过文字可以记录和传播的知识
经验的	理性的
即时的	顺序的
身体的	思维的
模拟的	数字的
实践的	理论的

1. 隐性知识的难以表达性和难以感知性

显性知识可以通过编码，形成成形的资料，进行传播和共享。与显性知识不同，隐性知识难以编码，难以用文字记录，进行传播和共享。隐性知识不仅难以表达，而且还难以被知识的所有者发现，并且隐性知识的学习也是在不知不觉的情况下耳濡目染进行的。我们最熟知的知识往往是我们没有意识到的知识。

2. 隐性知识是一种体验知识

隐性知识是一种体验知识，需要在实践中亲身去经历，需要置身其境去体验和领会，个人身心的参与是获得隐性知识的必然途径。缺乏了实践过程很难领悟隐性知识及其价值。

隐性知识来源于个人在生活实践中通过形体动作或感官接受而获得的感觉与体验。例如，人们学会骑自行车和游泳就得靠亲身实践；过去手工作坊中师傅带徒弟进行打铁、绣花等工艺操作，徒弟也是在实际劳动中观察、模仿、体验而获得技艺的；还有体育和舞蹈动作。这些都是和形体动作有关的，需要通过观象和实践来获得。

3. 隐性知识具有很强的个体特性

人类个体是隐性知识的主要载体，它内化于人类的思想和头脑中，是一种与认知者个体无法分离的知识，这种知识一旦脱离认知主体就成为纯粹公共性和客观性的知识，那么隐性知识本身就消失了。隐性知识的个体属性决定了它在编码和转移上存在很大的困难。人们在处理实际问题时，通过直觉和感悟而获得的隐性知识具有很强的个人特性，包括人的价值观、思维模式和眼界，很难甚至根本不能通过语言表达和传递。其中一些经过转化而能够独立表达和传授，形成言传性知识了。但在转化过程中，一些富有个性的因素也就遗失掉了。另外一些是不能转化的，只有掌握这类知识的人才能亲自使用它。

4. 隐性知识的收益不确定性

知识的价值体现在个人身上，它能够改进个人的工作效率，提高个人的收入，高人一等的优越感也是不可忽视的。对员工个人来说，共享之后的知识就不再被他个人所独有，垄断之时所能带来的超额收入和技高一筹的心理满足也就烟消云散了。隐性知识的收益不能确保隐性知识具有垄断的特点，经验丰富的老员工、掌握技能的技术骨干就会尽量保留自己的知识，而不与他人共享。

5. 隐性知识具有非批评性

我们很难对不能用语言表达而只能心领神会的知识进行形式逻辑分析和批评性的思考。因为，意会知识是“只能在头脑中进行，而不是通过符号在纸上操作的活动”。比如，凭借地图去旅游时，我们就可以通过实地考察，与地图进行核对，即对地图进行批评性的检查，因为地图也是一种已经通过符号表达出来的知识。但对于只是保存在脑海中的对某一熟悉地区的地图，我们就无法进行核对，只能用行动来检查它，即通过试错法来进一步摸索。

第二节　个人隐性知识管理

一、个人隐性知识的积累

1. 个人隐性知识积累的需要

隐性知识积累，即将显性知识转化为隐性知识，或称知识学习，将书本上、知识库等载体中的知识转化为大脑的知识。

隐性知识积累不单是一个知识在大脑中的积累过程，也是一个提高创新素质的过程。人类的知识总量正以前所未有的速度激增，新技术、新理论层出不穷，科技发展一日千里，知识创新的速度不断加快，知识更新周期大大缩短。处在这样一个日新月异的知识经济时代，每一个人，不论从事什么工作、具有何种学历，都面临着继续学习的问题。社会发展的速度远远超过了我们在学校所学知识更新的速度，知识或能力不够用成为导致生存压力的主要因素之一（并且会越来越严重）。终身学习是21世纪的生存方式。

数字经济时代的到来，知识更新的速度不断加快，学生在学校所学的知识在进入社会之后可能已经面临被淘汰的命运。因此，越来越多的人离开学校后需要不断地在工作和生活中学习积累各种知识和技能。一个人最重要的能力，就是积累隐性知识的能力。

隐性知识的来源主要有：知识内隐化，即通过知识库的学习，对数据和信息的知识挖掘，形成自己的知识；知识社会化，即在与其他人员的知识交流中获取知识；知识创新，即通过创新形成新的知识。

显性知识的来源主要有：知识外显化，即从隐性知识转换而来；知识挖掘，即从各类数据的分析中得到知识；知识整合，即通过信息系统，从企业内外将各种各样的知识源囊括进来。把知识从其所在地方提取出来的同时，还要进一步对它们加以发掘提炼。

知识的来源如图 3-4 所示。

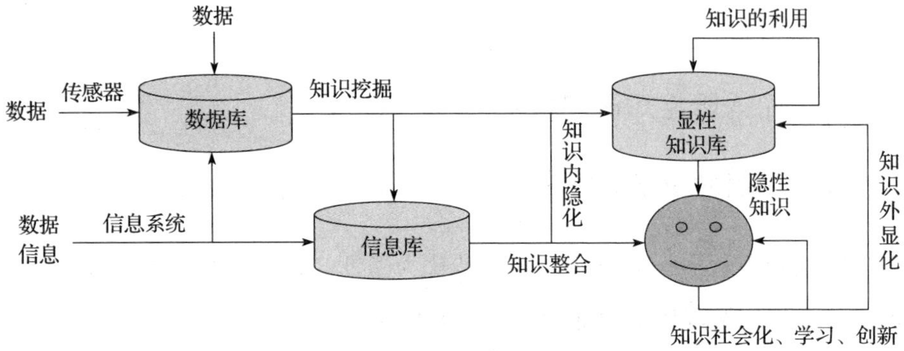

图 3-4　知识的来源

2. 在知识应用中积累隐性知识

在知识应用中积累隐性知识，即所谓的“实践出真知”。知识应用过程本身是一个隐性知识积累过程和知识创造过程。

（1）在工作过程中积累隐性知识。

人们从事业务活动的过程同时就是一个不自觉地向大脑记忆库输入、存储隐性知识的过程。工作与隐性知识积累的结合不仅能提高隐性知识积累的效率，而且能让员工乐在其中，提高对工作的兴趣。

图 3-5 描述了一种“显性知识—隐性知识—实践—隐性知识—创新—隐性知识”的隐性知识积累过程模型。

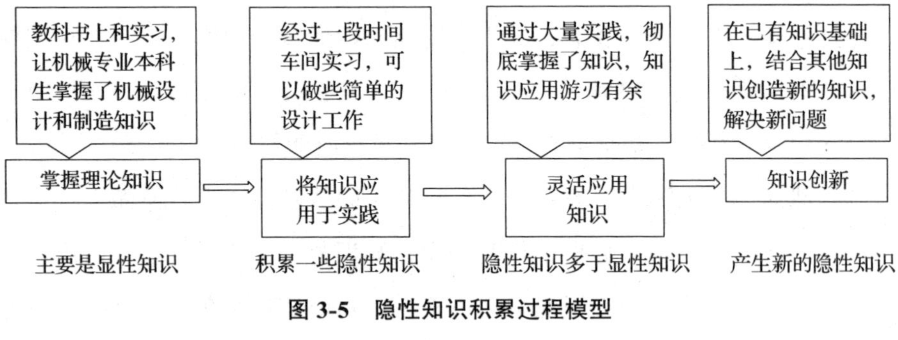

图 3-5　隐性知识积累过程模型

（2）通过计算机仿真学习。

计算机仿真能够提高隐性知识积累的效率，及时发现创新中的问题。

（3）通过试验学习。

试验是创造和检验新知识的活动，也是一种重要的隐性知识积累方式。

（4）通过轮岗和角色转换学习。

例如，管理者在不同的岗位间轮换，并让其中最优秀的人承担一部分总经理的职责，也可以获得各种工作经验。

（5）利用互联网学习。

互联网已经成为大家离不开的重要的隐性知识积累工具。互联网上的知识多如牛毛，如果要提高隐性知识积累的效率，必须善用搜索引擎工具，并且要充分利用好浏览器的收藏夹，做好分类，建立个人专有的显性知识网络。

利用慕课（Massive Open Online Courses，MOOC）可以帮助人们提高隐性知识的积累效率，可以学到国内外顶尖大学的课程。从 2012 年起，美国的顶尖大学陆续设立慕课，在网上提供免费课程。Coursera、Udacity、edX 三大课程供应商的兴起，为更多学生提供了系统学习的可能。

3. 在与他人的互动中积累隐性知识

（1）通过社交网络学习。

人际网络是隐性知识交流和积累的一个重要途径。通过人际交往，可以学到很多书本上学不到的知识。人际圈子越广、交往人员的素质越好，可能学到的知识就越多。多几个朋友有很大的价值，也许某一天某一个朋友的某一句话能使你发现自己“不知道自己不知道”的知识或发现自己“不知道自己知道”的知识。人际网络的获得和维持都不容易，但建立后，往往是可以获得最直接、最深入的知识的重要来源。因此，应尽可能扩大交往圈子，多与朋友交往，多沟通讨论，在交往中积累隐性知识。

（2）通过虚拟社交网络学习。

互联网中有许多知识社区，微信中有许多朋友群，比网下更容易找到“情投意合”的社区，与大家一起切磋学习。

4. 个人的隐性知识网络构建

个人的隐性知识网络构建是一种元学习方法，即指学习方法的学习、个体获得学习机制的学习，涉及的是关于个体如何获得其赖以进行学习的机能的问题。元学习能力应包括如下几种能力：会激励自己勤奋学习；会确立学习目标；善于选择能达到目标的最适当的学习方法；善于检测达到目标的情况，必要时采取补救措施；善于总结自己达成目标的成功经验和失败教训，及时调整自己的学习方法。

5. 个人的隐性知识网络与显性知识网络的融合发展

个人的隐性知识网络与显性知识网络的融合发展强调利用“群脑”（群体思想库）与电脑（知识库），实现学习者的主脑与“群脑”，人脑与电脑相结合的多“脑”协同工作，这实际上是隐性知识网络和显性知识网络的协同工作。

个人的显性知识网络与其隐性知识网络需要集成，相互促进。一方面，显性知识网络是在隐性知识网络的指导下建立的，它是隐性知识网络的映射和延伸。另一方面，显性知识网络又能够帮助隐性知识网络的有序化改进和完善，有助于将头脑中的碎片化知识有机组织起来，提高知识的利用效率。

具体方法是要多读、多写、多思考，要善于利用互联网上的资源。可以利用微信、博客、网络社区等，将自己的所见、所闻和所想记录下来，并与人共享，扩大自己的交流范围。古人说过，学而不思则罔，思而不学则怠。思是隐性知识网络的构建和整理，学是隐性知识的获取，要结合显性知识网络，形成新的学习模式。个人的隐性知识网络与显性知识网络的融合发展如图 3-6 所示。要读、思考和写一起进行，否则学习效率不会高。

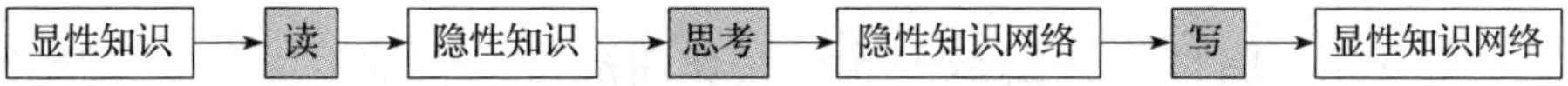

图 3-6 个人的隐性知识网络与显性知识网络的融合发展

掌握隐性和显性知识网络的互动关系，不断完善隐性和显性知识网络。有一个伴随终身的显性知识网络，掌握一种隐性和显性知识网络协同发展的学习方式，将使自己终身获益。

一些个人的隐性知识网络与显性知识网络的融合发展的软件工具如下所示。

（1）Microsoft OneNote。

Microsoft OneNote 可用于笔记本电脑或台式电脑，更适合平板电脑，其特点如下。

①灵活性：可使用触笔、声音或视频创建笔记，可书写创意或绘制草图，可以从互联网中搜索和剪辑网页资源。

②协同性：支持多人协作的版本控制。

③结构性：每一页笔记都必须归类到一个笔记本与一个分区，便于查找知识与复习，但缺少标签功能，不利于发散性思维。

④经济性：在使用的全过程中都是免费的。

（2）Evernote（也称印象笔记）。

Evernote 的口号是："管理你的第二大脑，随时随地获取、整理、分享笔记，让灵感时刻与你同行。"其特点如下。

①支持所有的主流平台系统，一处编辑，全平台同步。同时，印象笔记支持 Web 版和移动网页版，可以在浏览器中打开操作。

②可以用网页剪辑、插件剪辑和保存完整的有价值的网页到印象笔记账户里。

③可以搜索到图片内的印刷体中文和英文及手写英文，对 PDF、Excel、Word、PPT 中的中文和英文也同样有效。

④支持任意格式文件作为附件插入笔记中，并实现跨平台同步，方便储存任意格式的资料。

⑤允许不同用户之间多人共享和共同编辑一个笔记本，支持协作办公。

（3）有道云笔记。

有道云笔记是网易旗下的有道公司推出的个人与团队的线上资料库，其特点如下。

①采用了增量式同步技术。

②云端存储，采用“三备份存储”技术，保障数据安全。

③提供了 PC 端、移动端、网页端等多端应用，用户可以随时随地对线上资料进行编辑、分享及协同。

（4）石墨文档。

石墨文档是支持云端实时协作的企业办公服务软件，可以通过 PC 端和移动端实现多人同时在同一文档及表格上进行编辑和实时讨论。

（5）幕布。

幕布是一种思维导图在线工具，它专注结构化的思维记录，可以把笔记结构化。

（6）蚂蚁笔记。

蚂蚁笔记支持语音、图片输入，可以随时用微信记录身边的一切。

（7）为知笔记。

为知笔记除了保存网页、灵感笔记、重要文档、照片、便签等功能外，还支持团队记录和团队协作沟通的需求。

（8）麦库记事。

麦库记事可以方便地随手记事、记备忘、拍照、录音、分类整理。同时，信息还将安全地存在云端的私密个人空间中，永不丢失。

二、知识转换的基本原则

个人的知识可以划分为显性知识和隐性知识两个层次。大多数个人对显性知识予以重视，并将其编入个人的知识共享网络中，对个人的绩效提高的作用较为明显。隐性知识因其难以体现和传播，也因为知识个体不愿意与他人共享，共享工作容易被组织忽视。然而个人和组织的活力决定于不断进取的创新能力，潜伏于员工个人和组织的整体性知识中。隐性知识和显性知识的相互转化是个人和组织新知识产生的源泉。确保知识转换过程的四个必备的关键原则如下。

1. 信任

知识管理的第一个基本原则是信任原则。信任是一个组织的生命血液，是人类动力的最高形式。如果组织中的成员相互信任，那么组织工作的效率就会极大地提高。只要信任成为组织文化的基础，那么我们就能建立一种“良性循环”，这种良性循环会朝着知识分享的方向而螺旋上升。否则就会形成一种“恶性循环”，这种恶性循环朝着知识保护的方向而螺旋下降。

2. 交流

原则之二就是在组织内应尽可能建立非正式网络—实践社区，频繁且公开地交流经验，反映人们的信念和行为。公开交流经验将加强组织成员之间的信任感，从而自然引发合作欲望。交流不同于合作，交流是信息的交换，而合作是协同地创造，是理解和创新的分享。要想较好地创新，我们就必须达到组织合作的最高境界。

3. 学习

如果组织中已经形成了相互信任，并能做到公开交流经验，那么下一步就应该更快地学习。公开真诚地交流经验的过程，能使人取得更快的进步。认知心理学将学习看作是知识状态的改变，学习是个人根据自己现在和过去的知识与经验产生新想法的过程，快速学习能促进组织成员之间的相互信任，并引发成员之间分享知识的欲望，提高组织的竞争力。

4. 共享知识

共享知识是一种思想上的共享，而不是物质上的交换。两个苹果的交换还是两个苹果，一种技能或者思想的共享则有可能转变为无数个技能或者思想。知识共享往往伴随着知识价值的增值，很少有共享后降低价值的知识。共享知识能提高组织成员之间的信任感，并引发成员之间在真正意义上共同拥有知识和合作，这是建立长期信任伙伴关系的基础。在这种良性循环中，组织将变得富有创造力和创新能力。

促进知识交流和共享的新技术极大地改变了人类的思维方式，使新工作方式的出现成为可能。这种新技术至少可以有以下几种：客户机、服务器技术、模拟技术、开放系统、无线智能、多媒体交流、主机、知识交流、网络传播、全球知识网络等。这些技术，尤其是主机和网络技术的出现，使得组织之间能够用更便捷的方式进行交流、合作和学习。总之，交流和合作的新模型已经诞生，数字经济时代的商业驱动器已经出现，知识被视为重要的商业活动。

最佳知识转换过程包括上述所有因素。这一过程意味着理解和加大知识转换是很重要的，通过在整个组织内部相互合作，与顾客和股东合作促进知识放大也是很重要的。为了做到这一点，组织需要全范围引进知识管理技术，并鼓励组织的顾客和股东利用知识管理技术与组织进行互动，延伸组织的触角。这种组织需要学习新的交流和合作模型，并需要建立一种以信任、公开交流、快速学习和知识共享为基础的文化。

那些成功完成最佳知识转换的组织，会发现它们的知识将得以不断地、大量地更新，与那些未采用知识转换的组织相比，它们将会更卓越。在知识社会里，我们正在用上述技术将分布在世界各地的组织连接起来，让它们像一个整体一样共同工作。

三、常用的个人隐性知识外显化方法

隐性知识外显化又称为知识的符号化、编码化、显性化、结构化，即将人们头脑中的经验和诀窍总结出来，用可继承、易传播的显性知识表示，达到将隐性知识与其所有者分离的目的。

隐性知识外显化方法主要有两种：一是对于可以转化为显性知识的隐性知识，要尽可能实现外显化；二是对于难以转化为显性知识的隐性知识，要能够快速定位到掌握隐性知识的人。

隐性知识是企业创新能力的重要组成部分。因此，企业首先要尽可能采取各种方法，留住那些在企业的核心竞争力中占有较大份额的员工，即留住掌握隐性知识的员工。而当企业实在无法留住那些员工时，就需要采用隐性知识外显化的方法和工具，尽可能留住那些可能被这些员工随身带走的无形资产。

不同的隐性知识的外显化难度是不一样的，需要区别对待。有些隐性知识可以通过及时的总结和适当的方法用文字和语言表达出来；有些隐性知识需要借助视频系统等帮助记录；也有些隐性知识目前还无法表达，知识交流往往要通过面对面、手把手地进行。例如，学徒只能靠实践摸索才能从工匠那里继承知识；知道了烤面包的程序，并不等于就能烤出好面包。隐性知识的学习常常是在不知不觉中的，例如骑自行车、说话、弹钢琴等，人们虽然学会了这些技能，但是却无法描述学会和使用的过程。一些隐性知识无法完全用文字准确表述出来，如优秀销售人员的市场直觉、研发人员的灵感、企业家的决策和判断能力等。图 3-7 所示为几种常用的员工隐性知识外显化方法。

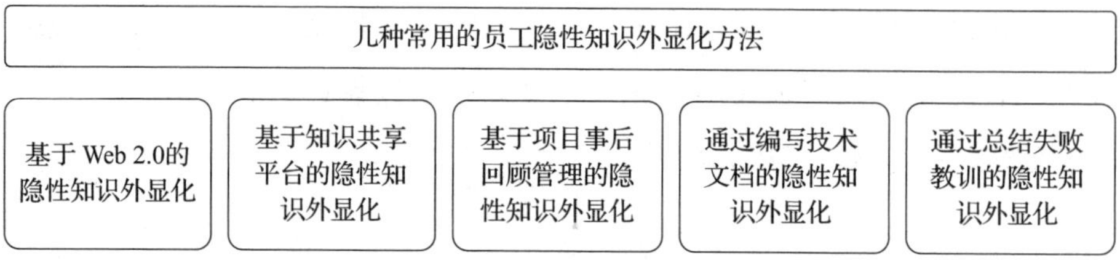

图 3-7　几种常用的员工隐性知识外显化方法

1. 基于 Web2.0 的隐性知识外显化方法

微信、博客、维客、掘客和社会化书签等 Web2.0 模式可以比较方便地用于企业的知识管理，帮助企业找人才、找知识，开展协同设计和制造，帮助企业了解客户的需求，帮助建立知识库，管理好企业内部的知识。

对于难以言传的隐性知识，提供专家黄页、鼓励员工直接互动要比试图以结构化文字整理记录其知识本身更有效率。传统的师徒传承制度很成功地保留了许多古老的知识，就是这个道理。

知识社区是企业在知识管理中出现的一种非正式组织。知识社区是由一群具有共同兴趣或来自同样团体的人们，因为互动的需求集聚而成。通过知识社区的持续性互动，共同创造知识，共享知识，不仅可增加员工个人知识，也可增强企业竞争优势。

2. 基于知识共享平台的隐性知识外显化方法

企业员工在工作中产生的隐性知识是企业不断创新发展的主要源泉之一，这些知识不仅量多，而且价值大，因此需要以合适有效的手段对这些知识进行获取、集成和利用。但在实际情况中，往往没有便捷的途径和合理的激励措施，这导致员工日常积累的知识难以固化传播。具体对策如下。

（1）提供方便的知识发布途径。首先需要一个使用方便的知识发布平台，能够让员工及时、便捷地将研发中产生的新知识进行结构化存储。该平台可以与员工在研发设计中使用的各种软件系统进行集成。用户可以通过常见的业务应用工具快捷、方便地将知识共享到知识集成系统中，实现不同信息系统之间的知识共享和集成。

（2）建立知识共享的激励机制。没有激励，知识共享就难以持久。而知识管理系统需要向领导提供员工知识共享方面的各种统计数据，以便企业领导的激励。

（3）建立内部知识产权制度。许多企业内部员工知识共享的积极性较低，很少主动进行知识创新。这主要是由于知识产权不能很好地得到保护，经常会出现“教会了徒弟，饿死了师父”的现象，因此，必须在内部进行个人的知识产权保护。方法是在企业的知识网络中，员工可以发布自己的创新的想法、建议等，并由大家评论、引用、应用。这些创新的想法和建议等在发布之日起，就获得企业内部的知识产权，企业给予保护。如果间接或直接应用这些创新知识产生了经济效益，企业给予奖励。

这种个人的知识产权保护不同于企业的知识产权保护，是企业内部市场化在知识和创新范畴的延伸，其目的是保护企业员工创新和进行知识共享的积极性。

内部知识产权制度与外部相仿。因为企业的许多知识不适合发布到外面，许多知识只是一点经验、教训（Lesson Learn），不适合形成专利，但这些知识对于企业的其他员工而言可能有价值。这里对知识的限定比较宽泛，企业内部知识产权及建立方法如图 3-8 所示。该制度的目的是鼓励大家共享创意和知识，避免重复性研究，促进协同创新。

（4）记录员工在知识管理系统中的操作行为。知识管理系统中的行为包括：知识阅读、下载、推荐、打分、关联、评论、引用、应用、转发等。知识管理系统对用户的每一个操作行为都进行记录，大量的记录数据被存储在知识集成系统中，通过对这些数据的分析和处理，可以快速反应知识的价值、员工的专业领域和水平，这可以用来进行评价和分析，最后将这些机制融入知识管理系统中。

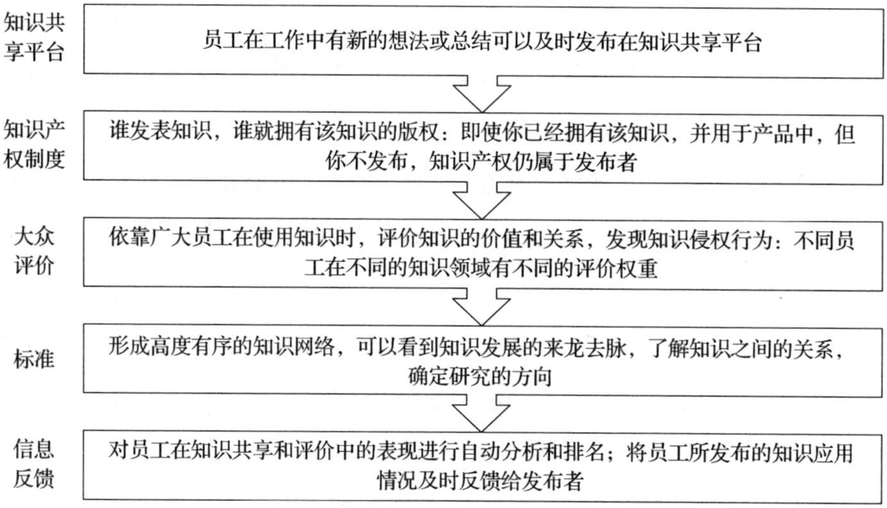

图 3-8　企业内部知识产权制度及建立方法

3. 基于项目事后回顾管理的隐性知识外显化方法

项目事后回顾（PPR）是指通过正规的项目回顾管理来获得经验教训，以利于未来的项目。这是一个反馈控制模式的管理过程。事后回顾管理在知识密集型行业中比较盛行。

回顾管理的难点主要有以下几点。

（1）心理障碍。项目的结果涉及特定的历史背景，而且项目技术的不断变动及其复杂性使其不易理解，寻找过去事件的因果关系需要很高的技巧。此外，人类的选择性记忆与团队的记忆压抑现象使得在 PPR 中项目团队倾向于记忆易被分类的事件，压抑似是而非的、更为复杂的经验。

（2）团队的缺陷。多数研发项目是基于团队的工作，对该项目进行回顾也是一种团队工作。回顾过程就是找到问题和提出批评的过程，直言坦诚可能会伤害多年的交情或者影响彼此的关系。为了在将来的项目中彼此能更顺利合作，成员间的反馈常常较为温和，这往往导致反馈无效，哪怕讨论的是纯技术内容。此外，考虑到失败会影响职业生涯或为了避免在公开场合承认错误，个别成员也不愿为失败负责。而且成员组成的多样性往往增大了团队沟通的难度。

（3）认知障碍。研发项目的技术与诀窍是特定的，对其结果的理解及如何从中进行学习是与特定环境相联系的。即使有充足的时间精力，从一大堆具体项目中提炼出通用经验也绝非易事。有很多知识是可意会而不可言传的。

（4）管理局限。研发部门与公司其他部门一样承受着持续的业绩压力，因此很少有时间回顾过去发生的项目。在实际工作中，PPR 往往是为了应付管理层的控制要求，是项目管理总部所强加的行政事务。

美国军队将项目事后回顾管理工作环节制度化，提出了缩写为 WESK（还有谁是应该知道的）的活动，帮助关键的人及团队了解别处的经验并立即加以采纳。

4. 通过编写技术文档的隐性知识外显化方法

通过编写技术文档，将企业员工的相关隐性知识转化为显性知识，以帮助企业的其他部门或其他员工学习企业的生产实践经验。如日本日产汽车公司为了拓宽欧洲的汽车市场，派遣数百名日本工程师前往欧洲收集有关汽车市场、交通文化和道路状况等的信息，并在布鲁塞尔建立了一个信息中心。为了将企业的生产技术从日本转移到在英国的工厂，日产公司通过编撰各种手册来将已在日本企业中的隐性知识外显化，帮助员工学习这类经验。

技术文档的使用程度反映了企业知识集成过程中显性和隐性知识的相互转换，体现了员工之间或员工与外部环境的知识流动。企业员工通过与技术项目实践的结合，由个体知识到小组知识，最后进一步充实企业有形的和无形的知识仓库，而经过这一轮又一轮的集成过程，企业知识仓库逐渐得到完善。日本某企业规定，新产品开发的各职能部门，尤其是产品质量和成本评估部门必须收集整理与新产品品质相关的所有技术文档的详尽信息，从而制定出新产品的各项标准。在实际操作中，有些优秀企业对其技术情报部门的技术文档的使用率达到 25%。

作为企业的有形知识仓库重要组成部分的相关技术文档，对于企业实施新产品计划有着极为重要的意义。技术文档包括对一些事实的描述、有关技术的数据参数、行业的技术规范、产品项目执行总结报告及有关科学技术的理论等，它们可以通过物理手段加以存储，在需要的时候可随时调用。企业为了提高积累文档的效率，增加文档积累量，可以设立专门的技术情报和技术档案部门，负责收集、整理、储存相关的文档，供企业有关部门和人员调阅。

5. 通过总结失败教训的隐性知识外显化方法

（1）失败教训中包含有内容更多、层次更深的知识。隐性知识外显化的内容不仅是成功的经验，更多的是失败的教训。有统计显示，当今世界，每 60 分钟就能产生 101 个新专利申请，每一天就能有 2265 个新企业开张。但是，一天之内也有超过 2131 家企业会停止营业或申请破产。

智者千虑，必有一失。任何企业，不论是声名显赫的大企业还是名不见经传的小企业，要想做到永远不败是不可能的。“前事之不忘，后事之师”“前车之覆轨，后车之明鉴”。借鉴企业失败的案例，能够给创业者或如日中天的企业以警示。

失败教训中的知识价值更高。成功的案例并不意味着我们用同样的方法，做同样的事，就能获得同样的成功。所以，知道“如何做”并不具备真正的价值。而从失败的经验中学习，知道了“为什么”，知道了别人失败的原因，却能避免自己将来遭遇同样的失败。

（2）失败信息知识化的机制。隐性知识外显化需要把失败信息上升为理论知识。失败是有成长力的，小事不处理，就会变成大事。失败是可以预测的，在重大失败发生之前一定有一些预兆。人类致命失败不断重演的原因是，人们总是把失败当成可耻的事情而尽力隐瞒。为此，将失败信息知识化非常有必要。这种机制能将失败的过程与事后的经验传达给所有的员工，使员工认识到，每个人都有义务共享与记录失败的教训，这非常有利于防止失败的再度发生。在组织中培养正确接纳错误的文化可以让团队或工作小组定期聚集，讨论问题，对补救措施和今后的行动进行集体评议。这种思考型团队过去被称为质量循环小组或行动学习小组。

著名的劳工灾害 Haendich 法则提到，1 件重大灾害的背后，有 29 件轻灾害，其背后更有 300 件没有造成伤害但令人后怕的事件发生。将失败的信息加以知识化的机制能将失败的过程与事后的教训传达给所有的员工，其前提是，企业的所有成员都有虚心学习的精神，不嘲笑将失败教训传达出来的员工，更不进行秋后算账。失败的员工不仅要清楚地描述失败原因，而且还要描述当时的情景及决策过程，使这些知识成为知识数据库的一部分，并长期保存下来，帮助其他员工有效避免再度失败。

美国达特茅斯学院的教授芬克尔斯坦在教授管理学时，没有把如何模仿成功企业的管理模式作为经典教学内容，而是把眼光瞄准了最差企业和企业失败的教训。芬克尔斯坦认为，学习成功经验的最好方法是从研究失败的教训中获得。

（3）错误越多人越能进步。美国管理学大师彼得·德鲁克认为，无论是谁、做什么工作，都是在尝试错误中学会的，错误越多，人越能进步，因为他能从中学到许多经验。他还认为，没有犯过错的人，绝对不能将他升为主管，因为没有犯过错的人容易倾向于得过且过的敷衍办事态度，更糟的是他并不知道怎么在早期发现错误，并很快地修正他的做事方法。

因此，企业的对策是：第一，企业应该有一定的肚量，在一定范围内容忍员工出错，相信谁都不愿意犯错，只要他们不是故意犯错或是多次犯错，他们的这种出错是可以累积成工作经验的；第二，企业应该将这种员工出错的教训累积成册发给大家参考，因为这种教训的获得，企业是付出了相当大的代价的，如果大家能从这些教训中学到一点东西的话，犯同样过错的机会将降低许多，公司的付出才值得。如果是每一个人都要有亲身做错的经历才能学到东西的话，那么企业要付出的代价未免太大了。

6. 员工隐性知识外显化方法的注意要点和问题

（1）员工隐性知识外化方法的注意要点。

①隐性知识的表达往往需要依靠不同岗位人员在适当场合中的脑力激荡。

②要有明确的知识管理组织，并要求有关人员对隐性知识外化工作负明确的责任。

③要有明确的制度和激励机制，鼓励员工的显性知识获取，鼓励员工写下自己了解的东西并存入知识仓库。

④要有支持隐性知识外显化的文化，使个人和群体都知道隐性知识外显化的价值。

⑤知识的背景知识很重要。兵法上的战略会有很多自相矛盾的地方，这边讲“置之死地而后生”，那边说“沉水入火，自取灭亡”；这边讲“归师勿掩，穷寇勿追”，那边说“宜将剩勇追穷寇”；这边说“坐山观虎斗”“渔翁得利”，那边讲“敢不策驰，敬寻后尘”，这些都是相矛盾的。因为这里有它的使用条件、前提条件和边界条件。

⑥隐性知识外显化并非万能。不是所有的隐性知识都能转化为显性知识。对于难以获取的隐性知识最好以知识交流的方式交流。例如，优秀销售人员的丰富销售经验可以通过由本人讲述，或通过师傅带徒弟的方式传播给其他销售人员。又如，许多专家系统难以成功的原因主要是显性知识获取难。领域专家往往不能准确地描述他们解决问题时的推理过程、形象思维和创造性思维过程，特别是推理过程中的直觉、联想、经验和判断等。

（2）员工隐性知识外显化中的问题。

①知识交流和知识保密的关系问题，即知识保密措施的适当性。出于保护企业机密不被竞争对手轻易拿走的原因，企业对自己内部的关键性知识有严格的保密措施，这是必要的。但如果在企业内部相互间过度保密，那将对知识的交流产生危害，得不偿失。

在以知识应用和创新为中心的知识管理中，知识保密可能会被弱化。毕竟，在一层层的保密措施限制之下，知识应用所能创造的价值也会受到相应的限制。不可否认，在市场竞争环境中企业的某些知识是需要保密的，但是在一个实际运营的企业中，在很多情况下知识保密的范围被人为地扩大了，实际上真正要保密的部分往往只占需要共享部分的十几分之一甚至更少。为了少数需要保密的知识而限制多数需要共享的知识，放弃知识共享所能创造的价值，大多数情况下是舍本逐末。

②个人知识和组织知识的关系问题。不是企业中所有的个人知识都要转化为组织知识，因为转化需要成本，并且并不是所有的隐性知识都能顺利转化。

③合理的人才流动与员工流失的关系问题。一些有价值的隐性知识分别保留在不同员工的大脑中，员工的流失意味着这些知识财富的流失。但是合理的人才流动也是必要的，因为企业不能将所有需要的知识都留在自己的企业中，这需要成本。

理论上，上述关系的处理都可以用一个全成本的优化模型描述和求解，但实际上，隐性知识自身的价值、转化的成本等都很难估算。

创新视点 1

微信模式下的知识共享文化

目前，微信已经成为各个年龄段的人们进行社会交往和娱乐的重要平台，与此同时，微信本身也营造了很好的知识共享文化。

朋友圈：微信的朋友圈是好友之间互相分享各种信息的平台。人们在使用朋友圈的同时，就是在营造一种知识共享的文化。在这个文化之下，人们可以随意地看到自己朋友遇到和看到的新鲜事，同时也可以发表自己遇到的新鲜事。

微信群：微信群一般是由小团体或团队建立的，他们建立微信群是为了知识的共享。可以说，微信群本身就是一个很好的文化共享环境，不同的人能利用该平台上传自己的知识信息。

微信公众平台：微信朋友圈的很多内容都是来自微信公众平台。人们可以根据自己的兴趣关注不同的微信公众平台。公众平台会定期或者不定期发布一些和主题相关的知识信息，关注者不仅可以观看，还可以自行发问以获取更多的信息。目前也有很多的微信课堂，在微信课堂里老师可以发布信息，学生可以匿名或者实名向老师提问、查看作业、推荐书籍等。这都是知识共享文化的重要体现。

四、隐性知识管理的障碍识别

隐性知识存在于隐性知识所有者的潜在素质当中，因此隐性知识共享受到人们价值观念、心理和文化的多重影响。

1. 隐性知识本性造成的障碍

客观上讲，隐性知识本性造成的障碍一方面是由于隐性知识非格式化的表现形式，另一方面源于其产生过程中的路径依赖性，这两方面的原因促使隐性知识在识别与传播上存在极大的障碍，在一定程度上使隐性知识只能依附于产生它的载体。

2. 知识提供方对于隐性知识的垄断性

组织或企业整体作为一个隐性知识载体，隐性知识的多寡、利用率和收益是对称的，然而对于组成企业的个体和部门来讲，隐性知识的外延与内核的模糊特性使分散的载体在创造、传播、利用隐性知识过程中具有外溢性，付出的努力及由此为企业所带来的效益很难测量。一旦隐性知识转化为显性知识后，个体将不再垄断占有隐性知识，由隐性知识产生的个体优势也将不复存在，如果没有得到一定的补偿，自己为挖掘获取隐性知识所耗费的时间、精力将是不经济的。隐性知识的所有权意味着利益，相关主体通常希望延长这种垄断状态，在没有相应的补偿措施的情况下，相关主体很难有积极性去挖掘、整理、总结隐性知识，更不可能将其编码、显性化以便快速传播。管理者对隐性知识的“生产性”认识不足及“计件工资”“计时工资”等单一的任务、定额考核、导向型的激励制度显然无法消除主体的顾虑，适应隐性知识开发、传播的需要。

在一个人的狭隘的意识中，一个高明的厨师可能不会轻易地把他的厨艺传授给别人。因为他知道，一旦他的厨艺传授给别人以后，他就会多一个竞争对手，如果徒弟的水平超过了师傅，对于师傅来说就是一种风险，酒楼可能把他解雇，改请他的徒弟。如果他的厨艺在社会上流传开来，酒楼的顾客就会减少，厨师的收入也要相应减少。从这个简单的事例就可以看出，隐性知识拥有者出于对所有权、特权地位、优势地位等方面的考虑，不会主动传播知识，特别是当他的知识来之不易，而又能给他带来经济或社会收益的时候更是如此。因此，员工往往不愿将自己的知识与他人共享，或者不愿意提供时间与资源以支持知识的传播。为了保护个人利益，人们往往限制知识进入公共传播领域，或控制知识的传播与共享。

3. 知识接受方的情绪抵触

隐性知识传播不畅一方面是因为其表现形式的独特性和产生的路径依赖性，另一方面在于我们忽视了对影响其识别、传播的参与方等相关主体的研究。隐性知识作为一种广义信息，在不同主体间顺利流动传播受授受双方的心理位势和主观努力影响，双方在认知能力、知识结构、语言表达、心理期待等方面的“距离”是造成识别与传播障碍的重要因素。

在使用新知识的过程中，知识接受者不愿接纳来自外部的知识，这将导致接受者故意拖延、被动应付、虚假接受、暗地破坏或公然反抗等行为的发生，这是人们所共知的。

知识接受者不能充分、有效地利用外部知识与其缺乏知识吸收能力有直接关系。缺乏相应的知识吸收能力将制约企业内各部门对相关知识的吸收，知识转移初始困难将会成为中止知识转移与共享的借口，并使组织返回到原先的状态中去。

4. 知识提供方与接受方之间缺乏信用

根据达文波特的看法，相互信任是任何交易的灵魂，知识转化的基础是信用而不是金钱。信用体系缺乏也是隐性知识共享困难的原因之一。知识共享的困难，原因在于信息一般是客观事实，而知识则强调联系或关系，是主观的。每一个员工的经验、对事物的认识及其世界观、价值观都是不同的，他们对知识的意义、价值和使用进行评价，得出的看法也是不一样的。

5. 隐性知识共享受组织体制的制约

隐性知识只能意会不能言传，它的传播范围非常有限，只有在实际工作的直接接触中才能得到，往往很难从书本上直接得到。但在传统的机构设置下，员工之间相应接触和交流的机会较少，无法实现面对面的经常性的、深度的互动式交流。每个人的工作被组织限定在狭窄的范围里，按照管理者的安排进行工作，无法突破岗位对个人的约束。企业的制度越完善，员工的工作就越机械化、越细化，长期被制度约束的员工，其工作能力和思维方式被禁锢在一个小圈子里，这对于隐性知识的共享造成很大的障碍。

五、促进隐性知识管理的措施

1. 识别和获取组织中的隐性知识

德鲁克对隐性知识做了相关阐述，他认为隐性知识只能被演示来证明它的存在，学习这种技能的唯一方法是领悟和练习。根据载体本身对隐性知识描述对象的认知程度及隐性知识的外显程度，结合其形成过程，我们可将隐性知识分为表象、灰色、白化三类。表象的隐性知识是指行业已存在，但作为创造、使用隐性知识的主体本身，对于它的认识并不深刻，甚至完全停留在感性的层次上。它确实存在并给组织带来与众不同的业绩，人们对它的了解识别停留在场景、经验、操作模仿上。白化的隐性知识是相关主体在实践基础上通过理性分析，对隐性知识所描述的客观事物的运作规律实现了真理性的认识，通常这种隐性知识以比较系统的、结构化的方式存在于隐性知识载体的逻辑、知识体系之中，对于主体来讲实现隐性知识的显性转化已相对简单，只需稍加整理即可实现编码，它是一种具有专利性质的技能、诀窍、技术、方法。而灰色隐性知识则是介于以上两者之间的一种状态，也是最普遍的情况，对于隐性知识描述的客体对象，一定主体对其发生、运作机理的认识只是部分的或零散的，还没有形成体系，处在一种逐步摸索、完善、考证的过程之中。在实践过程中，随着认知程度的不同，在识别、学习、获取方式的选取上也应有所不同。

首先，对于表象隐性知识，我们应着力从隐性知识主体的经历、习惯、价值取向及其工作的场景中现场去领悟、搜索隐性知识暗含的机理，现场观察、体验、重复实验通常是获取这类隐性知识的可选的主要途径，人群实验是在此阶段可用的一种获取方法，人群实验的典型表现是基于一定场景的角色扮演，其核心思想是构建一个特定的实验环境，通过受控组和实验组在该环境下行为的比较研究，观察和分析事物内在的规律，从而发现隐性知识的内容。它是偏重于心理学和行为科学的方法，因为在隐性知识形成的早期阶段涉及很多道德、心理和物质的因素，通常不太可能量化地准确描述。

其次，对处于白化阶段的隐性知识，由于已在一定主体“脑海”形成了一定体系，识别与获取需要在主体的积极参与下，通过对隐性知识体系中存在的一些有待证实的规律进行事实统计、相关性分析、因果判断、提炼定型，并让主体试着将其通过一定的方式表达出来。在此阶段可采用人机辅助实验加速隐性知识的提炼，以计算机为手段运用系统仿真的思想，低成本地发现问题和隐性知识的内核，通常情况下挖掘人和组织系统暗含的知识的挖掘可采用这种方式。

最后，对于处于灰色状态的隐性知识，由于相关主体对其把握在很大程度上并未形成主观意识上的完整体系，其本身需要进一步积累、领悟，所以对这类隐性知识，识别与获取工作的重要内容是，为相关主体提供相对宽松的业绩考核标准，以便其在无失败顾虑的情况下摸索、完善主观性的判断体系，获取途径则应采用现场观摩、实验法、传帮带并辅之以统计等方法。例如在训练场所，公司依靠熟练员工演示的方式培训新雇员，通过注意、观察、领悟熟练员工的工作言语、技巧等心智活动，加速隐性知识的交流与转化。公司也可以将拥有特殊知识与能力的员工组成各种项目组、团队，让他们在互动、交流、工作中彼此启发、促进隐性知识的挖掘、获取和传播。在隐性知识的创造过程中，团队成员间的一种包含默认的和熟练技巧的知识的行为习惯制度性地发挥着重要的推动作用。

2. 建立有利于隐性知识共享的人力资源管理机制

（1）通过培训，提高员工知识吸纳能力。培训是一种从内部提升知识学习、吸收、共享能力的办法。为了使员工能与工作需求同步成长，目前很多国际知名的大公司都有完善的培训计划。一方面，灵活运用管理咨询公司举办的公开研讨班；另一方面，选定重点主题，在企业内部针对全体主管甚至全体员工进行培训。通过课堂学习与互动，增加知识存量，完善知识结构，增强员工知识吸纳能力，促进知识共享。数字经济时代，加速数字化人才发展的破局之道是以用户为中心，激活员工成长的思维模式，链接工作场景和职业生涯发展，充分应用数字化技术，打造开放、共享的人才发展新环境。数字化人才培养的挑战对企业学习与发展体系提出了“系统升级”的要求，越来越多的企业也开始关注人才发展体系重塑的问题。

（2）有效激励，促进隐性知识共享。存在于个人头脑中的隐性知识被认为是个人价值的体现，而且这些知识与其在公司中的地位和待遇紧密联结在一起。通常企业员工用自己所掌握而别人尚未掌握的知识来体现自身价值，不愿意与其他人共享知识。同时，隐性知识的形成，是个人的经验、对事物的感悟和深层次的理解等方面的长期积累和创造，是投入了巨大成本的。员工在知识共享问题上，会对垄断利益与补偿利益进行比较，选择其中的高额者。为了保障知识拥有者的利益，企业就应制定相应的补偿制度，并且使补偿额度高于垄断利益，用利益来驱动隐性知识的共享。

3. 建立有利于隐性知识共享的组织结构

（1）创建学习型组织。传统企业的组织结构，是按照刚性管理的要求设计实施的，企业内部的沟通有着很难跨越的层级鸿沟。这种组织模式阻断了员工之间的交流，给隐性知识的共享设置了障碍。而"学习型组织"是激励员工通过组织的学习，不断获得知识资源，更新知识和创造知识的组织结构，它提倡的是组织的学习和交流，充分发挥知识团队的高效率组织结构，为挖掘、交流和共享隐性知识创造了条件，它使企业的各层次员工在组织学习中面对面地相互交流，通过这种交流，把属于个人拥有或未被认识的隐性知识发掘出来，并在组织中传递和转移，从而达到隐性知识共享的目的。

圣吉在《第五项修炼》一书中，指出了系统思考、自我超越、改善心智模式、共同愿景和团体学习五项修炼。通过五项修炼的不断深入，带动员工的深层学习，不仅员工个人得到快速的发展，而且员工能够以更开放的心态改善心智模式，达到有效沟通，促进团队的协作，更重要的是员工可以系统地了解整个企业的运作，加深对企业目标的理解，同时厘清自己的真心追求，与企业协同发展，借助集体的力量共享成长的喜悦。当大家都能以共同的愿景来指引行为，管理中的问题就会迎刃而解。

（2）设立知识主管。为了更好地进行组织内部的知识共享与管理，自

20 世纪 90 年代以来，一些国际企业出现了企业高级管理职位——首席知识官（CKO)。CKO 负责企业内外部知识的管理、培养企业创新能力和集体的创造力。一个企业的知识主管在公司的运营过程与组织职能架构分配中，主要担任知识设计师、技术专家、环境营造者、知识中介者及知识创新的催化剂角色。就其职能而言，主要有以下两个方面：①创设知识管理的基本框架；②组织实施知识管理工作。

知识管理对企业来说是一个很新的课题，而 CKO 们则乐于将自己的角色戏称为“设计师”，他们需要就知识（显性知识与隐性知识等）的分类、基于知识的工作体系、与知识密集型业务相关的管理过程、保护知识和防止外溢等问题，从组织机制和技术手段等方面提出相应对策，加强隐性知识集成，激发知识创新，促进知识共享。CKO 的设立有利于促进企业内部隐性知识的交流与共享。

（3）组建项目团队。项目团队由为完成某项任务而集合起来的不同工作领域的员工组成。项目团队在新产品开发中担当着核心角色，它为员工提供了一个隐性知识共享的环境，使他们能够相互交流、不断对话、促进反思。团队成员通过对话和讨论激发新的观点，将各自的信息存储在一起，并从不同的角度进行审视。最后将不同的见解统一起来，形成新的集体智慧。项目团队有助于在员工中形成一个“共同认知基础”，有助于员工从多个角度理解企业的业务，使企业内的隐性知识更容易传播与共享。

4. 建立有利于隐性知识共享的企业文化

（1）创建以人为本的企业文化。隐性知识是以员工个人为基础的，所以应从人本角度出发，建立有利于知识共享的企业文化氛围，由文化驱动知识的共享和创新。例如，通过不定期召开小范围的员工交流会、鼓励不固定的员工协作关系、促成企业家庭式的信息交流气氛、鼓励员工非工作接触关系等具体方法，来创立开放、灵活、共享的环境，使员工在非常轻松的环境中解决问题和共享知识。

（2）建立相互信任的企业文化。人与人之间的交往和沟通、知识的交流和转移以相互信任为基础，一个普遍交往的社会要比相互间缺乏信任的社会更有效率，信任是社会生活的润滑剂。而知识有效转移的前提条件就是知识转移的双方必须相互信任，尤其是隐性知识，它很难通过正式的网络进行有效的转移，而只有通过紧密的、值得信赖的和持续的直接交流等非正式网络才能实现。但是，由于我国传统文化的影响，除血缘关系外，人与人之间的信任度比较低，因此，需要在组织中建立新型的组织文化，创建以信任为基础的企业文化，由文化驱动知识的共享。鼓励员工的非工作关系，促成组织家庭似的信息交流气氛，从而创立开放、灵活、共享的环境。

5. 为隐性知识创新提供一个合适的环境

隐性知识创新需要一种环境来进行，这就是隐性知识的环境依赖性。知识创新的环境依赖性用野中郁次郎的概念表述，则是“场（Ba）”。创造一个环境，知识就会自然地冒出来。“场”是知识分享、创造和使用的环境，根据所支持知识转换类型的不同，把“场”分为四种类型，即创始场、对话场、系统化场、练习场。个人隐性知识是组织知识创造的起点，而个人隐性知识向组织显性知识的转化是组织知识创造的关键，在知识创造过程中可以运用暗号、隐喻、类比、模型将存在于整个组织中有价值的隐性知识转化为容易传播的显性知识。

6. 发挥人际网络在隐性知识管理中的作用

20 世纪 50 年代，情报学者就已经发现科学家中有三分之一的科学情报都是通过非正式渠道传递的。Carson 在调查美国国防部的 600 名工程师后也发现工程师所需的科学知识大约有 30% 来自口头交流。研究表明，个人更愿意向与他们有着私人关系的人寻求信息。

管理学家很早就认识到社会网络是知识获取、知识转移和共享的重要路径和平台，因此十分重视组织内的人际关系对于知识管理的影响。20 世纪 90 年代新兴的技术使得管理者更加关注信息系统和数据库，但是在实践中发现。信息技术应用远没有解决知识共享中的问题，研究者不得不重新审视个人社会关系的价值。Parker 和 Cross 等人认为，社会关系是组织信息环境的重要组成部分。同时也是人们了解、接触和获取所需信息和知识的必要渠道，人们必须对社会网络和人际关系给予重视。研究表明经理们三分之二的信息和知识来自面对面的会议和交谈，只有三分之一来自文件。社会网络是主体获取信息、资源、社会支持以识别与利用机会的结构，它由联结行动者或节点的一系列社会关系组成，其中相对稳定的关系模式构成了社会结构。社会网络分析不仅是一种新型的行为科学研究方法，还是一种可以普遍应用的、潜在的组织诊断工具。而对于隐性知识来说，共享、转移、利用、创新对社会网络的依赖更大。

创新视点 2

麦肯锡咨询公司的知识人格化战略

麦肯锡公司（McKinsey & Company）是全球最有名的专业管理咨询公司之一。事实上，麦肯锡不仅为世界各地的企业带来知识，其自身的知识管理也为全世界的企业树立了典范。麦肯锡公司成立于 1926 年，以创建人詹姆斯·麦肯锡（James O'McKinsey）而得名，以麦肯锡的继任者马文·鲍尔（Marvin Bower）而成功。鲍尔提出，必须提供给客户超过合同之外的其他的超值服务，包括解决问题的能力、方法、经验、技术、独立性或立场，从而赢得客户的真正信任。

在麦肯锡公司的发展过程中，公司一直十分重视知识管理。这是麦肯锡公司成功的秘诀之一。公司认为，为了解决一些复杂的问题或在全球范围内发现并把握潜在的机会，需要更多不同的知识。一些知识是可以被编码化，进而被直接应用的。但是，大多数知识，尤其是那些对高层管理最为有价值的知识，往往存在于人们的头脑中，所以，公司要发掘、利用好这部分知识。

为此，麦肯锡公司努力在公司上下推行人格化知识管理战略。它把知识管理的重点放在隐性知识的发掘、传播和利用上。尽管公司内很多咨询专家在工作中发展起来的许多富有创造性的见解和思想都已成文，并发表在如《哈佛商业评论》这种影响广泛的学术性报刊上。甚至还有一些畅销著作出版，但是，相对于公司内大量有价值的经验和学术思想而言，这些已成文流传的论文不过是“冰山一角”。更多的知识和经验是作为隐性知识存在于专家们的头脑中的，并没有被整理成文。针对这种情况，麦肯锡公司通过多种途径来培育人际网络（或知识网络），促进人员的知识交流与传播，包括员工岗位轮换、倡导立即回复同事电话的企业文化、建立专家目录、在公司内使用“咨询经理”来帮助项目团队等。麦肯锡公司同时也建立了电子文档系统（知识资源指南），但其目的不是提供知识对象，而是让员工通过查询相关文档迅速掌握特定领域的相关知识，并由此了解公司内部谁曾经从事过这一主题研究，然后直接与其联系。

资料来源：钱军，周海炜 . 知识管理案例 [M]. 南京：东南大学出版社，2003：57-66.

第三节 团队隐性知识管理

隐性知识由于其难以言传、与所有者不可分离的特性，这种知识的共享和转移项目团队为项目组成员提供了一种密切的沟通、交流环境，这种环境是隐性知识管理的重要因素，可以为组织学习提供一个承上（企业整体）启下（团队成员）的桥梁，使个人隐性知识转化为组织显性知识。对公司行为而言，内部员工是以团队和部门等行为进行组织的，无论这种有组织团队和部门是否具有预期的功能并影响到整个团队的表现。团队的形成对公司绩效有着最为显著的影响，因此它已成为现今快速变化的企业中的关键因素。

彼得·德鲁克预测，知识工人是组成新经济的个体，在这种新经济中硬通货是知识。目前关于知识管理理论的研究主要是关于显性知识的管理问题，然而显性知识仅仅代表了知识整体的冰山一角，而隐性知识则占据冰山的大部分。加强对隐性知识管理的研究是进一步深化知识管理研究的需要，隐性知识难以言传、与所有者不可分离的特性决定了这种知识的共享、创新需要知识所有者亲自参与整个知识过程，而项目团队是知识工作者密切合作的场所。波音公司在开发 777 客机过程中，先后组建了 235 个团队以完成产品不同部分的研发工作，IBM、GE、AT&T、Apple Inc、Google、Tesla 等大公司所拥有的团队均达到上百个，正如圣吉所言，因为现代组织的基本学习单位是团队而不是个人，团队学习是极为重要的。这里是“皮之不存，毛将焉附”的关系，没有团队学习，就没有组织学习。

一、项目团队中的隐性知识

达文波特在《营运知识》一书中提道，知识是如此难以捉摸的概念，因此有必要进一步说明其重要组成部分。团队中的隐性知识有多种形态，并且以不同的方式存在于团队之中。

1. 项目团队隐性知识不同视角的分类

项目团队隐性知识从不同视角可以有不同的分类方式，具体而言，项目团队隐性知识的分类如下所述。

隐性知识是在不同主体之间互动着的，根据隐性知识主体即知识互动主体可以对隐性知识进行分层，具体可以分为四个层次：一是员工个体拥有的隐性知识；二是团队拥有的隐性知识；三是部门拥有的隐性知识；四是企业拥有的隐性知识。

从项目管理运作过程来看，项目管理中的隐性知识主要分布在如下几个过程之中：项目前期阶段、项目计划阶段、实施过程阶段、验收移交阶段。因而，相应的项目团队中的知识就可以被划分为：项目前期阶段知识、项目计划阶段知识、实施过程知识、验收移交阶段知识。

按照项目管理中所产生的知识的技术特性可将隐性知识分为如下几类：一是技术方面的隐性知识，它包括那些非正式的难以表达的技能、技巧和诀窍；二是管理方面的知识，它包括一般的管理知识和项目管理所特有的知识；三是社会关系方面的知识，包括团队协作的经验、技巧；四是认知方面的隐性知识，它包括心智模式、信念、价值观，这些认识方面的隐性知识反映了我们对现实及对未来的看法。

2. 按项目团队隐性知识的隐性程度分类

项目团队组织层面隐性知识的隐性程度并不是一成不变的，而是一个动态发展的知识形态，随着时间的推移、特定事件的激发、相互之间的沟通而越来越明晰化和显性化。一个项目团队的运作过程中所产生的知识总是有一部分可以逐步明晰化，最终形成了成形的结果性知识，如项目的最终产品或者在项目中积累的社会关系网络；还有一部分知识存在于隐性的状态中，它可能为团队成员彼此意会，但由于没有显性化，无法为其他人所共享，甚至随着团队的解散可能会消失。这部分知识主要是在项目团队运作过程中的过程性知识，如知识发生过程和团队管理过程的知识。项目团队中所产生知识的示意图如图 3-9 所示。

在图 3-9 中，项目中产生的知识主要可分两类：一是结果性知识；二是过程性知识。企业往往较重视团队中产生的结果性知识，而对过程性知识重视不够。其实，结果性的知识只是项目团队所产生知识的较小部分，更大部分知识属于过程性知识。

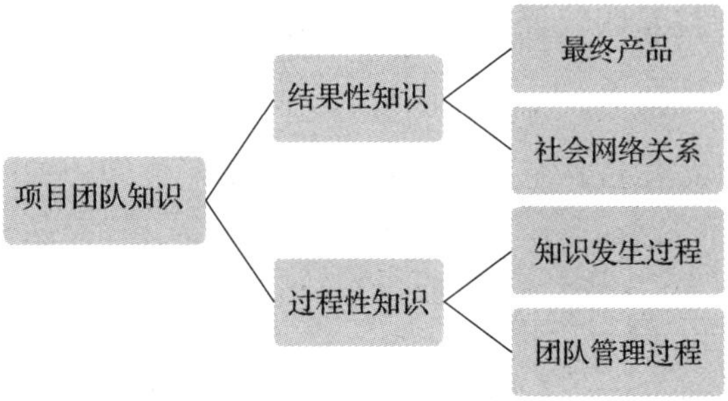

图 3-9　项目团队中所产生知识的示意图

过程性知识是“知道如何”的知识。以行动为基础是它的特征，只有在行动中才能更好学习的知识。我们常说，不论在岸上学游泳学得多么正规和熟练，到了水里也不会游泳，不论看了多少管理的书籍，不在具体项目中锤炼，也是无法成长起来的。

（1）结果性知识。最终结果性知识相对于过程性知识而言，更为明晰化。但这种知识并不是一开始就是相对显性化的知识，而是在整个项目的发展过程中逐步明晰化的。最终结果性知识主要可分为两类。一是最终产品所包含的知识。最终产品可以是一个产品，可以是一项服务，也可以是一份报告。不同项目团队所产生的最终产品不同，例如，咨询团队中的最终产品是咨询报告，科研团队的最终产品是一项科研成果，研发团队的最终产品是一项研发成果，建筑团队的最终产品是一项房地产项目。但不论项目团队的最终产品是什么，在这一项产品中都体现着知识，这一项产品是项目团队成员隐性知识通过相互沟通、协作而碰撞出来、逐步显性化的知识产品。二是社会网络关系性知识。一个团队的成功不仅在于它成功地完成了任务，即任务性成功，而且还在于在整个项目的运作过程中，参与项目的团队成员建立了彼此的联系、熟悉彼此精通的领域、积累了与团队其他成员相处的方式，即社会性成功，也就是关系的价值。

团队成员在项目中获得的价值除了因完成项目任务而得到奖励和在项目中得到知识的增长和积累外，更重要的是在团队中结识了不同的项目成员，逐步与他人建立良好的网络关系，大家由最初的不认识、不熟悉到相互深入了解、关系密切，这种社会网络关系对团队成员日后的合作和知识共享有重要作用。

（2）过程性知识。过程性知识是在整个团队运作过程中产生的知识，这种知识相对于结果性知识而言更具有隐性的特点，而且也往往是团队运作中不为人们所重视的知识。然而这种知识对整个团队运作和对整个公司知识的积累、共享、创造却有着重要作用。这种过程性知识如果不加以追踪并及时地总结，就会随着时间流逝而被人们淡忘。过程性知识主要包括以下两种。

一是知识发生过程性知识。对每个团队来说，都有它的业务流程，或工作流程。在工作或业务活动中，人们总是在使用和处理知识，知识本身也形成流程，知识流程与工作流程是有联系的。公司知识流程诠释了团队中知识发生、发展的过程，这种过程说明了团队知识的发生、发展过程，对其他团队也具有十分重要的借鉴意义。知识流相对而言难以把握，但随着信息技术的发展，对知识流加以追踪变得相对可行。

二是团队管理过程性知识。团队管理是一门艺术，在这一过程中有许多可供借鉴的管理经验。及时地总结以提高项目团队中知识管理的效率对项目团队管理是十分必要的。

项目团队中过程性知识不是一成不变的，一项曾经成功的管理可能会成为阻碍企业进一步发展的绊脚石。要及时地根据周围环境的变化在管理上做出改变。事实上，学习过程增加了以前经验的收益，并且使一个组织、一家企业或者一个社会不断地继续使用这样的一个生产流程或技术，即使这项技术和流程过时了，也不会放弃它。

二、项目团队隐性知识的特征

1. 项目团队隐性知识围绕项目任务不断创新和积累

项目团队有具体明确的项目任务，项目团队隐性知识是在完成项目任务过程中共享、创新和积累，并随着项目的进程而不断明晰化。项目团队为人们提供了一种沟通和协作的良好环境。在项目团队中，人们为解决项目任务而合作，相互之间进行沟通和协作。这样的一种环境使项目团队成员的隐性知识得到不同程度的增长，有利于项目团队成员共享、创新和积累隐性知识。

俗话说："拳不离手，曲不离口。"个人的隐性知识只有在使用的过程中才能被激活，隐性知识的所有者需要经常使用和挖掘自己的隐性知识。往往我们意识不到自己所拥有的隐性知识，但在我们解决某个问题、完成某项任务的过程中，就会促使自己思考，在思考的过程中就挖掘到那隐藏至深，甚至连自己也意识不到的隐性知识，并且使这种隐性知识逐步明晰化，逐步转化为显性知识。

项目团队任务不仅有利于激发个人隐性知识并使其明晰化，而且在完成项目任务的过程中，项目团队成员之间必须进行沟通，把自己的所知、所思与对方交流，促进相互之间思想的碰撞，在相互交流中促进彼此的思索，进而共享和创新隐性知识，完成项目任务。

2. 项目团队隐性知识是多职能部门合作的结果

项目团队的组建将使各部门成员相互合作，在合作的过程中进行隐性知识的共享、创新。随着企业职能部门的分化，各部门各自为政，相互之间的沟通和交流减少，甚至彼此没有共同语言。组建跨职能部门，既可以使不同职能背景、不同技能的员工增进了解，又可以在相互碰撞中实现知识的创新。

3. 项目团队中的 Know-who 知识

在项目团队运作过程中，成员不仅积累了 Know-how 的知识，而且还积累了 Know-who 的知识，了解在团队中工作的其他成员的所拥有的知识、技能，为以后工作中的合作和求教打下基础。

在项目团队中，来自不同部门，甚至不同公司的员工彼此合作，在合作中不仅完成了项目任务，而且彼此更加深入地了解和相互熟悉，这种深入地了解对日后的工作和进一步沟通、交往有重要作用。在谈论组织的隐性知识时，不仅指的是组织中各种成形文档、管理惯例、价值观等，还包括在组织中人们之间形成的关系网络，这种网络对企业知识管理尤其是隐性知识的管理尤为重要。

三、项目团队中隐性知识管理

1. 项目团队中“Know-who”知识的积累

在 OECD 的关于知识的四种分类方法中，“ Know-who”属于隐性知识，它涉及知识群体，从一个群体中获取知识更加复杂，因为这种分散在个体的知识或许是一个分布的网络。或许在过去的某个时刻这一知识网络已不复存在，甚至一开始人们并不知道它是一个知识网络。企业知识管理不仅是对知识的管理，不可忽视的还有对企业中拥有知识的人员进行管理，即明确知道企业中谁有什么样的知识，怎样与之联系等。

在项目团队的运作中，“ Know-who”不仅是知道了某个人，而且通过与这个人的沟通和协作，还深刻地了解这个人所拥有的知识领域、对某知识领域的掌握程度等。

在项目运作过程中，人们之间都汇集诸多关系，例如，来自不同职能部门员工之间、本公司员工与其他公司员工之间、公司员工与客户之间、项目团队与参与或为团队提供支持的专家之间，这些关系形成错综复杂的人际关系网络。

一般而言，随着项目的结束，人们之间的关系趋于平淡。而且随着时间的推移，参与项目的人员之间如果没有更多的联系，人们就会慢慢遗忘彼此，因而需要加强对这种知识的管理。

许多企业已建立公司的知识地图，但知识地图却有其制约性的地方。

其一，知识地图所反映的知识只是关于专家基本情况的介绍，而很难具体对这个专家的情况有所说明。其二，人们对一个陌生人的认识总是有限的，简简单单地看到一个人的介绍总是冷冰冰的，无法形成对这个人的深刻印象，而面对面实地交往接触则会形成难以忘记的深刻印象，而且在日后工作中遇到难题时，也会很自然地想到他，并且无障碍地与之沟通和求教。其三，知识地图主要是对本公司专家的介绍和利用，无法获得企业外部有效的知识资源。

“Know-who”系统是建立在项目团队运作基础上的、对知识地图进一步补充的一种设计。该系统的运作思路是，在项目结束后，根据项目参与人员的情况，为公司员工设计一个基于 Internet 平台上的个人知识地图系统。在这个系统上，每个员工把自己在项目运作过程中所结识的专家的情况详细地进行记录，这些记录可以包括专家所熟知的领域、专家的联系方式、专家的个人特点、专家与他人沟通的风格等许多极为细致的方面。这样的记录既有助于员工定期地与其他专家进行联系并就自己感兴趣的话题进行讨论，也有助于公司知识共享、知识管理氛围的形成。这种记录对项目经理而言可能是宝贵的财富，在组建项目班子时，项目经理可以选择那些既有相应技能，又有团队协作意识的成员组成项目班子。

该系统在初期主要是基于个人层面的“Know-who”平台，即员工个人的知识地图系统。当这种平台发展到一定程度，或者到一定时期，公司也可以考虑逐步动员员工开放自己的个人资源，使个人知识地图与企业知识地图相连接，在这种个人的平台上发展完善整个公司的“Know-who”系统。

2. 增加团队成员之间的信任，促使隐性知识的分享和创新

信任是团队组建的基础，也是成功运行的润滑剂。信任建立在对目标的信任、对成员的信任及对运行系统的信任基础之上。一个充满信任感的团队，将更容易形成凝聚力，更容易培养沟通热情，更容易激发成员创新潜力，将以放大性效果驱动团队成员智力资本的增值。绩优团队与众不同的是团队成员之间相互支持、彼此真诚奉献的程度。团队成员之间的信任和密切性既是项目任务完成的有效保障，也是团队隐性知识管理有效开展的前提。知识团队的成员来自不同的专业领域和职能部门，要形成真正良好的氛围，关键在于彼此的信任和团队成员之间的密切关系。

（1）地理位置远近对团队信任和密切关系的影响。团队成员地理位置上的接近对成员之间建立信任关系十分重要。在相对集中的环境下一起工作对团队建设的作用不可忽视。团队成员可以经常交流工作和个人情况，避免“我们”对“他们”及团队分裂成小团体的情况发生。

一般而言，分散和虚拟团队的成员由于地理上是分散的，甚至处于不同时区中，他们很少有机会能够真正坐在一起，很可能彼此以前从未见过。这些团队成员通过电子邮件和电话会议一起工作。如果幸运的话，团队成员可以有几次电视会议，虽然他们能够交换声音，还能够交换图像，但是时间和距离也会影响成员之间的密切性。

而团队在物理上处于同一办公区域，或者至少比较近，就可以经常组织面对面的会议。成员可以在工作时间或非工作时间经常会面，增加彼此“真实”的了解，增强相互之间的信任关系，这一点地理上的分散团队是做不到的。

在组建项目时，这种受地理位置影响的信任也会体现出来。刚刚成立项目团队，团队成员都会有一次大家聚会在一起的情况，不论团队成员是来自一个公司内部不同职能部门还是来自全球不同国家和地区。虽然信息技术已发展到我们足不出户就可以与世界任何角落的同伴进行面对面交谈的程度，但仍旧无法代替人们之间近距离的接触。只有在近距离的接触中，人们才会发展出密切关系，合作才能顺利地开展。

（2）团队内部的沟通和谈话也与团队信任密切相关。在项目团队运作过程中，难免会发生团队成员之间的冲突。发生冲突的原因很多，可能是意见分歧，可能是利益目标的分歧，也可能是角色不清而导致的混乱等。要解决项目团队中的冲突，团队内部的沟通和谈话是一种有效的方式。

当然，沟通和谈话的进行并不是毫无阻碍的。研究表明，如果人们在解决问题时，相互之间能够把心胸打开，进行畅谈，那么组织将会更有效率，但是由于要照顾面子和保护自己文化准则的限制，人们之间进行畅谈是很难的。因而需要采用有效的形式和途径促进成员之间的沟通和交流。

首先，团队经理需要积极倾听。项目团队经理需要与冲突有关的各方进行对话，倾听他们的声音，并通过语言、情感和体态语与之进行交流，弄清楚冲突发生的真正原因。

其次，促进项目团队成员之间的"真诚交谈"与讨论。真诚交谈的理论和方法是由美国杰出量子物理学家鲍姆（D.Bohm）提出来的。鲍姆认为，人的思想是一个集合体，它不但受个人经验的影响，也受环境中人、事、物的影响。思考本身是松散的、不严谨的或不一致的，因此必须学习如何与人、事、物进行交流，真诚交谈不仅是团队学习的有效方式，也是解决冲突的有效手段。

最后，团队不仅需要工作上的沟通，还需要"生活"上的沟通，这可以帮助团队成员建立信任和友情，从而在工作中起到促进作用。可以采用的方法包括：每天与不同的人吃工作午餐或周末组织大家一起吃晚餐；在企业中设置一些可以促进员工交流的场所，例如水吧、小会议室、走廊上的桌椅等；逐步建立开诚布公的良好文化氛围，良好的沟通、交流、工作氛围将对解决团队成员的冲突、促进成员之间的交流有着重要的作用。

随着信息技术的发展，通过信息技术传递信息，分享知识日益成为团队沟通、交流的重要方式。但是面对面的会议沟通对团队成员间信任感的建立、重要阶段的工作调度、重大问题的协商解决是必不可少的。因此，定期的面对面会议与虚拟网络会议的结合使用，将会成为有效过程管理的重要手段。

（3）容忍个性的存在和消除权威的束缚。在项目团队中，知识工作者的个性不可忽视，因为这是他们自尊心的体现。在知识团队中，知识工作者在专业领域存在分工，来自不同的职能部门，甚至来自不同国家和地区的团队成员之间的差异是很大的。这就要求项目团队经理能够容忍不同背景、不同个性的成员，充分调动每个成员的积极性，使他们能够发挥自己的优势。

知识团队管理者的真正价值不在于比下属更知道如何做事，而在于他能够提出正确的问题，帮助大家明确团队及个人的根本任务，并为团队创造良好的氛围，促进每个团队成员有效地完成自己的任务并实现团队的目标。正如彼得·德鲁克所预言的，20 年后的大企业，其组织类型更像是医院或交响乐队，而非典型的制造企业。信息型组织里的“乐手们”都是专家，你不必告诉他们如何去做自己的事情。大概没有几个交响乐团的指挥能用圆号吹奏一支曲子，更不用说给圆号手做示范了，但指挥却可以把圆号手的技巧和知识融进乐队的集体合奏，这种融合是一个信息型企业的领导所必须完成的。

“外行领导内行”是许多知识团队的特征。因此，团队管理者必须充分认可知识工作者的专业特长、知识和技能，避免走靠权力建立权威的老路。靠知识拥有量超过下属而获得权威的方式也不可取，因为这种方式不仅难以奏效，而且得不偿失，无法充分的发挥每一位成员的优势。

（4）逐渐形成团队成员的角色和心理契约。根据团队成员的专长、个性特点和团队任务性质的不同，团队成员在项目中将扮演不同的角色，如创造者、探索者、评价者、推动者、总结者、支持者、控制者、汇报者、联络者等。不同角色依据其在团队中所处的不同位置，承担不同的职责和任务。

一般而言，团队内部角色不是指派的，而是在团队运作过程中慢慢形成的。在角色定位过程中，难免会发生角色冲突。严重的角色冲突甚至阻碍项目团队的有效运转。这就需要管理者有效解决角色之间的冲突，有效引导冲突，尽早形成团队成员之间合理的角色定位。对于知识团队的管理者来说，重要的是关注每个知识工作者性格上的优点，为他们营造一种无风险的心理环境，避免破坏性批评。

项目团队成员之间有效而合理的角色定位需要缔结心理契约来保证。所谓心理契约，是指契约各方能够相互感知、自觉遵守，但不一定明确表达、不被他人所共享的心理协定。

项目团队实质上是一个由团队成员之间心理契约凝聚而成的集体，统计分析表明，对于心理契约来说，最常见并有效的原因有：团队目标有意义、团队氛围充满信任、团队领导人有人格魅力、绩效考评符合团队成员的价值观、培训经常并充分等。

心理契约是团队成员履行其绩效契约的重要保证。为了取得团队绩效，有时需要团队成员做出额外的贡献或者必须做出某种牺牲。这种额外的贡献或局部的牺牲常常事先难以在绩效契约中明确定义，事后也难以在绩效评价中明确界定而予以补偿，而这些只有通过缔结心理契约才能为团队成员所自觉接受。建立心理契约往往更有助于项目任务的完成，心理契约对知识团队的作用如表 3-4 所示。

表 3-4　心理契约对知识团队的作用

统计参数	建立心理契约的团队 /%	没有建立心理契约的团队 /%
明确团队任务与企业战略的关系	93	37
管理部门支持自己的工作	85	38
别人乐于帮助自己	74	16
理解自己对团队的作用和贡献	71	30
能够实现自我监督	60	50
理解个人绩效与团队绩效之间的关系	88	30
愿意和其他团队成员知识共享	60	8
愿意接受公认的纪律约束	52	22
能够做到沟通坦诚，彼此信任	74	11

（续表）

统计参数	建立心理契约的团队 /%	没有建立心理契约的团队 /%
上司真正关心自己	80	60
自己的观点受到重视	75	62
感到自己有价值	89	56
对报酬比较满意	78	62
学到许多新知识或技能	90	51
有职业安全感	80	65
充分发挥了自己的能力	92	43

3. 共同实践群体（CoPs）的设立促进隐性知识的管理

共同实践群体又称为非正式团队，是由感兴趣且热心的人们由于某种相同的利益、观点、社会背景及习惯、准则等原因而自愿聚集在一起。Manville 认为，共同实践群体（Community of Practice，CoP）是一种非正式的组织形式，其成员对同一类问题感兴趣，拥有共同的解决问题方式和一套知识与技能。Seely Brown 则定义共同实践群体在最简单层次上是一小群个体，他们不是正式意义上的团队和工作小组，没有必要获得正式授权，他们有共同的信仰与相关联的知识，他们真正需要的是了解对方拥有的知识。

共同实践群体具有如下特点：第一，由于人与人之间有共同的思想感情，彼此吸引，相互依赖，所以，共同实践群体是自发形成的团体，没有明确的条文；第二，非正式组织最主要的功能是满足个人不同的需要，自觉相互帮助；第三，非正式组织一旦形成，即产生各种行为的规范，控制成员相互的行为，可以促进也可以抵制正式组织目标的达成；第四，非正式组织的领袖并不一定具有较高的地位与权利，他们或是能力较强、经验较多，或是善于体恤别人，具有实际影响力。

实践社群可以有下列几种形式。一是产品与技术类社群。这类社群所关注的是企业某一种特定的产品或技术的创新、开发，常常是由承担研究开发任务的知识工作者提出要求或问题，社群中的专家经过思考提出意见，再在社群集体中讨论或者交换意见，加以丰富充实。二是角色或功能类社群。一般是围绕着某一种角色，如项目经理、培训教师而形成的。参加者是按照职务的指派而参加和退出的，它的功能是帮助所担任的角色出色地完成使命。三是面向产业或市场的某一部门的社群。这是围绕企业当前所关注的市场中的某一个部分而形成的，成员致力于支持这一部门的工作。

许多大型公司鼓励成立共同实践群体以促进企业知识共享。例如，Chevron、Best Buy、HP、Google 等公司，不管其知识管理目标如何，它们都采用了一种共同的知识管理方法——建立 CoP。知识管理主要是通过知识的分享达到价值倍增效应的，而共同实践群体显然是实现知识共享的最直接方法了。

共同实践群体可能受到领导的鼓励和支持，也可能领导并不知道，但活动已在进行。这种形式的组织比较松散，成员随时有进有出，社群的活动以讨论为主，有时候也会采取调查、访问或者请人做报告的形式。成员之间的沟通可以是面对面的聚会，也可以通过互联网，如用电子邮件来互通信息。

在共同实践群体中，员工进行深入的沟通和交流，相互之间进行知识共享，在知识共享过程中相互激发，从而促进新知识的产生。通过共同实践群体这一形式，团队成员与企业中的非团队成员进行沟通和交流，把项目团队所形成的知识转移为企业的知识。不仅如此，在共同实践群体中，也许知识市场中最佳的市场信号蕴藏在组织机构实际运作中的非正式“网络”里，而共同实践群体是这种非正式网络的一种重要形式。在这些网络“节点”上，人们互相询问谁知道什么，谁提供的知识来源可靠并且发挥作用。

创新视点 3

苹果公司的领域专家团队

苹果公司的宗旨是创造和丰富人们日常生活的产品。这不仅包括开发全新的产品类别，如 iPhone 和 iWatch，还包括在这些产品类别内不断地创新。也许没有什么产品功能能比 iPhone 的相机更能体现苹果对持续创新的承诺了，在 2007 年度新产品发布活动上，史蒂夫·乔布斯只花了 6 秒钟的时间介绍相机，此后，iPhone 相机技术持续不断创新：高动态范围成像（2010）、全景照片（2012）、双闪（2013）、光学防抖（2015）、双镜头相机（2016）、人像模式（2016）、人像照明（2017）和夜间模式（2019）。

苹果公司凭借以专业知识为中心的职能型结构，其持续创新的基本信念是在某领域拥有最多专业知识和经验的人应该拥有该领域的决策权。这基于两个想法。第一，在技术变革频繁和高颠覆性的市场竞争中，苹果必须依靠对颠覆性技术有深入理解的人的判断和直觉。早在市场反馈和市场预测之前，公司就必须押注哪些技术和设计可能会在智能手机、电脑等领域取得成功，依靠技术专家而不是总经理，大大增加了投资成功的概率。第二，如果评判投资和领导力的首要标准是短期利润和成本目标，那么苹果给客户提供最好产品的承诺就会打折扣。值得注意的是，高级研发主管的奖金是基于全公司的业绩数字，而不是特定产品的成本或收入。因此，在某种程度上来说，产品决策不受短期财务压力的影响。财务团队不参与工程团队的产品路标（Roadmap）会议，而工程团队不参与定价决策。

我们并不是说苹果公司在决定采用何种技术和产品时没有考虑成本和收入目标。一般公司以总成本和目标价格权衡产品的设计和工程的方法，但苹果公司却不同，研发领导者权衡产品的功能和成本。

2016 年，苹果决定在 iPhone7 Plus 中引入双镜头（Double Lens）拍照模式，相机成本对用户的影响相当大，这是一个巨大的赌注。一位高管告诉我们，资深领导者保罗·胡贝尔（Paul Hubel）发挥了核心作用，“超越了他的滑雪板（Out over his Skis）”，也就是说，他和他的团队正在冒一个极大风险：如果用户不愿意为更好的镜头支付溢价，这个团队下次提出一个昂贵的产品功能特性或升级，其先前建立的用户信誉将很可能所剩无几。双镜头创新成为 iPhone7 Plus 成功的标志性特性，它也成功地提升了胡贝尔和团队的声誉。

当领导者是那些在自己领域有深厚专业知识的人，而不是只对会议数字目标负责的总经理时，就更容易在成本和用户体验的增值之间取得平衡。一般事业部结构的基本原则是责任和成本控制相一致，而单一职能型组织的基本原则是专业知识和决策权相一致。

现在让我们关注建立在单一职能组织结构基础之上的苹果公司领导模式。自从史蒂夫·乔布斯实施了单一职能型组织以来，从高级副总裁到各层级管理者，一直都被要求具备三个关键的领导特质：具有深厚的专业知识（Deep Expertise），能够有意义地参与到各自职能范围内的所有工作中；专注细节（Immersion in the Details）；善于集体合作决策（Willingness to Collaboratively Debate）。当管理者具备这些特质时，最有资格的人就能以适当的方式做出决策。

苹果不是一家由总经理监督管理者的公司，相反，它是一家专家领导专家的公司。其假设前提是，把一个专家培养成管理者比把一个管理者培养成为专家更容易。在苹果，硬件专家管理硬件，软件专家管理软件（偏离这一原则的情况很少），领域专业化这种管理方法深入各层级组织。苹果的领导者相信，在某一领域的世界级人才愿意为该领域的世界级人才工作，并与之共事。这就像加入一个运动队，你可以向最好的球员学习，也可以和最好的球员一起打球。

早期，史蒂夫·乔布斯接受了苹果公司的管理者应该是专业领域的专家的观点。在 1984 年的一次采访中，他说，苹果公司经历了艰辛探索的阶段，我们想走出去，哦，我们要成为一家大公司，让我们雇用专业的管理人员吧。我们雇用了一群专业的管理人员，这根本对公司无用……他们知道如何管理，但他们不知道如何做事。如果你是一个能人，为什么要为一个你无法从他身上学到东西的人工作呢？你知道令人兴奋的事情是什么吗？你知道谁是最好的经理吗？他们是伟大的个体贡献者，从来不想成为一名经理，但决定自己必须成为……因为其他人不会做得像他们一样好。

最近的一个例子就与苹果公司软件应用业务的负责人罗杰·罗斯纳（Roger Rosner）有关，该业务包括诸如文字处理（Pages）、电子表格（Numbers）、演示文稿（Keynote）、作曲（Garage Band））、电影编辑（iMovie）和提供新闻内容的应用（News）等提升工作效率的应用（APPs）。罗斯纳曾在卡耐基梅隆大学学习电子工程，2001 年加入苹果公司担任高级工程经理，后来成为 iWork 应用软件的总监、生产力应用软件的副总裁，2013 年开始担任应用软件副总裁。罗斯纳是专家的典型代表，他以前在几家较小的软件公司担任工程总监，从多年的工作经验中获得了深厚的专业知识。

在单一职能型组织中，专家领导专家意味着专家们在一个特定的领域，创造了一个相互学习的广阔空间。例如，苹果的 600 多名镜头硬件技术专家，组成了一个由镜头专家格雷厄姆·汤森（Graham Townsend）领导的团队。由于 iPhone、iPad、笔记本电脑和台式电脑都有使用镜头，如果苹果公司按各业务单元分割，这些专家将分散在各个产品线中，这将稀释他们的集体专长，降低解决问题、产生和改进创新的能力。

融入苹果公司文化的一条原则是“领导者应该了解其所负责领域内下三阶的细节”，因为这对于高层快速有效地跨职能决策至关重要。如果经理们参加决策会议时没有掌握细节，那么决策要么在没有细节的情况下做出，要么推迟。经理们常常向高层领导讲述他们的战斗故事，而高层则深究电子表格、代码运行或产品测试结果中的细节。

当然，许多公司的领导也坚持认为，他们和团队都专注于细节，但很少有公司能与苹果匹敌。

想想苹果的高层领导是如何极度关注产品圆角的切线形状的。圆角的标准方法是使用圆弧连接一个矩形物体的垂直边，这样会产生从直线到曲线的有点突兀的过渡。相比之下，苹果的领导人坚持使用连续的曲线，这导致了一种被设计界称为“蠕动”（Squiggle）的形状：斜边开始得更快，但不那么突兀，没有曲率突变的硬件产品的优点是它能产生更柔和的高光（也就是说，光线在角落的反射几乎没有跳跃）。两者之间的差别非常微细，执行起来也并非仅仅是一个复杂的数学公式。它要求苹果公司的运营领导必须以极其精确的公差来生产数以百万计的iPhone和其他具有镜面反光的产品。这种对细节的深度专注不仅仅是对低层人员的要求，更是对管理层的核心要求。

拥有各自领域的专家，能够深入钻研细节的领导者，对苹果的运营有着深远的影响。领导者可以推动、探究和“嗅出”一个问题，他们知道哪些细节是重要的，应该把注意力集中在哪里。苹果公司的许多人认为，与领域专家共事和谐融洽，甚至令人兴奋，因为领域专家们能提供比总经理更好的指导，所有人都能在自己选定的领域里努力，做好自己毕生引以为傲的工作。

资料来源：改编自乔尔·M·波多尔尼和马腾·T·汉森，“苹果公司是如何组织创新的？”《哈佛商业评论》，2020年12月。

Big Data Knowledge

第四章

大数据知识

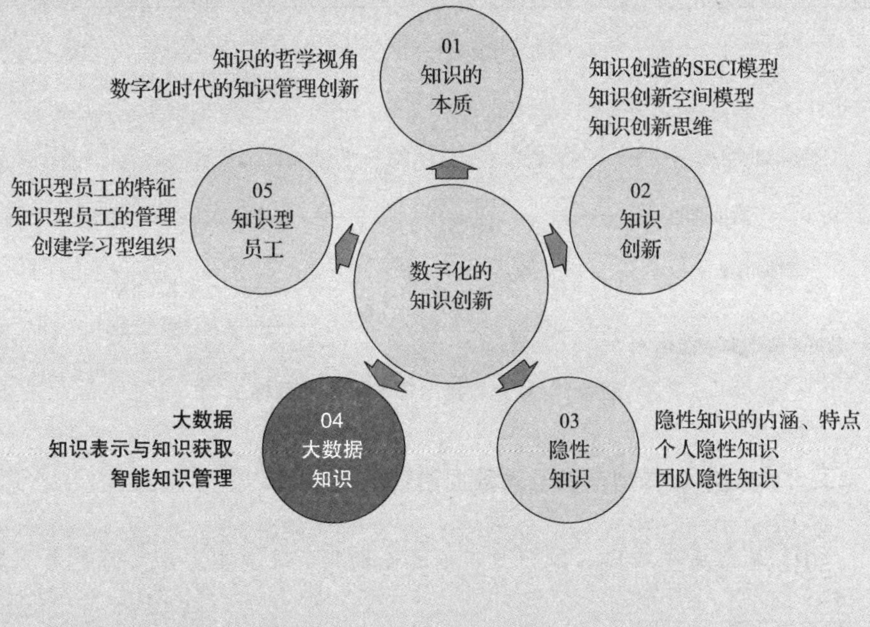

开章
案例

华为数据治理之道

华为公司基于多业务、全球化、分布式管理等业务战略规划，明确了华为数据工作的愿景，即“实现业务感知、互联、智能和 ROADS[①] 体验，支撑华为数字化转型”。华为数据工作的目标为“清洁、透明、智慧数据，使之能卓越运营和有效增长”。为确保数据工作的愿景与目标达成，需要实现数据自动采集、对象 / 规则 / 过程数字化、数据清洁安全共享等特性。华为数据治理的愿景与目标如图 4-1 所示。

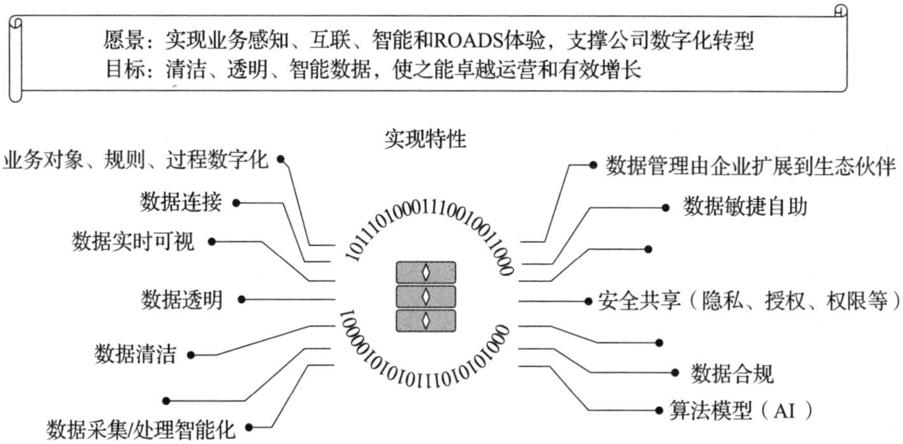

图 4-1　华为数据治理的愿景与目标

1. 华为数字化转型蓝图及对数据治理的要求

2016 年华为变革战略规划，明确要面向用户（企业用户、消费者、员

① ROADS，即实时（Real-time）、按需（On-demand）、全在线（All-online）、服务自助（DIY）和社交化（Social）。

工、合作伙伴、供应商）实现ROADS体验，持续提升效率、效益和客户满意度。明确要用5年时间完成数字化转型，“把数字世界带入每个人、每个家庭、每个组织，构建万物互联的智能世界”。

对内，各业务领域数字化、服务化，打通跨领域的信息节点，达到领先于行业的运营效率。逐步构建以“面向客户做生意”和“基于市场的创新”两个业务流为核心的“端到端”的数字化管理体系。管理方式从定性走向定量，实现数据驱动的高效运作。

对外，对准五类用户的ROADS体验，实现与客户做生意更简单、更高效、更安全，提升客户满意度。华为首先从用户体验的视角表达了对行业的最新判断，并将其总结为ROADS。

2017年，华为基于愿景确定了数字化转型的蓝图和框架，统一规划、分层次开展，最终实现客户交互方式的转变，实现内部运营效率和效益的提升。华为数字化转型蓝图包括五项举措。

举措1：实现“客户交互方式”的转变，用数字化手段做厚、做深客户界面，实现与客户做生意更简单、更高效、更安全，提升客户体验满意度，帮助客户解决问题。

举措2：实现“作战模式”的转变，围绕两大主业物流，以项目为中心，对准一线精兵团队作战，率先实现基于ROADS的体验，达到领先于行业的运营效率。

举措3：实现“平台能力”提供方式的转变，实现关键业务对象的数字化并不断汇聚数据，实现流程数字化和能力服务化，支撑一线作战人员和客户的全连接。

举措4：实现“运营模式”的转变，基于统一的数据底座，实现数字化运营与决策，简化管理，加大对一线人员的授权。

举措5：云化、服务化的IT基础设施和IT应用，统一公司IT平台，同时构建智能服务。

其中，举措4涉及数据治理和数字化运营，是华为数字化转型的关键，承接了打破数据孤岛、确保源头数据准确、促进数据共享、保障数据隐私与安全等目标。华为数字化转型对数据治理的要求如下。

（1）基于统一的数据管理规则，确保数据源头质量及数据入湖，形成清洁、完整、一致的数据湖，这是华为数字化转型的基础。

（2）业务与数据双驱动，加强数据连接建设，并能够以数据服务方式，灵活满足业务自助式的数据消费诉求。

（3）针对汇集的海量内外部数据，能够确保数据安全合规。

（4）不断完善业务对象、过程与规则数字化，提升数据自动采集能力，减少人工录入。

2. 华为数据治理实践

华为从2007年开始启动数据治理，经历两个阶段的持续变革，系统地建立了华为数据管理体系。第一阶段近十年的持续投入为华为在2017年开始的数字化转型打下了坚实的基础。同时，在数字化转型对数据治理的新要求下，正式进入第二阶段，数据治理工作也迎来了新的挑战和发展。

第一阶段：2007—2016年。

在这一阶段，华为设立数据管理专业组织，建立数据管理框架，发布数据管理政策，任命数据Owner，通过统一信息架构与标准、唯一可信的数据源、有效的数据质量改进机制，实现了以下目标。

（1）持续提升数据质量，减少纠错成本：通过数据质量度量与持续改进，确保数据真实反映业务，降低运营风险。

（2）数据全流程贯通，提升业务运作效率：通过业务数字化、标准化，借助IT技术实现业务上下游信息快速传递、共享。

第二阶段：2017年至今。

在这一阶段，华为建设数据底座，汇聚企业全域数据并对数据进行连接，通过数据服务、数据地图、数据安全防护与隐私保护，实现了数据随需共享、敏捷自助、安全透明的目标，支撑着华为数字化转型，实现了如下的数据价值。

（1）业务可视，能够快速、准确决策：通过数据汇聚，实现业务状态透明可视，提供基于“事实”的决策支持依据。

（2）人工智能，实现业务自动化：通过业务规则数字化、算法，嵌入业务流，逐步替代人工判断。

（3）数据创新，成为差异化竞争优势：基于数据的用户洞察，发现新的市场机会点。

资料来源：改编自华为数据管理部．华为数据之道 [M]. 北京：机械工业出版社，2020.

第一节　大数据

在企业实践中，不可避免地要遇到两种不同形态的知识管理问题，即对显性知识的管理和对隐性知识的管理。企业的管理一般都是对显性知识的管理，显性知识是最容易被人们认识和发现的一种知识。企业显性知识常态表如表 4-1 所示。

表 4-1　企业显性知识常态表

序号	形态	细分	知识分类
1	经济师	宏观经济、微观经济知识	人格化知识
2	工程师	建筑工程、机电工程、信息工程知识	
3	注册会计师	会计准则、审计服务、税务代理、资产评估知识	
4	机器设备	动力装置、控制装置、支架	工具化知识
5	工序	任务、操作指南	
6	工具	规格、保护装置	
7	工艺	消耗品、配方、图示	
8	产品	零部件、设计图	成果化知识
9	专利	申请书、专利登记证	
10	产权	产权证明、许可、租赁合同	

（续表）

序号	形态	细分	知识分类
11	战略管理制度	目标、任务、计划、部署	管理化知识
12	战术管理制度	工资薪酬管理、人力资源管理、生产管理、物流管理、财务管理、营销管理	

在企业范畴中，显性知识一是可以用语言来表达的，例如管理化知识所表现的战略管理制度和战术管理制度；二是可以用实物来表达的，例如人格化知识、工具化知识和成果化知识。可见，显性知识是外显的、能被人们所觉悟的知识。

显性知识是以文字、符号、图形等方式表达的知识。显性知识作为可以借助于言语表达的明确性知识，是从隐性知识中分离出来的系统性知识，其构造极具系统性和体系性，具有明确的方法和步骤，有助于人们更好地理解各类信息。它也是客观性、社会性、组织化的知识，具有理性和逻辑性。

显性知识也是数据知识，通过信息系统的不断完善，可以实现显性知识的转移、转换和再利用，还可以通过语言媒介实现共享和编辑。显性知识是通过语言和文字方式进行传播、可以被表达、可以编码输入计算机的知识。这些知识可以十分容易地被记录下来，能够被详尽地论述、严格地定义，可利用文字写成消息报道、学术论文等，或形成图书，或载于报刊，或存入数据库之中。

恩格斯（Friedrich Engels）说，任何一门学科的真正完善在于数学工具的广泛应用。数据对提高质量、效率、管理的作用巨大。18 世纪末，画法几何学的创立标志着工程设计语言的诞生，人类进入工业 1.0 时代；定量化、标准化成为工业 2.0 时代的主要特征；20 世纪中期，数字计算机在工业中的应用开启了工业 3.0 时代。从数据的发展历史看，数据由数、量演变而来，数据具有先天的精确性和实用性特征，计算方法与信息技术的应用必然导致大数据的诞生。

作为第一个将石油和数据进行类比的人，英国数学家克莱夫·哈姆比（Clive Humby）理当获得赞誉。在 2006 年，他表示，数据是新的石油，石油很有价值，但是未经提炼，它就无法真正地被利用，石油必须变成天然气、塑料、化学品等，生成一个有价值的实体才能推动可盈利的活动，所以，数据只有在被分析之后才能体现它的价值所在。

自那以后，便经常听到石油和数据之间的类比：两者都是为人类，特别是为企业创造财富和效用的重要资源。例如，全球最具权威的 IT 研究与顾问咨询公司高德纳（Gartner）的高级副总裁彼得·桑德加德（Peter Sondergaard）发表在《福布斯》的一篇文章中写道，大数据是 21 世纪的石油，尽管它拥有高的价值，但数据本身是无用的，在你学习如何使用它之前，它无法做任何事情。石油在经过精炼变成汽油之前几乎是毫无价值的。大数据被比作石油，经分析之后能解决特定问题并能转化成决策和行动的独特算法才是组织获得成功的秘诀。数字化时代的淘金热将汇聚在如何利用数据制作有价值的东西。

一、大数据的来源、特性与发展历程

1. 大数据的来源

大数据的来源主要包括三个方面：企业内部数据系统；物联网数据；企业外部数据。企业内部数据系统是指企业运营管理相关的业务数据，包括企业资源计划（ERP）、产品生命周期管理（PLM）、供应链管理（SCM）、客户关系管理（CRM）和能源管理系统（EMS）等。这些系统中包含企业生产、研发、物流、客户服务等数据，存在于企业或者产业链内部。物联网数据包含制造过程中的数据，主要是指工业生产过程中装备、物料及产品加工过程的工控状态参数、环境参数等生产情况数据，通过制造执行系统（MES）实时传递。企业外部数据则是指产品售出之后的使用、运营情况的数据，同时还包括大量客户名单、供应商名单、外部的互联网等数据。

2. 大数据的特性

随着传感器的普及，以及数据采集、存储技术的飞速发展，大数据（Big Data）同样呈现出了大数据的基本特性，如图 4-2 所示。从一般意义上讲，普遍认为大数据具有“6V”的特性。

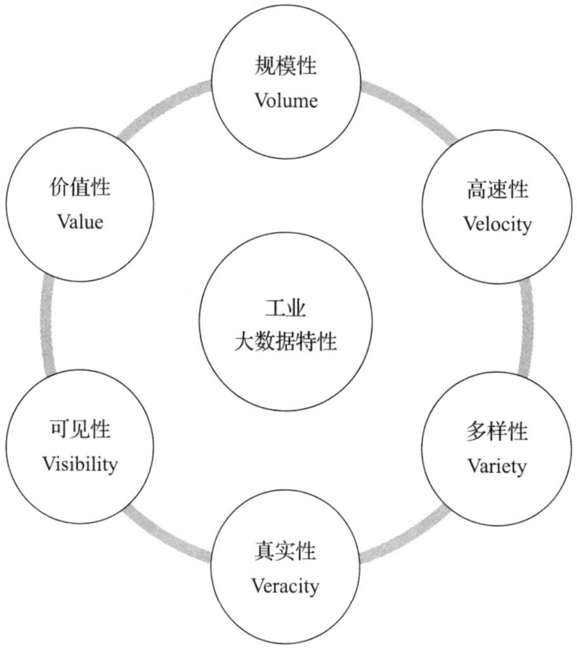

图 4-2 大数据的基本特性

（1）规模性（Volume）。工业数据体量大，大量机器设备的高频数据和互联网数据持续涌入，大型工业企业的数据集将达到 PB（Petabyte，计算机计量单位，2 的 50 次方字节，1PB=1024 TB）级甚至 EB 级别。以半导体制造为例，单片晶圆质量检测时，每个站点能生成数 MB 数据。一台快速自动检测设备每年就可以收集到将近 2TB 数据。

（2）高速性（Velocity）。指生产过程中对数据的获取和处理实时性要求高，生产现场级要求时限分析达到毫秒（ms），从而为智能制造提供决策依据。

（3）多样性（Variety）。指数据的异构与多样，工业数据分布广泛，数据来源于机器设备、工业产品、管理系统、互联网等各个环节，并且结构复杂，既有结构化和半结构化的传感数据，也有非结构化数据。

（4）真实性（Veracity）。指在海量数据中，存在着大量重复的无价值的数据，包含大量有用的数据占比极低，想要从海量数据中挖掘有用的信息也就更加困难。

而工业大数据应该还有两个“V”。

（5）可见性（Visibility），即通过大数据分析使以往不可见的重要因素和信息变得可见。

（6）价值性（Value），即通过大数据分析得到的信息应该被转化成价值。

值得一提的是，前四个“V”揭示了大数据的现象，是工业自动化和信息化发展到一定程度的必然结果。而对于智能制造设备制造端向用户端的转型而言，后两个“V”则代表了工业界对于大数据的追求目的和意义，这可能比刻意追求和制造大数据的环境更为重要。同时，对于大数据在当前工业环境中的价值，能够体现在如下几个方面。

（1）使原本隐匿性的问题通过对数据的挖掘变得更明显，使制造过程信息透明化，进而使以往不可见的风险能够被避免，实现提质增效降本；

（2）将大数据与先进的分析工具结合，实现产品的智能化升级，利用数据挖掘产生的信息为客户提供全产品生命周期的增值服务；

（3）使人的工作更加简单，甚至替代人的部分工作在提高生产效率的同时降低工作量；

（4）实现全产业链的信息整合，使整个生产系统协同优化，让生产系统变得更加动态和灵活，进一步提高生产效率并降低生产成本；

（5）利用数据寻找用户价值的缺口，开拓新的商业模式。

3. 大数据的发展历程

达文波特（Thomas Davenport）教授在哈佛商业评论的一篇文章《数据分析 3.0：在新时代里数据将会助力消费者产品和服务》，为我们理解大数据的发展提供了良好的基础。工业大数据及其应用主要经历了以下三个发展阶段。

第一阶段（1990—2000 年）。很多公司开始在产品和设备上安装传感器和传输设备，用于对设备进行远程状态监控，以便可以在问题发生后及时响应，帮助用户避免故障造成的损失。

1987 年，美国通用汽车（General Motors Company）收购了休斯电气公司（Hughes Electronics Corporation），应用各自领域的专业技术优势和经验在 1995 年开发出了“安吉星”（OnStar）系统。该系统最初的功能主要是远程监控和危机处理，比如当用户丢失钥匙时帮助用户远程打开车门、汽车发生问题时帮助用户进行远程诊断筛选、汽车发生碰撞后为用户提供紧急救援服务。这也是汽车领域利用远程数据采集为用户提供服务的第一次尝试。

另一个代表产品是奥的斯电梯公司（OTIS）的远程电梯维护系统（Remote Elevator Maintenance System, REMS），早在 1995 年就利用监控数据对电梯进行远程维护。那时电梯最大的问题就是经常打不开门，把乘客关在电梯里，而维修人员赶到现场进行故障排除需要 1 个小时左右的时间。为了及时消除故障，OTIS 有一个庞大的维护人员团队，对每个城市的高层 OTIS 电梯进行定期的巡检，带来了高昂的人力成本。于是 OTIS 通过 REMS 监控每一台电梯的平均开门时间和电气设备的重要参数，判断电梯发生故障的风险，为维护团队提供巡检的优先级排序和预防性维护提供决策支持，在承担较低人力成本的条件下最大限度地避免了电梯的故障。

第二阶段（2001—2010 年）。一些企业开始建立大数据中心，为客户提供产品使用和管理的解决方案。

阿尔斯通（ALSTOM）的 Track Tracer 车载诊断系统能够在高铁运行时监控车辆关键部件的健康状况，一旦发现异常，Track Tracer 就可以对故障进行远程诊断，并派遣维护人员在车辆的下一个站点进行维修，从而最大限度地保障列车的运行率。Track Tracer 还可以通过车载的震动传感器对铁轨进行监控，避免了以往人工检查的低效和安全隐患。

John Deere 的精智农业管理系统（Farm Sight）通过农机设备采集土壤数据，为用户提供精确的土壤管理和作物产量管理的信息服务。

这个阶段各个公司都在思考如何以产品为载体为用户提供服务，商业模式也因此发生了改变。因为企业发现卖设备能够赚到的钱已经很少了，不如把设备租给用户从而赚取服务费用，于是就产生了产品的租赁体系和长期服务合同，其代表是 GE 所提出的 Power by the Hour（时间 × 能力）的盈利模式，企业卖的不再是设备，而是为客户提供设备使用的能力。

第三阶段（2010 年至今）。各个企业的核心开始从“单点对多点”的数据中心模式转变成以用户为核心的平台式服务模式。将用户与数据中心之间的连接变成了用户与用户之间的连接，形成了基于社区的、以用户为核心的服务生态体系，而用户需求的核心也不再以使用为导向，而是以使用过程中的价值为导向。

优步（UBER）自己并不直接为用户提供驾乘服务，而是把客户联系到一起，这时就不是租赁的体系了，而是一个商业的社交网络或服务网络，这样服务的潜力就可以做到无限大。客户端随时服务的观念（On-Demand Service）及个性化的自服务模式开始兴起，服务和价值的载体开始从产品慢慢转向平台。大数据分析及应用的三个阶段如表 4-2 所示。

表 4-2 大数据分析及应用的三个阶段

	第一阶段	第二阶段	第三阶段
时间	1990—2000 年	2000—2010 年	2010 年至今
核心技术	远程监控、数据刺激和管理	大数据中心和数据分析软件	数据分析平台

（续表）

	第一阶段	第二阶段	第三阶段
问题对象 / 价值	以产品为核心的状态监控，问题发生后的及时处理，帮助用户避免故障造成的损失	以使用为核心的信息服务，通过及时维修和预测性维护避免故障发生的风险	以用户为中心的平台式服务，实现了以社区为基础的用户主导的服务生态体系
商业模式	产品为主的附加服务	产品租赁体系和长期服务合同	按需的个性化自服务模式，分享经济
代表性企业和产品	GM Onstar, OTIS REMS, GE Medical InSite.	GE Aviation Onwing Support, Alstom TrackTracer, JohnDeere FarmSight	GE Predix platform, UBER，Amazon

二、数据感知（获取）技术

面向不同场景，数据感知可分为“硬感知”和“软感知”。“硬感知”主要利用设备或装置进行数据的收集，收集对象为物理世界中的物理实体，或者是以物理实体为载体的信息、事件、流程等。而“软感知”使用软件或者各种技术进行数据收集，通常不依赖物理设备进行收集，收集的对象存在于数字世界。

当然，这一切的最终目的是生成企业级的感知数据，形成数字孪生（Digital Twin）的基础，满足企业利用工业互联网、智能控制、人工智能、机器学习对数字孪生对象进行仿真分析、控制优化、制定战略目标的需求，帮助企业动态把握组织所处的环境，帮助管理者实时了解企业运营情况，为企业数字化变革提供建议，并通过这些数字化的手段持续变革创新、获取业务价值。

1. 基于物理世界的“硬感知”能力

数据采集（Data Acquisition）方式主要经历了人工采集和自动采集两

个阶段。自动采集技术仍在发展中，不同的应用领域所使用的具体技术手段也不同。基于当前技术水平和应用场景，我们将“硬感知”分为9类，每一类感知方式都有自身的特点和应用场景，如图4-3所示。基于物理世界的“硬感知”是将物理对象镜像到数字世界中的主要通道，是构建数据感知的关键，是实现人工智能的基础。

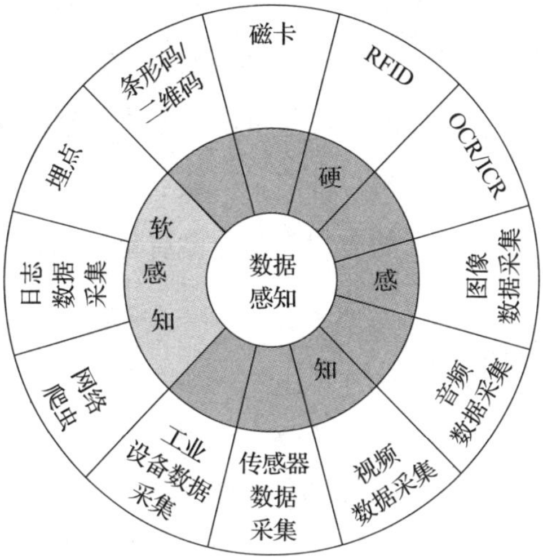

图4-3 数据感知分类

（1）条形码/二维码。

条形码（Bar Code）是将宽度不等的多个黑条和空白，按一定的编码规则排列，用以表达一组信息的图像标识符，通常一维条形码所能表示的字符集不过10个数字、26个英文字母及一些特殊字符。

二维码（QR Code）是用某种特定的几何图形按一定规律在平面上分布的黑白相间的、记录数据符号信息的图形，在代码编制上巧妙地利用构成计算机内部逻辑基础的“0”“1”比特流的概念，使用若干个与二进制相对应的几何形体来表示文字数值信息，通过图像输入设备或光电扫描设备自动识别以实现信息自动处理。它具有条码技术的一些共性：每种码制有其特定的字符集；每个字符占有一定的宽度；具有一定的矫正功能等。二维码拥有庞大的信息携带量，能够把使用一维条码时存储于后台数据库中的信息包含在条码中，可以直接阅读条码得到相应的信息，并且二维码还有错误修正及防伪功能，增加了数据的安全性。

（2）磁卡。

磁卡（Magnetic Card）是一种卡片状的磁性记录介质，利用磁性载体记录字符与数字信息，用来保存身份信息。磁卡由高强度、耐高温的塑料或纸质涂覆塑料制成，防潮、耐磨且有一定的柔韧性，携带方便，使用较为稳定可靠。依据使用基材的不同，可分为 PET 卡、PVC 卡和纸卡；依据磁层结构的不同，又可分为磁条卡和全涂磁卡两种。

磁卡的优点是成本低，易于推广，但缺点也比较明显，例如卡的保密性和安全性较差，使用磁卡的应用系统需要有可靠的计算机系统和中央数据库的支持。

（3）无限射频识别。

无限射频识别（Radio Frequency Identification，RFID）是一种非接触式的自动识别技术，通过无线射频方式进行非接触双向数据通信，利用无线射频方式对记录媒体（电子标签或射频卡）进行读写，从而达到识别目标和数据交换的目的。

基于特别业务场景的需求，在 RFID 的基础上发展出了近场通信（Near Filed Communication，NFC）。NFC 本质上与 RFID 没有太大区别，在应用上的区别如下。

- NFC 的距离小于 10 厘米，所以具有很高的安全性，而 RFID 距离从几米到几十米都有。
- NFC 仅限于 13.56 兆赫的频段，与现有非接触智能卡技术兼容，所以很多的厂商和相关团体都支持 NFC。而 RFID 标准较多，难以统一，只能在特殊行业有特殊需求的情况下，采用相应的技术标准。
- RFID 更多地被应用在生产、物流、跟踪、资产管理上，而 NFC 则在门禁、公交、手机支付等领域发挥着巨大的作用。

（4）光学 / 智能字符识别。

光学字符识别（Optical Character Recognition，OCR）是指电子设备（例如扫描仪或者数码相机）检查纸上打印的字符，通过检测暗、亮的模式确定其形状，并将其形状翻译成计算机文字的过程。

智能字符识别（Intelligent Character Recognition，ICR）是一种更先进的 OCR 技术。它植入了计算机深度学习的人工智能技术，采用语义推理和语义分析，根据字符上下文语句信息并结合语义知识库，对未识别部分的字符进行信息补全，解决了 OCR 的技术缺陷。

一个 OCR 系统，从影像到结果输出，必须经过影像输入、影像预处理、文字特征抽取、对比识别，最后经人工校正将认错的文字更正，将结果输出。

目前 OCR 和 ICR 技术在业界有较为成熟的解决方案供应商，企业不需要自行研发就可以完成相关技术的部署和数据的采集。

（5）图像数据采集。

图像（Image）数据采集是指利用计算机对图像进行采集、处理、分析和理解，以识别不同模式的目标和对象的技术，是深度学习算法的一种实践应用。图像数据采集的步骤如图 4-4 所示。

（6）音频数据采集。

语音识别技术也被称为自动语音识别（Automatic Speech Recognition，ASR），可将人类语音中的词汇内容转换为计算机可读的输入符，例如二进制编码、字符序列或文本文件。

目前音频（Audio）数据采集技术在业界也有较为成熟的解决方案供应商，可以很便捷地完成技术的部署和数据的采集，采集来的声音作为音频文件存储。音频获取途径包括下载音频、麦克风录制、MP3 录音、录制计算机的声音、从 CD 中获取音频等。

（7）视频数据采集。

视频（Video）是动态的数据，内容随时间而变化，声音与运动图像同

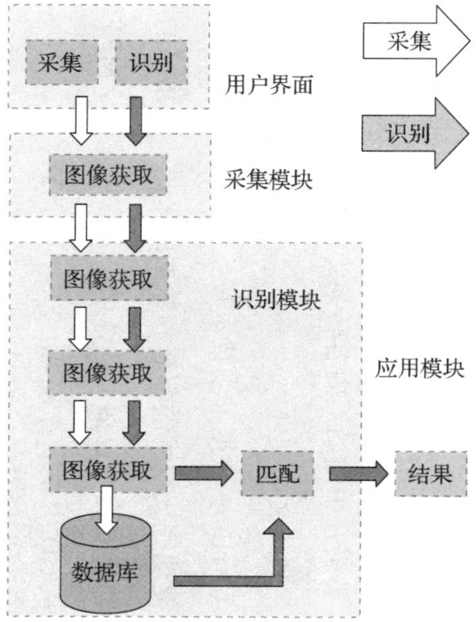

对象	描述
指纹	通过取像设备读取指纹图像，然后利用计算器识别软件分析指纹的全局特征和指纹的局部特征
虹膜	虹膜识别技术是利用虹膜终身不变性和差异性的特点来识别身份的。虹膜是一种在眼睛瞳孔中的织物状的各色环状物，每个虹膜都包含一个独一无二的基于水晶体、细丝、斑点、凹点、皱纹和条纹等特征的结构
视网膜	人体的血管纹路也是具有独特性的，人的视网膜上面的血管图样可以利用光学方法透过人眼晶体来测定
面部	面部识别技术通过对面部特征和它们之间的关系（眼睛、鼻子和嘴的位置及它们之间的相对位置）来进行识别，用于捕捉面部图像的两项技术为标准视频和热成像技术，视频摄像头不同，热成像技术并不需要较好的光源，即使在黑暗环境下也可以使用
掌纹	掌纹和指纹一样也具有稳定性和唯一性，利用掌纹的线特征、点特征、纹理特征、几何特征等完全可以确定一个人的身份，因此掌纹识别是基于生物特征身份认证技术的重要内容
人耳	一套完整的人耳识别系统一般包括以下几个过程：人耳图像采集、图像的预处理、人耳图像的边缘检测与分割、特征提取、人耳图像的识别

图 4-4 图像数据采集的步骤

步。通常视频信息体积较大，集成了影像、声音、文本等多种信息。

视频的获取方式包括网络下载、从VCD或DVD中捕获、从录像带中采集、利用摄像机拍摄，以及购买视频素材、屏幕录制等。

（8）传感器数据采集。

传感器（Sensor）是一种检测装置，能感受到被检测的信息，并能将检测到的信息按一定规则变换成信号或其他所需形式的信息输出，以满足信息的采集、传输、处理、存储、显示、记录等要求。信号类型包括IEPE信号、电流信号、电压信号、脉冲信号、I/O信号、电阻变化信号等。

传感器数据的主要特点是多源、实时、时序化、海量、高噪声、异构、价值密度低等，数据通信和处理难度都较大。

（9）工业设备数据采集。

工业设备数据是对工业机器设备产生的数据的统称。在机器中有很多特定功能的元器件（阀门、开关、压力计、摄像头等），这些元器件接受工业设备和系统的命令开、关或上报数据。工业设备和系统能够采集、存储、加工、传输数据。工业设备目前应用在很多行业，未来有越来越多的联网设备。

工业设备数据采集应用广泛，例如可编程逻辑控制器（PLC）现场监控、数控设备故障诊断与检测、专用设备等大型工控设备的远程监控等。

2. 基于数字世界的“软感知”能力

物理世界的“硬感知”是将物理对象构建到数字世界中的主要通道，是构建数字孪生（Digital Twins）的关键，而已经存在于数字世界中的那些分散、异构信息，可通过“软感知”能力来利用。目前“软感知”比较成熟，并随着数字原生企业（Digital Native Enterprise）的崛起而得到广泛的应用。

（1）埋点。

埋点（Event Tracking）是数据采集领域尤其是用户行为数据采集领域

的术语，指的是针对特定用户行为或事件进行捕获、处理和发送的相关技术。埋点的技术实质是监听软件应用运行过程中的事件，当需要关注的事件发生时进行判断和捕获。

埋点的主要作用是能够帮助业务和数据分析人员打通固有信息墙，为了解用户交互行为、扩宽用户信息和前移运营机会提供数据支撑。在产品数据分析的初级阶段，业务人员通过自有或第三方的数据统计平台了解App用户访问的数据指标，包括新增用户数、活跃用户数等。这些指标能帮助企业宏观地了解用户访问的整体情况和趋势，从总体上把握产品的运营状况，通过分析埋点获取的数据，制定产品改进策略。

埋点技术在当前主要有以下几类，每一类都有自己独特的优缺点，可以基于业务的需求匹配使用。

- 自定义埋点是目前比较主流的埋点方式，业务人员根据自己的统计需求选择需要埋点的区域及埋点方式，将埋点数据部署在自己公司的服务器上，通过定制的埋点方案，获取业务方想要的数据。
- 可视化埋点通过可视化页面设定埋点区域和事件ID，从而在用户操作时记录操作行为。其中最常见的就是GrowingIO的“圈选埋点”，由业务人员通过访问分析平台的圈选功能来“圈”出需要对用户行为进行捕捉的控件，并给出事件命名。圈选完毕后，这些配置会同步到各个用户的终端上，按照圈选的配置自动进行用户行为数据的采集和发送。
- 全埋点是在部署软件开发工具包（Software Development Kit，SDK）时做统一的埋点，将App或应用程序的操作全部采集下来。无论业务人员是否需要埋点数据，全埋点都会将该处的用户行为数据和对应产生的信息全部采集下来。

（2）日志数据采集。

日志数据采集（Log Data Collection）是实时收集服务器、应用程序、网络设备等生成的日志记录。日志数据采集的最大作用就是通过分析用户访问情况，提升系统的性能，从而提高系统承载量。及时发现系统承载瓶颈，识别运行错误、配置错误、入侵尝试、策略违反或安全问题。

在企业业务管理中，基于 IT 系统建设和运作产生的日志内容，可以将日志分为三类。因为系统的多样化和分析维度的差异，日志管理面临着诸多的数据管理问题。

- 操作日志，指系统用户使用系统过程中的一系列的操作记录。此日志有利于备查及提供相关安全审计的资料。
- 运行日志，用于记录网元设备或应用程序在运行过程中的状况和信息，包括异常的状态、动作、关键的事件等。
- 安全日志，用于记录在设备侧发生的安全事件，如登录、权限等。

（3）网络爬虫。

网络爬虫（Web Crawler）又称网页蜘蛛、网络机器人，是按照一定的规则自动抓取网页信息的程序或者脚本。

搜索和数字化运营需求的兴起，使得网络爬虫技术得到了长足的发展，爬虫技术作为网络、数据库与机器学习等领域的交汇点，已经成为满足个性化数据需求的最佳实践。Python、Java、PHP、C# 等语言都可以实现爬虫，特别是 Python 中配置爬虫的便捷性，使得爬虫技术得以迅速普及，也促成了政府、企业、个人对信息安全和隐私的关注。

三、数据处理技术

数据处理（Data Processing）是智能制造的关键技术之一，其目的是从大量的杂乱无章、难以理解的数据中抽取并推导出某些对特定的人有价值、有意义的数据。常见的数据处理流程包括数据清洗、数据融合、数据分析及数据存储，如图 4-5 所示。

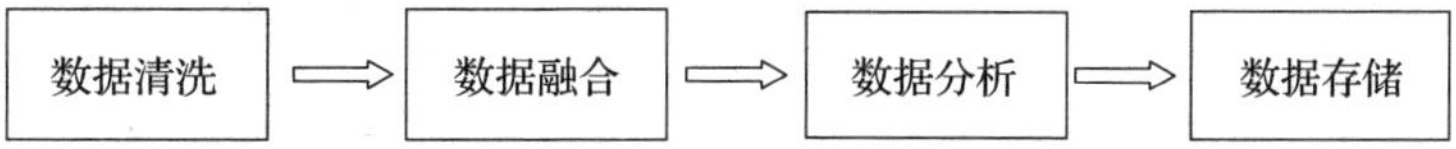

图 4-5 数据处理流程

1. 数据清洗

数据清洗（Data Cleaning）也被称为数据预处理，是指对所收集的数据进行分析前的审核、筛选等必要的处理，并对存在问题的数据进行处理，从而将原始的低质量数据转化为方便分析的高质量数据，确保数据的完整性、一致性、唯一性和合理性。考虑到工业大数据具有高噪声特性，原始数据往往难以直接用于分析，无法为智能制造提供决策依据。因此，数据清洗是实现智能制造、智能分析的重要环节之一。数据清洗包括三部分内容：数据清理、数据变换和数据归约。

（1）数据清理：指通过人工或者特定的规则对数据存在的缺失值、噪声、异常值等影响数据质量的因素进行筛选，并通过一系列方法对数据进行修补，从而提高数据质量。数据清理工作一般在计算机的帮助下完成，包括数据有效范围的清理、数据逻辑一致性的清理和数据质量的抽查，其目的是不让有错误或有问题的数据进入运算过程。缺失值是指在数据采集过程中，因为人为失误、传感器异常等原因造成的某一数据丢失或不完整。常用的处理缺失值的方法包括人工填补、均值填补、回归填补、热平台填补、期望最大化填补、聚类填补等。近年来，随着人工智能方法的兴起，基于人工智能算法的缺失值处理方法逐渐受到关注，例如，利用人工神经网络、贝叶斯网络对缺失的部分进行预测。噪声是指数据在收集、传输过程中受到环境、设备等因素的干扰，产生了某种波动。常用的去噪方法包括平滑去噪、回归去噪、滤波去噪等。异常值是指样本中的个别值，其数据明显偏离其余的观测值。然而，在数据预处理时，异常值是否需要处理，需要视情况而定。因为有一些异常值，真的是因为生产过程出现了异常导致的，这些数据往往包含更多有用的信息，常用的异常值检测方法有人工界定，3σ 原则、箱型图分析、格拉布斯法（Grubbs）检验法等。

（2）数据变换：指通过平滑聚集、数据概化、规范化等方式将数据转化成适合用于数据挖掘的形式。工业大数据种类繁多，来源多样的数据往往具备不同的表达形式，通过数据变换可以将所有的数据统一成标准化、规范化、适合数据挖掘的表达形式。

（3）数据归约：指在不损害分析结果准确性的前提下最大限度地降低数据量。工业大数据具有海量特性，大大增加了数据分析和存储的成本。通过数据归约，可以有效地降低数据体量，减少运算和存储成本，同时提高数据分析效率。常见的数据归约方法包括特征归约（特征重组或者删除不相关特征）、样本归约（从样本中筛选出具有代表性的样本子集）、特征值归约（通过特征值离散化数据描述）等。

2. 数据融合

数据融合（Data Fusion）是指将各种传感器在空间和时间上的互补与冗余信息根据某种优化准则或算法组合产生一致性的解释和描述。其目的是基于各传感器检测信息分解人工观测信息，通过对信息的优化组合来导出更多的有效信息。工业大数据存在多源特性，同一观测对象在不同传感器、不同系统下，存在着多种观测数据。通过数据融合可以有效地形成各个维度之间的互补，从而获得更有价值的信息。常用的数据融合方法可以分为数据层融合、特征层融合和决策层融合。这里需要明确，数据归约是针对单一维度进行的数据约简，而数据融合则是针对不同维度之间的数据进行的。

3. 数据分析

数据分析（Data Analysis）是指用适当的统计方法对收集来的数据进行分析，将它们加以汇总、理解并消化，以求最大化地开发数据的功能，发挥数据的作用。数据分析是为了提取有用的信息并形成结论而对数据加以详细研究和概括总结的过程，是智能制造的重要环节之一。与其他领域的数据分析不同，工业大数据分析需要融合生产过程中的机理模型，以“数据驱动加机理驱动的双驱动模式进行数据分析，从而建立高精度、高可靠性的模型来真正解决实际的工业问题。

现有的数据分析技术依据分析目的可以被分为探索性数据分析和定性数据分析，根据实时性可以被划分为离线数据分析和在线数据分析。

探索性数据分析是指通过作图、造表、用各种形式的方程拟合、计算某些特征量等手段探索规律性的可能形式，从而寻找和揭示隐含在数据中的规律。定性数据分析则是在探索性分析的基础上提出一类或几类可能的模型，然后通过进一步的分析从中挑选一定的模型。

离线数据分析用于计算复杂度较高、时效性要求较低的应用场景，分析结果具有一定的滞后性。而在线数据分析则是对数据进行在线处理，实时性相对较高，并且能够随时根据数据变化修改分析结果。

4. 数据存储

数据存储（Data Storage）是指将数据以某种格式记录在计算机内部或外部的存储介质上进行保存，其存储对象包括数据流在加工过程中产生的临时文件或加工过程中需要查找的信息。在数据存储中，数据流反映了系统中流动的数据，表现出动态数据的特征；数据存储反应系统中静止的数据，表现出静态数据的特征。工业大数据具有体量大、关联复杂、时效要求高等特点，对数据存储技术提出了很高的要求。在制造业中，数据处理通常基于常用的数据分析和机器学习技术。工业大数据平台是制造业数据处理的主要载体，也是未来推动制造业大数据深度应用，提高产业发展的重要基石。以 GE、IBM 为首的国际知名企业都在工业大数据平台上取得了不错的应用效果。目前，我国部分企业已经具备自主研制的工业大数据平台，在工业大数据平台的工业大数据采集、工业大数据存储、工业大数据分析关键技术上也已经有所突破。

创新视点 1

数据分析帮助夺冠　科技足球怎么打?

科技快速发展，数据分析不再是大企业的专利。近年来足球队透过物联网（IoT）及穿戴式设备，从训练、比赛中捕捉和分析资料，成为赢球的秘密武器。足球队开始将数据分析融入管理与训练团队，也有越来越多的豪门俱乐部利用数据打造一支精英队伍，协助球队脱颖而出。

AI News 报道指出，目前不少足球队采用大数据、传感器、GPS 设备和光学追踪（Optical Tracking）实时掌握球员动态，将比赛提升到另一个层次。光学追踪甚至可以每秒 25 次精确定位球员在球场上的位置与球、对手和队友的状况。在训练过程中，穿戴式设备可以测量球员的身体数据、疲劳程度等，利用所收集到的数据为用户打造个性化的培训计划。此外，教练还可以在比赛期间分秒不差地了解每个球员的表现，提升换人战术。

据了解，在足球场上使用大数据分析、人工智能技术能够同时处理来自多个装置的数据，以衡量并预测各种数据，最后将数据导入云端平台。

1. 从数据分析看足球

对教练来说，安排阵型、先发球员与掌握对手情报是重要的参考信息，透过 GPS 装置、训练日志、信息可视化、网络科学（Network Science）等技术，改变打法或节奏控制，从而增加获胜的可能性。

根据里斯本大学（University of Lisbon）与马德里理工大学（UPM）的研究分析数据显示，2018 年 FC 巴塞罗那（FC Barcelona）对皇家马德里（Real Madrid CF）的一场比赛，团队数据能协助教练用量化的方式，辨别不同类型的战术模式、球员传球路径和互动等；另一项最近的研究证实欧洲五大联赛（德甲、西甲、法甲、英超与意甲）的领先球队，每场比赛运用更多的传球来取得成功，特别是德甲、英超和意甲的球队。

2. 实时数据与预测分析助夺冠

预测分析（Predictive Analytics）能对未来赛事进行分析，帮助教练根据下一场对手改变阵型及换人的战术，来适应不同的球队。近年来球队也开始参考期望进球值（xG）来衡量球员的射门品质和次数，进而归纳出队伍或球员预期进球数。xG 采用的算法考虑包含目标的距离、角度等因素，教练使用这个指标预测球员的最佳位置与比赛模式来增加夺冠概率。

资料来源：笔者根据多方资料汇编。

四、数据驱动企业战略

让数据驱动企业成为企业战略，就是说要成为数据驱动型企业（Data Driven Enterprise）。如何成为数据驱动型企业？想要完成数据转型，企业需要自上而下明确数据对业务的决定性作用。在此基础上，正确地洞察应随时可供访问、解释和操作——这是技术支持之下才能达到的境界，也是一种"让数据易于访问"的企业文化。数字优先（Digital First）的企业明白数据驱动的必然性，并将其作为一切企业行为的组织原则。更成熟的企业，通过将数据与业务流程相关联，营造数据驱动的企业文化（Data-Driven Culture），将数据洞察（Data Insight）灵活运用并建立必要的基础技术设施，也可以达成技术驱动（Technology Driven）。

1. 将数据与业务异常相关联

数据的力量取决于使用方式。企业必须明确定义数据的用例，将其应用于更广泛的流程中。成功的企业通常会确保其业务战略和创新计划是建立在数据驱动决策（Data Driven Decision Making）之上的。前提之一是将数据视为一种资产，能够直接影响公司的业绩。

Adobe 软件公司建立了一种数据驱动运营模式（DDOM），用于运营数字业务。DDOM 状态界面能够显示企业的整体运营状况，并记录客户发现、试用、购买和续约产品的全过程，如同一个数据驱动的涡轮增压 CRM 系统。通过 DDOM，Adobe 在建立详细客户模型的过程中，不仅可以基于交易记录，还可以基于行为习惯、经验洞察和数字触点。因此，企业可以更精准地预测客户会在什么情况下考虑更换供应商，或者考察某客户是否适用 Adobe 的其他产品，因而让产品公司采用正确的行动，如在正确的时机进行交叉销售或向上销售等。

2. 培养数字文化

能否成为一个数据驱动的企业，取决于所有企业员工的支持，让每个人都根据数据调整自己的思维方式和工作方式。在更大的组织范围内维持员工的热情可能会很困难——尤其是过程中往往需要说服那些不同意该模式的领导。将员工做决策时的思维模式从“基于直觉”转变为“基于数据”，绝非只是改变一下管理名字或者简单培训即可实现的。这种转型需要从根本上改变员工日常的思考方式和工作方式。包括培养数据文化（Data Culture）、加深员工对数据所有权（Data Ownership）的认知、使用数据来指导工作流程或质量改进等。

3. 在实际工作中运用数据洞察

数据访问不应仅限于管理人员，目标应该是把所有有效的数据送到需要的地方和一线员工手中。为了真正将数据分析和应用嵌入主流思想和行为中，企业需要研究如何将数据洞察预先注入现有的业务流程当中。

Geotab 是一家加拿大通信公司，提供用于跟踪和管理车队的 GPS 系统。该公司监控下的生产状态和性能、产品的安全状态、账单结算等每个决策都是基于数据的。一旦从这些数据中提出有效信息和见解，它们就会被反馈到随处可见的公司大屏幕上，向需要的团队提供实时报告。更方便的是，团队可以在状态界面上进行查询和数据运行，这样就可以获得他们所需要的意见和见解。若某个新的客户行为提示企业存在比表面看起来更严重的问题，那么其团队可以快速采取措施并解决问题，因为企业状态界面同时显示"树林和树木"——概述和细节。例如，某年8月，实时客户支持指标显示得克萨斯州突然出现异常，没过多久，客户支持团队就意识到供应商SIM卡在该州的高温下弯曲变形，主要原因是使用了错误的塑料材料。Geotab立即与制造商反馈了这个问题，使其快速得到解决，恢复了高品质的客户服务。

4. 构建必要的技术支持和基础设施

选择合适的技术将对企业的数据运用产生重大的影响，特别是在提取有针对性的数据和应用方面——使它们能够打破"数据孤岛"，抓取底层数据，并将其与其他数据来源进行整合，以发现对企业有帮助和有意义的数据信息。另一个纳入考虑的因素则是使数据处理过程简易化的技术，如人工智能（AI）、机器学习（ML）和增强现实（AR）。在生成更细致入微的数据洞察和使用创新技术运行数据方面，这些工具发挥着关键作用。例如，人工智能和机器学习可与物联网相结合，以监控新增的大批量数据反馈，或与社交媒体聆听工具相结合，旨在衡量不断变化的市场趋势和客户偏好。

创新视点 2

数据驱动协同设计过程

协同设计（Collaborative Design）是当下企业产品开发技术进步的一个重要方向，它是把计算机支持的协同工作与先进制造技术相结合，对产品设计过程进行有效支持。协同设计不仅需要不同领域的知识和经验，还要有综合协调这些知识经验的有效机制来融合不同的设计任务。企业中某一项目的设计团队协同完成某一任务，项目的信息和文档从一开始创建时就放到共享平台上，被项目组的所有成员查看和利用。现在已经出现一些支持协同工作的软件平台，下面以 Teambition 为例说明。

Teambition 成立于 2011 年，其 iPhone 应用还被苹果公司评为 2015 年度最佳应用，主要特点如下。

第一，把标准流程执行到位，始终保持交付品质。使用 Teambition 为各类设计项目建立精细的标准化流程，每一个细分任务都可以执行到位。所有成员遵照标准流程来创作作品，保证客户体验和交付品质始终如一。

第二，可视化的需求排期，随时同步进展。通过创建和指派任务，轻松管理全部设计需求，项目看板直观地将完成进度呈现出来，每位成员的工作量一目了然，随时同步项目进展。

第三，每位成员都能合理规划工作时间。不必担心遗漏任务或者错过节点，每位成员可以在 Teambition 的工作台轻松查看所有手头任务，依据截止时间有序安排工作。

第四，文件沉淀在项目中统一管理。不再让设计资产散落在邮件、云盘和个人电脑中，使用 Teambition 把文件沉淀在每一个项目中，所有成员都能够轻松找到所需文件。使用“更新版本”与成员轻松同步最新文件，版本信息和更新记录都清晰可见。

第五，“圈点”让改稿沟通轻松直观。借助 Teambition 强大的“圈点”功能，设计部的协作效率大幅提升。jpg、png、sketch 等多种格式的图片支持在线预览，可以直接把需要调整的部分“圈”出来，精准传达修改意见。

小米集团在上市之后加快了 IoT 领域的布局节奏，进一步推出小米温度计、空调、洗衣机……随着小米跨入的品类越来越多，不仅背后的生态链企业愈加庞大，生态链以外的更多外部企业也加入 IoT 平台，面临的协作效率难题也愈加复杂。IoT 平台部需要保障生态链上所有智能化产品的联网能力，这些软件项目管理工作需要跨企业、跨软硬件团队，工作线复杂且涉及组织庞大。IoT 整个团队有 200 多人，最多的时候有 50 多个项目需要同时协作。为了让生态链的扩张变得有序且持续，小米在 2016 年引入了协作工具 Teambition。借助该工具，IoT 平台开启了与数百家生态链伙伴的高效协作模式。以 IoT 平台上一款“智能晾衣架”项目的合作模式为例，其作为小米重点支持的合作伙伴，是位于浙江的一个只有 20 人的小企业，小米公司专门抽出 10 位员工在北京支持，跨空间、跨团队协作的问题都通过 Teambition 解决。小米公司为这个外部公司团队开通了 Teambition 的项目权限，双方加入其中，在同一个看板上一起工作，进展随时看得见，信息协同没有任何障碍。不仅提升了效率，而且省去了差旅费，节约了成本。

IoT 平台部的项目几乎都需要与外部合作伙伴共同完成，小米团队可以把合作伙伴成员邀请到一个具体项目中，在统一组织体系中，Teambition 成为“一切协作开始的地方”。在可视化的看板上，按照项目流程建立任务阶段，小米和合作伙伴成员可以随时协同所有事务，知道在每个阶段具体做哪些事情、谁在负责、是否完成等。比如在“产品方案沟通”阶段，小米需要提供产品功能建议书，而智能硬件合作伙伴需要提供产品功能说明，产出物可以上传到任务中保存，随时查看。

从平台的特点和案例中不难看出，整个协同设计过程都靠数据驱动，不仅是最初的数据触发了协同设计活动，而且设计活动中产生的动态数据不断驱动设计过程。

第二节　知识表示与知识获取

一、知识表示

随着新一轮信息技术革命的兴起，以人工智能技术为核心的新工业群为我国的经济发展注入了大量新鲜血液。尤其是在数据处理分析领域，人工智能技术逐步将传统的以人力为主角的数据统计转化为以计算机为主角的数据统计，将传统的长周期、非即时的结果反馈转化为短周期、即时性的结果反馈，将传统的依赖主观思维的决策过程转化为依赖客观准则的决策过程。这就要求人工智能算法对跨模态、跨领域的数据能够“看得准、摸得透、分得清”。

知识是智能的基础，知识表示与处理是机器获得、理解并利用知识的基础。只有解决了人类智能在计算机上的表示与处理问题，才能更好地实现人工智能，促进人工智能的进一步发展与完善。因此，合理地设计知识表示方案以更好地涵盖人类不同类型的知识，更加高效地在机器中处理各类知识以更好地发挥知识的应用价值，对机器智能的发挥具有重要的意义，对智能信息检索、知识工程、自然语言处理等领域的进一步发展也将产生深远的影响。

知识表示（Knowledge Representation，KR）指把知识载体中的知识因子与知识关联起来，便于人们识别和理解知识。从一般意义上讲，知识表示就是为描述世界所做的一组约定，是对知识的符号化、形式化或模型化；从计算机科学的角度来看，知识表示是研究计算机表示知识的可行性、有效性的一般方法，是把人类知识表示成机器能处理的数据结构和系统控制结构的策略。知识表示是知识组织的前提和基础，任何知识组织方法都建立在知识表示的基础上。美国麻省理工学院人工智能实验室的Randall Davis等人在*What is a Knowledge Representation*？一文中进一步将知识表示的作用归纳为五个方面：①知识表示是客观事物的机器标识；②知识表示一组本体约定和概念模型；③知识表示是支持智能推理的理论基础；④知识表示是用于高效计算的数据结构；⑤知识表示是人可理解的机器语言。因此，知识表示具有实体ID、概念模型、支持推理、易于计算及人可理解等特征。在具体的表达形式上，知识表示可被分为基于离散符号的知识表示和基于连续向量的知识表示两大基本类别。

知识表示的本质是将人类知识形式化或模型化，面对具体问题情境，选择知识表示方法的原则如下。

（1）能充分表示领域知识。即选择的方法具备足够的表示能力，针对特定领域能正确有效地表示问题求解所需的各种知识，尽可能地扩大表示范围。

（2）具有较高的知识使用效率。即选择的方法具有清晰自然的模块结构，有利于对知识的利用。另外，知识表示模式是否简单、有效，便于领域问题求解策略的推理和对知识库的搜索实现，也关系知识使用的效率。

（3）与推理方法匹配。人工智能只能处理适合推理的知识表示，因此所选用的知识表示必须适合推理才能完成问题的求解。同时，自然界的信息具有固有的模糊性和不确定性，因此对知识的模糊性和不确定性的支持程度也是选择知识表示方法时所要考虑的一个重要因素。知识表示方法还应具备定义良好的语义并保证推理的正确性。

（4）易于扩展与管理。由于知识库一般都要不断地扩充和完善，知识的表示模式必须能够非常方便地增加新的类、实体和关系，易于新知识的获取和知识库的维护、扩充与完善。

（5）知识和元知识的统一表达。知识和元知识是属于不同层次的知识，使用统一的表示方法可以简化知识的处理过程。在已知前提的情况下，要最快地推导出所需的结论及解决如何才能推导出最佳结论的问题，可在元知识中加入一些控制信息，也就是通常所说的启发信息。

（6）便于理解与实现。好的知识表示是同时为机器和人设计的。一般认为，说明性知识表示涉及的细节少、抽象程度高，因此表达自然、可靠性好、修改方便，但执行效率低，而过程性知识表示的特点恰恰相反。

知识表示方法选取得合适与否不仅关系到知识库中知识的有效存储，而且直接影响系统的知识推理效率和对新知识的获取能力。衡量一个知识表示方法的好与坏，主要从知识表示的准则上来看。一个好的知识表示方法，首先，应该适用于计算机处理，应该能够尽可能广泛地表示知识的范围，包括陈述性知识和动态性知识、确定性知识和不确定性知识等；其次，知识表示方法应该自然、灵活，能对知识和元知识采用统一的形式化表示方式，并且能够在同一层次及不同层次上实现模块化；最后，知识表示方法应利于加入启发信息，具有高效的求解算法并适合推理。实践中，选取知识表示方法的过程往往是在表达的易懂性和使用的高效性之间进行折中平衡的过程。

二、知识表示方法

知识表示方法约定了知识表示的一系列规则，是构建各类知识库的关键。目前，国内外学者已经对许多知识表示方法进行了较为深入的研究。在人工智能领域，典型的知识表示方法有符号法和向量法两种。符号法具体包括一阶谓词逻辑表示法、产生式规则表示法、框架表示法、脚本表示法、语义网络表示法、知识图谱表示法等；向量法的典型的代表有分布式表示法。知识表示方法的发展总体上经历了由基于数理逻辑的知识表示到基于向量空间学习的分布式知识表示的过程，各种表示方法都有其自身的特点。在实际应用过程中，一个智能系统往往包含多种知识表示方法。

1. 一阶谓词逻辑表示法

一阶谓词逻辑是最早出现的一种语言表示形式，是一种形式系统（Formal System），即形式符号推理系统，也被称为一阶谓词演算、低阶谓词演算（Predicate Calculus）、限量词（Quantifier）理论，或者谓词逻辑。它是一种由命题、逻辑联结词、个词体、谓词与量词等部件组成的表示方法，是人工智能领域使用最早和最广泛的知识表示方法之一，在这种方法中，知识库可以被看成一组逻辑公式的集合，知识库的修改是增加或删除逻辑公式。要使用这种方法表示知识，需要将以自然语言描述的知识通过引入谓词、函数来加以形式描述，获得有关的逻辑公式，进而以机器内部代码表示。在一阶谓词逻辑表示法下，可采用归结法或其他方法进行准确的推理。

一阶谓词逻辑表示法在形式上可接近于人类自然语言，表达较为精确且自然，但表示能力较差，只能表达确定性知识，对于过程性和非确定性知识的表达有限。另外，知识之间是相互独立的，知识与知识之间缺乏关联，使得实施知识管理相对困难。

2. 产生式规则表示法

1943 年，E.Post 第一次提出了被称为“ Post 机”的计算模型。该模型采用了一种描述形式语言的语法，又称为产生式规则表示法，与图灵机有相同的计算能力。1972 年，纽厄尔和西蒙在研究人类知识模型时开发了基于规则的产生式系统，目前，产生式规则表示法已成为人工智能中应用最多的一种知识表示方法。产生式规则表示法在一阶谓词逻辑表示法的基础上，进一步解决了不确定性知识表示的问题。产生式规则表示法在三元组（“对象，属性，值”或“关系，对象 1，对象 2”）的基础上，进一步加入置信度，形成四元组（“对象，属性，值，置信度”或“关系，对象 1，对象 2，置信度”）以表示事实，并使用 P → Q 或 IF P THEN Q 的形式表示规则产生式。规则表示法可以表示不确定性知识和过程性知识，具有一致性和模块化等优点，通过规则可以实现推理功能，广泛应用于 20 世纪 70 年代的专家系统中，但这种表示法不能表示结构性知识和层次性知识。

3. 框架表示法

框架（Frame）理论最早由明斯基（Minsky）在 1975 作为理解视觉、自然语言对话及其他复杂行为的一种基础提出。框架表示法是以框架理论为基础发展起来的一种结构化的知识表示方法，它适用于表达多种类型的知识。框架理论的基本观点认为，人脑已存储大量的典型情景，当面临新的情景时，会从记忆中选择一个被称为框架的基本知识结构（其具体内容依据新的情景而改变），形成对新情景的认识并记忆于人脑中。框架具体将知识描述成一个由框架名、槽、侧面和值组成的数据结构。框架表示法在框架这个层次上进一步引入了类和实例的概念，加入了 subclass of、 instance of 等关系，实现了知识框架上的层次结构。

框架表示法具有结构化、继承性等优点，使得知识之间具有嵌套式结构信息，其中，内部表示知识结构，框架外部表示知识之间的外部关系；在继承性上，子类框架可以继承父类框架的属性和值，这样可以极大地减少建模空间。框架理论还最早提出了“默认”（Default）的概念，成为常识知识表示的重要研究对象。但框架表示法不能表示过程性知识，因为缺乏明确的推理机制。

4. 脚本表示法

1975 年，夏克（Schank）从框架发展出了脚本表示法。这种知识表示方法可以描述事件及时间顺序，并成为基于示例的推理（Case Based Reasoning）的基础之一，可以实现过程性知识的表示。与框架表示法类似，脚本表示法的原理在于把人类生活中各类故事情节的基本概念抽取出来，构成一组原子概念，并确定这些原子概念间的相互关系，然后把所有故事情节都用这组原子概念及依赖关系表示出来。

从内部构成来看，脚本用来表示特定领域内的事件发生序列，包含了紧密相关的动作及状态改变的框架。在知识结构的表示上，脚本表示法引入进入条件、角色、道具、场景等组件作为整个事件的表示，可以细致地刻画一个事件内的步骤和时序关系，但这种方法较为局限，不能对对象的基本属性进行描述和刻画，对复杂事件的描述能力也有限。

5. 语义网络表示法

语义网络（Semantic Network）能够直接明确地表示概念之间的语义关系，是对人类语义记忆和联想方式的一种模拟，可用于快速推理。语义网络是奎廉（Quillian）于 1968 年在研究人类联想记忆时提出的一种心理学模型，他认为记忆是由概念之间的联系来实现的。随后，奎廉把语义网络用于知识表示。1972 年，西蒙（Simon）在他的自然语言理解系统中采用了语义网络表示法，并论证了语义网络与一阶谓词逻辑的关系，认为语义网络是一种以网格格式表达人类知识构造的形式，使用相互连接的点和边来表示知识，节点表示对象、概念，边表示节点之间的关系。1975 年，亨德里克（Hendrix）对全称量词的表示使用了语义网络分区技术。目前，语义网络已经成为人工智能中应用较多的一种知识表示方法，尤其是在自然语言处理方面。

与一阶谓词逻辑表示法和产生式规则表示法中将事实和规则分别单独进行表示相比，语义网络表示法从整体上对各种事实和规则进行表示。从演绎结构上来看，语义网络表示法不具备特定的推理演绎结构，它对知识进行深层次的表示和推理；从知识表示的能力上来看，语义网络表示法还不能表示动态知识、过程性知识。此外，语义网络表示法没有公认的形式表示体系，并且由于语义网络表示知识的手段多种多样，这种不一致的表示形式使得处理的复杂度相对较高。

值得注意的是，随着互联网的发展，语义网（Semantic Web）于 1998 年被提出，它与语义网络是不同的概念，语义网并不是要构建一个通用的、综合性的、基于因特网的智能系统，而是要实现 Web 数据集间的互操作。语义网的概念来源于因特网，本质上是一个以 Web 数据为核心、以机器理解和处理的方式进行链接形成的海量分布式数据库。因此，严格来说，它不是一种知识表示方法，而是一种数据组织方式。

6. 知识图谱表示法

2012 年，Google 推出基于知识图谱的搜索服务，首次提出知识图谱（Knowledge Graph）的概念。与语义网络不同，知识图谱不太专注于对知识框架的定义，而是从工程的角度处理知识问题，着重处理从文本中自动抽取或依靠众包方式获取知识三元组的问题。狭义上，知识图谱是指具有图形结构的三元组知识库，内部包括实体、实体属性及实体之间的关系三类事实。知识图谱本身是一个有向图，实体作为知识图谱的节点，事实作为知识图谱的边，方向由头部实体指向尾部实体，边是实体之间的关系。知识图谱真正的魅力在于其图谱中的图形结构，这种结构为运行搜索、随机游走、网络流等算法提供了可能。就知识的表达能力而言，领域性是知识图谱的一大特性，领域性图谱刻画领域性的知识。在描述知识的范围上，知识图谱既可以刻画确定性知识，也可以刻画不确定性知识（在关系边上标注置信度信息），这些知识组织可以表示整个领域的知识全景。在领域知识结构的表示上，知识图谱借助本体表示框架，可以对领域的整个知识体系，包括上下位概念体系、属性关系、结构信息等进行描述，并对人类认知能力进行模拟。抽象能力和概括能力是实现人类认知的两个必备能力。其中，抽象能力就是在思维活动中，通过对事物整体性的科学分析，把自己认为的事物的本质方面、主要方面提取出来，舍弃非本质、非主要的东西，从而形成概念和范畴的思维能力。美国心理学家贾德认为，概括是产生学习迁移的关键，学习者只有对他的经验进行概括，获得了一般原理，才能实现从一个学习情景到另一个学习情景的迁移，才能"举一反三""闻一而知十"。概括能力是智能的基本功，儿童将知识概括化的过程就是将知识结构转化成认知结构的过程，就是将知识智能化的过程。知识图谱中的概念及概念之间的上下位关系对应抽象能力，而知识图谱中事实之间的相关性可以为概括知识提供帮助。

在形式上，语义网络（Semantic Network）、语义网（Semantic Web）、知识图谱（Knowledge Graph）三者十分相似。语义网络提出得最早，是为了描述人类知识而采用的一种图形结构表示方法，这种表示方法与知识图谱在展示形式上基本一致。语义网是与语义网络不同的概念，语义网的出发点不是为了描述人类知识，而是为了表示 Web 资源，属于 Web 资源的一种描述框架，主要是面向计算机搜索而产生的一种表示方法。知识图谱的概念，从提出的方式来看，也是为搜索而产生的，可以认为知识图谱来源于语义网和语义网络，但与语义网以网络资源作为唯一实体不同，知识图谱中的节点以实体作为表示，在本体表示上是对语义网的一种简化。另外，与语义网络相比，知识图谱进一步引入了本体的概念，也继承了语义网络中的万物互联的思想，对事实进行了概念性和结构性约束，相当于是语义网络的升级版，但更偏向工程。

知识图谱主要描述的是领域的一些静态本体知识，即分类形式下的静态类型知识，在表达过程性知识上显得比较乏力。此外，知识图谱中所使用的本体建模，在实际的工程环节中存在一些问题：本体融合的问题，即在同一领域中，不同的知识生成者都会根据自己的需求和理解去定义一些存在差异性的本体，导致在后期进行知识融合时，需要在本体概念层进行融合；本体扩充的问题，即同一本体往往在后期的使用过程中需要不断进行扩充或更改，无法在开始时就定义完全。此外，本体往往需要由专家进行构建，其成本十分高昂。从上面的介绍中可以看出，除了产生式规则表示法和脚本表示法能够对动态知识进行表示，其他几种知识表示方法都集中于描绘静态知识。因此，需要寻求一种新的知识本体表示形式，将脚本表示法和知识图谱进行融合，并找到一种新的知识表示方法，既能表示静态知识又能表示动态知识，且能够对动态知识中的空间和时间信息进行描述，同时与元知识类型进行对接，这也是未来知识表示发展的一个重要方向。

7. 分布式表示法

随着深度学习和表示学习的革命性发展，研究者开始探索面向知识图谱的表示学习方法，其基本思想是将知识图谱中的实体和关系的语义信息用低维向量表示，即分布式表示（Distributed Representation）。在该低维向量空间中，两个对象距离越近，则说明其语义相似度越高。其中，最简单有效的模型是最近提出的 TransE 模型。TransE 模型基于实体和关系的分布式向量表示，将每个三元组实例（Head，Relation，Tail）中的关系 Relation 看作从实体 Head 到实体 Tail 的翻译，通过不断调整 $\boldsymbol{H}$、$\boldsymbol{R}$ 和 $\boldsymbol{T}$（分别表示 Head、Relation 和 Tail 的向量），使（$\boldsymbol{H}+\boldsymbol{R}$）尽可能与 $\boldsymbol{T}$ 相等，即 $\boldsymbol{H}+\boldsymbol{R}=\boldsymbol{T}$，分布式表示法示意如图 4-6 所示。

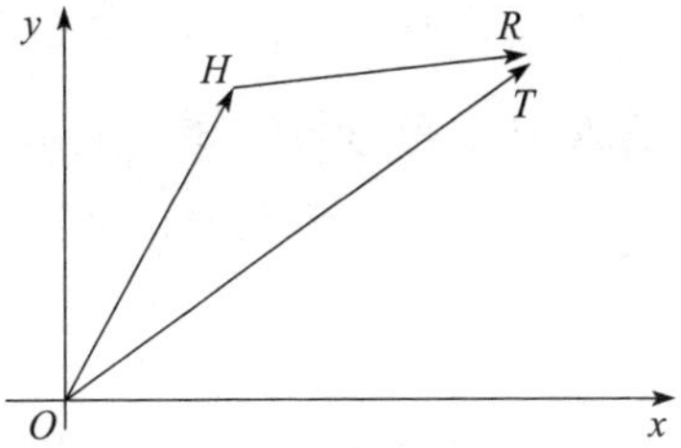

图 4-6　分布式表示法示意

通过 TransE 等模型学习得到的实体和关系向量，能够在很大程度上缓解基于网络的知识表示方法的稀疏性问题，可应用于很多重要任务中。首先，利用分布式向量，可以通过欧氏距离或余弦距离等方法计算实体间、关系间的语义相关度。这将极大地改进开放信息抽取中实体融合和关系融合的性能。通过寻找给定实体的相似实体，分布式表示法还可用于查询扩展和查询理解等应用。其次，知识表示向量可以用于关系抽取。以 TransE 模型为例，由于其优化目标是让 ***H***+***R***=***T***，因此，当给定两个实体 ***H*** 和 ***T*** 时，可以通过寻找与 ***T***–***H*** 最相似的 ***R*** 来寻找两实体间的关系。该方法仅需要以知识图谱作为训练数据，不需要外部的文本数据，因此又称为知识图谱补全（Knowledge Graph Completion），与复杂网络中的链接预测（Link Prediction）类似，但要复杂得多，因为在知识图谱中，每个节点和边上都有标签（标记实体名和关系名）。最后，知识表示向量还可以用于发现关系间的推理规则。例如，对于 *X*、*Y*、*Z* 间出现的“*X*，父亲，*Y*”“*Y*，父亲，*Z*”及“*X*，祖父，*Z*”实例，TransE 模型会学习 *X*+ 父亲 =*Y*、*Y*+ 父亲 =*Z*，以及 *X*+ 祖父 =*Z* 等目标，根据前两个等式，很容易得到 *X*+ 父亲 + 父亲 =*Z*，与第三个等式相比，就能够得到“父亲 + 父亲 => 祖父”的推理规则。

三、富格式文本中的知识发现

知识获取，简而言之，就是将知识从人类易于识别的形态转化为机器易于识别的形态的过程，它是知识工程与人工智能研究领域的一个重要分支，也是实现人工智能的高级阶段——认知智能的重要基础。由于目前其处理过程需要花费大量的人力、物力与时间等成本，知识获取一直是高级智能系统开发的重要“瓶颈”之一，研究知识获取对促进人工智能的高级发展具有举足轻重的作用。

知识获取（Knowledge Acquisition，KA）的提出和形成是与知识紧密联系在一起的，知识获取可以简单地表述为从与领域专家的交互中获取知识。从哲学实践观的角度来讲，知识获取就是实践主体获得知识的过程，也是知识载体（知识获取工具）将知识转化为知识库和知识库系统的过程，还是知识主体与知识载体之间进行互动并产生一种综合知识的过程，这就凸显了认识主体与认识中介及认识客体之间的关系问题。费根鲍姆认为，知识获取是人工智能的一项技能，它运用人工智能的原理和方法，为处理只有具备专家知识才能解决的难题提供便捷途径。恰当运用专家知识的获取、推理和表达过程中的方法，是设计基于知识的智能系统的重要技术。从知识图谱的角度来讲，知识获取即从不同来源、不同结构的数据中进行知识提取，形成结构化的知识数据并存入知识图谱中的过程。综上可以认为，知识获取就是采用一定的技术方法将人类发展过程中所形成的非结构化、非形式化的知识形态转化为计算机系统易识别的结构化、形式化的知识形态的过程。

从知识获取的来源看，知识获取的主要方式有如下几种。①面向专家的知识获取，即由知识工程师采用会谈的形式从各领域专家那里获取知识，此种方式下的知识整理主要由知识工程师手工完成，因此所耗费的人力、物力成本很大。②面向文本的知识获取，即直接从书本、文献等各类文本资料中挖掘、提取知识，所采用的方法主要是自然语言处理技术，这类获取方式由于知识来源广泛且丰富，是未来的发展趋势，但在目前的技术条件下，基于此项技术的获取精度还较低。另外，对于较复杂的语义知识的提取也有一定的难度，有待进一步地深入研究。③面向数据库的知识获取，主要指从目前较成熟的关系型数据库的结构化数据中发现各类知识，大多采用较成熟的关联规则挖掘、粗糙集理论、机器学习、人工神经网络等技术获取规则性的知识，此类方式对于有较好的数据积累的业务部门较为适用。④面向 Web 的知识获取，即从各类网页上提取相关知识，主要是依靠信息检索技术对各种各样的 Web 文档、图片、音频、视频等信息资源进行分类、挖掘，最后利用相关学习算法从这些信息中抽取知识。⑤面向其他知识源的知识获取，如从图表中获取知识，从语音、图像、视频等媒体中直接获取知识等。本节重点介绍面向文本的知识获取和面向数据库即知识图谱的知识获取。

1. 背景

在生产和生活中，最常见、最易获得的一类数据是文本数据（Text Data）。文本数据具有极强的抽象性和表达能力，本质上是通过有限符号的有序组合所表达的复杂知识。人们平常看的书籍、报刊及浏览的网页，大部分都是由文本数据构成的。尤其是随着移动计算技术的不断发展，人们正逐渐将传统的纸质文件存档和社交通信迁移到以互联网为核心的电子化文件存档和社交通信上来。这使得每个组织、每个单位、每个人的行为都有了一份电子化的“日记”，即各种各样的行为日志（新闻、微博和各类文件电子版等）。同时，由于我国拥有庞大的经济体量和人口规模，各个领域都在不停地产生各类海量的文本数据。

针对不断产生的、规模庞大的文本数据实现自动化地、快速地分析，对其中的知识进行抽取并构建为知识图谱，将有利于提高政府部门对宏观国民经济的把控水平，也将有利于提高企事业单位对内部人员事务的管理水平。为了提高我国科技管理指导部门业务水平，掌握最新科技动态方向，科学地制定研究方针，相关科技部门有必要从公开途径（如各大学术网站、自媒体等）和内部途径搜集最新的科技报告和论文，经研判、分析后形成知识图谱，并据此与当前的政策相对照以验证决策的有效性和方针的正确性，以及时校正相关政策的具体内容，引领我国科技事业向正确的道路发展。由于目前数据的主要构成形式是文本，因而利用自动化的方法来快速地、有效地分析文本数据并形成相关的知识图谱，就成了亟待解决的问题。

当前分析文本数据面临诸多挑战，其中之一就是原始的文本数据自身结构具有高度复杂性。众所周知，无论是人们在网络上采集到的电子化数据，还是从各种纸质文档中利用 OCR 技术获取的数据，都具有复杂的内在结构，这些数据也被称为“富格式文本”（Rich Fext Format）。待处理的富格式文本的复杂性具体表现在以下几个方面。

（1）数据构成复杂。文本中的有效知识，绝大部分以自然语言的形式蕴含在文档的字里行间。例如，发表在网络上的政府工作报告以自然语言的形式，包含了政府的各项经济指标和预期目标。这些重要的知识型数据，以非结构化的形式保存，不利于数据挖掘算法的分析处理——传统的数据挖掘算法往往只擅长处理结构化数据（键值对、词袋等）。若要处理这类非结构化数据，则需要相关的信息抽取算法作为预处理步骤，搭建原始数据到数据挖掘算法之间的桥梁。

（2）表现形式复杂。文档中的文本，除沿袭传统书籍中段落篇章形式以外，还往往掺杂表格化、图片化的文本。一些文档中蕴含的相关知识是以无边框表格的形式表现出来的。针对这类非扁平化数据进行有效的知识抽取和分析，是当前学界研究的难点和热点之一。

（3）信道来源复杂。对于同一个实体或事件，人们往往可以从多个不同的来源找到描述它的文档。这些不同的信道具有以下特点。

- 具有不同的可信程度，这要求文本分析算法需要有能力从有矛盾数据、有噪声数据、有伪造数据的信道中辨别出真实的、可用的、有价值的信息，抽取其中的知识并形成分析报告和相应的知识图谱。
- 具有不同的编码组织形式（如音频、文字等），这使设计算法整合这些多模态数据并形成对指定实体或事件的有效分析报告变得尤为困难。

- 具有时变的质量曲线，这使得算法需要实时评估各个信道、各个文档的可用性，敏捷地变换内部的评估和分析策略，从而对前沿的、热点的数据具有更好的应对能力。

因此，在特定领域下累积的大量文档资料都是以富格式文本的形式存在的，每个文档都是文字篇章段落、复杂版式的表格和图表的有机排版。正是由于上述的富格式文本数据本身具有的复杂性，对其分析并构建知识图谱变得尤为困难，因此，在目前工业界的实用项目中，很大一部分数据事实上并未被利用起来。IDC 和 MC 指出，到 2020 年全世界的总数据量将会增长到 40ZB，这相当于 2010 年数据总量的 150%。*Computer World* 杂志也指出非结构化信息占人类全部信息的 70% ～ 80%。然而，由于富格式文本分析的困难性，这其中相当一部分数据事实上只是被简单保存，而未被有效分析、利用起来。IBM 大数据和分析中心的报告称，大部分的公司只分析和利用了它们数据总量的 1%，剩余 99% 的数据也就变为了“暗数据”。

由于当下数据的保存价格十分低廉，大部分的公司倾向于将这部分数据保存下来以期未来有机会时能够重新启用、发挥余热。

生产和生活中常见的“暗数据”包括但不限于用户信息、日志文件、过往员工资料、未加工的问卷资料、财务报告、邮件联系人信息、演讲和报告存档资料、项目规划文档、各类政策文档、各类公开披露文档及老旧的纸质资料等。这些“暗数据”往往存在于富格式文本中，即存在于段落、表格、图表等具有丰富格式的文档中。它们并非没有价值的数据，大部分是因为尚无有效的分析技术而变成“烫手的山芋”。实际上很多领域对“暗数据”的分析有强烈的需求。以金融领域为例，大部分金融文档和数据都惯常以图表的形式整理文字。传统的文本处理算法大多只能处理扁平化数据，而对这类图表化文本处理起来较为困难——要么需要加入大量的人工规则来辅助分析，要么需要将这类图表化文本转化为扁平化文本来处理。这无形中提高了数据分析工作的人力成本，而且分析质量也难以得到保证。因此，目前文本分析水平事实上无法满足行业日新月异的需求。继续以金融领域为例，对于一篇文档其生命周期往往要经历“撰写”“审核”“阅读”三个阶段，在每个阶段人们对这些“文本暗数据”分析都有迫切需求。在“撰写”阶段，企业需要对初稿进行严格的校对和勘误，包括勾稽关系检查、财务数据和指标检查、数据变动和比例检查、笔误和错别字检查等。在“审核”阶段，监管机构会根据相关资料核对文档数据的真实性。在“阅读”阶段，机构投资者可能会收集大量的企业报告并据此用自动化的方法找出有投资价值的企业，而个人投资者也可能需要在复杂的金融报告中提取感兴趣的段落进行阅读。对于这三个阶段的人工智能分析而言，可靠的富格式文本语义理解技术都是最核心、最不可或缺的模块。

因而，利用可靠的文本分析技术，从非结构化的富格式文档中提取知识，构建领域相关知识图谱就成了目前亟待解决的问题。有效的知识图谱构建技术可以将业务部门外的公开数据和业务部门内的私有数据分别建立知识图谱，通过比较公开和私有两个知识图谱的异同，来研究业务部门对领域状况的认知是否存在偏差，可用于帮助管理者感知业务工作整体态势，从而辅助宏观决策。此外也可以利用知识图谱，来辅助特定领域智能搜索、智能问答系统。“巧妇难为无米之炊”，搜索和问答系统的基础便是优质的结构化数据和知识图谱。通过提高非结构化数据的分析技术、构建更好的知识图谱，来提高智能搜索系统对候选结果本质的理解，以及智能问答系统对富格式文档内表格、图像信息的理解，从而提高传统的非结构化文本分析工具的处理能力。可用于教育培训、服务支持，通过知识共享和问题发现形成群体智慧等。

富格式文本包括但不限于文件扫描件、跨平台文件格式和网页等，它们是标题、文字章节和段落、表格和图像等组成的复合有机排版。需要强调的是，知识图谱构建的研究工作往往假设文字段落已事先给定，因而仅需要在自然语言理解（NLU）的范畴内进行语义提取。然而，从特定领域的文本资料中进行语义提取，并不单纯是自然语言理解的问题，还需要进行文档结构理解、表格内容语义提取等研究工作。

综上，富格式文档语义理解研究路线和工作流程如图 4-7 所示。此工作流程以各种类型的富格式文档为输入，首先进行富格式文本的文档结构识别，将整个文档拆解为标题、文字段落、图片、表格和图表等基本文档子结构，并确定它们的阅读顺序。文档结构识别之后，再分别从文字段落、表格（或图表）中分别进行语义提取，即进行“自然语言的复杂关系提取”和“复杂排版的表格内容语义提取”。最后，将获得的结构化知识整合为全景动态知识系统。

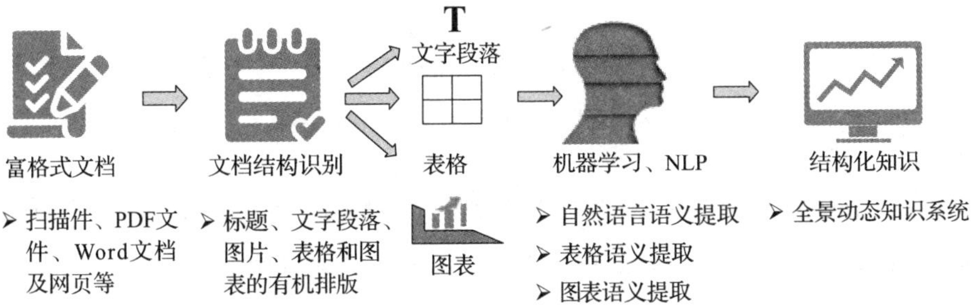

图 4-7 富格式文档语义理解研究路线和工作流程

这里要强调的是，上述几个方面的工作并不是孤立的，在设计算法时各部分的模型可以互相利用中间结果来进一步提高模型性能。下面分别介绍这几方面的研究现状和发展动态。

2. 文档结构识别

顾名思义，文档的结构识别就是将给定的富格式文档中的各个组成成分识别并将其转化为初步的结构化文档，富格式文本的文档结构框架如图 4-8 所示。富格式文本的文档有多种形式，如扫描件、PDF、Word、网页等；每篇富格式文本可能会由一页或多页构成，每页均可能包含标题(文档标题、表格标题、图像标题)、文字、段落、表格、图像等成分。

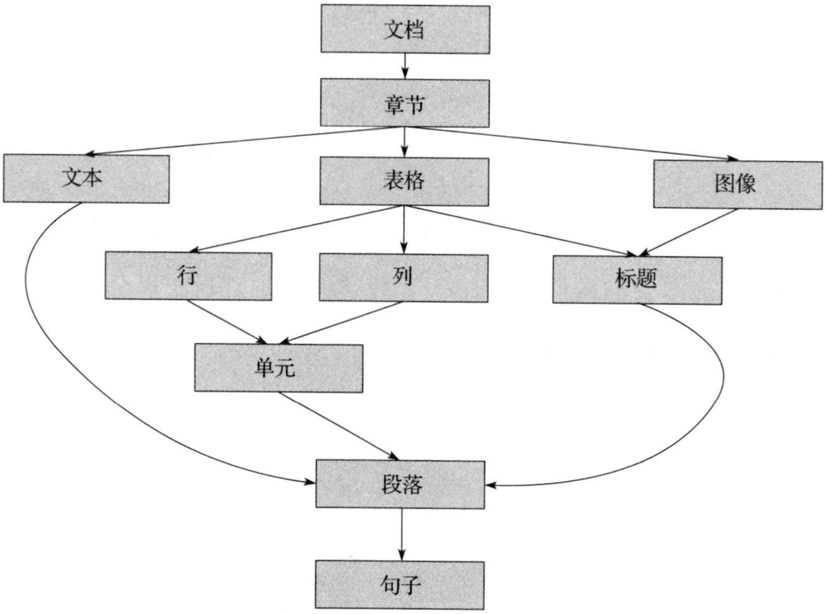

图 4-8　富格式文本的文档结构框架

在此项目中，我们将文档结构识别拆解为解析单页结构、合并多页结构、理解阅读顺序、图像（表格）的关联文本提取、生成文档层级结构五个任务。

解析单页结构任务目前采用的方法主要是基于规则的方式（Rule-based）对文档进行标题、表格、图像的提取，完全依靠对特定文档的理解，设置的规则往往只能适应特定领域的文档。也有一些工作仅对文档的表格进行提取，同样使用特定的领域特征进行规则的设定，本质上都很难应用到其他领域。不仅如此，这些方法并没有对文本段落进行提取，即没有进行完整的页面结构分割，解析单页结构不彻底。同时，也没有将文本的语义信息和图片的视觉信息进行有效的结合。

合并多页结构目前没有相关研究。主要是由于大部分的解析单页结构研究中默认了表格、文本段落等内容会出现在同一页，因此常常忽略这个问题。但事实上有些领域的文档就必须进行合并多页的操作，例如，财务报表中，过长的表格会被分成两页；复杂的排版下，被分成两页的文本段落也需要合并。理解阅读顺序的研究已经有较长的时间，由于文档多栏排版并插入表格和图片等问题，确定段落间的阅读顺序并不是简单的事情。目前对阅读顺序的最新研究都是通过提取几何特征或排版特征，再根据特征编写一些规则来实现的。这些方法鲁棒性都不好，且文档中的表格、图像的引用顺序是阅读顺序的重要特征，需要重点考虑。

图像（表格）的关联文本提取的研究分为两步。第一步是做图像标题和图像的配对（表格同理）。它根据图像标题和图像的距离、标题的文本信息及图像中的文本信息得到每个配对的损失，然后用贪心算法求解配对。第二步是做文本引用和图像的关联，因为在大部分情况下，文本在描述图像时会有“如下图、如图 xxx”的关键词，用规则的方式可以简单实现文本引用和图像的关联。

3. 自然语言语义提取

理解和提取自然语言的语义涉及众多技术和方法，目前研究重点放在实体提取、关系提取、因果提取和事件提取上。这几点是实现知识库构建，进行智能搜索和问答的重要基础。

（1）实体提取即从自然语言中提取出包含有效信息的实体。为了进行各类信息的提取，最优先且最重要的是如何选择作为奠基石的“基础实体”，例如在事件提取中，前置任务通常需要先在文本中提取出事件发生的“时间”“地点”“人物”“事件”等。

近年来，基于神经网络的深度学习方法在自然语言处理领域已经取得了很大进展。作为 NLU 领域的基础任务，命名实体识别（Named Entity Recogniton，NER）也取得了很大进展，如 Collobert 等于 2011 年发表的 *Natural language Procesing*（*almost*）*from Scratch* 就是较早使用神经网络进行 NER 的代表工作之一。

在 2015 年左右出现了一系列使用 RNN 结构并结合 CRF 进行 NER 的

工作。其中较具有代表性的工作，如 Huang 等将 LSTM 与 CRF 联合用实现的列标注模型，以及结合了 LSTM、CNNs 及 CRF 完成的端到端序列标注，拟采用类似的网络结构进行实体提取的尝试，并根据实际情况进行改进。因此，确定提取哪些信息实体，如何在多义性的文字中准确地提取出需要关注的实体，提取之后如何有效利用，是语义提取的任务中最首要的研究内客。

（2）关系提取是提取海量文本中的结构化数据、构建知识图谱的关键技术之一。其上游任务命名实体提取可以发现、识别海量文本中广泛存在的实体，如人名、地名、机构名、时间、地点等，但是这些孤立的实体需要连接成网络才能组成知识图谱。把这些文本中的实体连接成网络的关键就是关系提取技术。关系提取的下游任务通常是绘制知识图谱，以关系提取的结果作为知识图谱中的连边，实现实体、语义之间的关联。因此关系提取是文本语义理解链上的重要一环。美国国防高级研究计划局（Defense Advanced Research Project Agency，DARPA）资助的 MUC 会议提出了关系提取的任务。之后，美国国家标准技术研究院提出了自动内容抽取研究计划，以及其举办的文本分析会议都把关系提取作为一项重要内容，吸引了全世界科研机构的广泛研究。

目前对关系提取的研究主要集中在提取两个实体之间的关系上，即在一个句子或一个段落中，分析两个实体之间是否存在某种关系，提取出的结果表示为（头实体，关系类型，尾实体）。例如“2014 年 5 月，某国总统某甲与夫人某乙共同出席了……”中，两个人物实体“某甲”和“某乙”存在“夫妻”关系，通常表示为（某甲，妻子，某乙）。就当前调研结果来看，对于多个实体形成关系的研究，以及更为复杂的关系提取的研究十分匮乏。关系提取目前主要有监督学习、半监督学习和无监督学习三种解决方案。其中监督学习使用分类方法进行关系提取，具体来说，通过人工标注大量的关系数据，然后设计特征，或使用深度学习方法自动学习特征，训练机器学习模型，学习出关系提取分类模型。这种方法的优点是在标注数据的相关领域，关系提取的准确率、召回率较高，效果可靠，缺点是在人工标注阶段需要大量人力，在人力资源有限的情况下可能耗时较长。半监督学习的方法主要是远程监督，可以根据少量的标注数据自动生成大量的训练数据，缺点是自动生成的数据存在噪声，导致最终的学习结果不稳定。无监督学习的方法主要是根据实体上下文信息，对实体对进行聚类，但是聚类结果的可解释性、类别间语义的区分性难以保证。

总体来说，监督学习能够实现更有效的模型表现（在准确率、召回率等方面），实现的模型与实际应用更为接近。监督学习的方法早期有基于核函数的方法，现在则逐渐转到了基于深度学习神经网络的方法。基于深度学习神经网络的方法总体上可以被分为两类：基于卷积神经网络和基于循环神经网络。在此基础上，使用语法结构、使用最短路径及联合训练等方法也被提出，在不同方面提高了提取效果。

（3）事件提取是指提取出文本中描述的事件，对其事件类型进行分类，并提取出构成事件的相关要素。ACE 定义了事件检测和刻画任务，要求在文本中检测出事件的触发词并对其进行分类，之后对于每个触发词，识别出其相应的论元（例如，在攻击事件中的论元包括攻击发生的时间、地点、攻击者、被攻击者等）。就目前调研来看，没有这种把事件表示成关系，进而进行提取的相关研究。

事件提取的早期做法主要是使用人工设计特征，结合隐马尔科夫模型（HMM）、条件随机场（CRF）等方法。这种人工设计特征的方注对设计特征的技巧要求较多。随着深度学习的广泛流行，使用深度学习的方法自动提取特征逐渐在模型效果方面超过人工设计特征成为研究热点。

目前的模型根据其使用的特征提取方法，也可主要被分为基于卷积神经网络和基于循环神经网络两类，并都取得了不错的效果。目前大多数方法把事件抽取任务分成事件检测和论元提取两个阶段，但是 Li 等在 2013 和 Nguyen 等在 2015 年尝试的两阶段联合提取的方法是一种新的思路。另外在模型性能的提高上，2015 年 Liu 等通过改变卷积神经网络的池化方法，提高论元识别的性能，2017 年通过使用论元信息提高事件检测的性能，此外还有加入句法信息，引入外部数据等方法。

（4）因果提取即在已有实体标记的情况下提出其中包含的因果关系。从自然语言语义的角度入手，将句子按成分划分，预测各个组成部分的因果关系，如“2012 年本公司的净利润增加是由棉花销售额的提升所引起的”一句中，“棉花销售额的提升”是“2012 年本公司的净利润增加”的原因，当句子成分繁多复杂时，也需要处理可能存在的歧义与嵌套问题。

因果关系是书面语言中最常见的表达方式之一。从因果关系中不但可以获得各个实体之间的逻辑先后关系，便于更加深入地理解自然语言文本，而且可以在一定程度上得到主观意见。但是，因果关系同时也是一种比较难以被定义的关系，与相关性不同，因果关系除显而易见的有向性以外，无法轻易地通过共现率等数学现象进行证明。2013 年，Jong-HoonOh 等在定义了三种不同类型语言特征的基础上，获得了更好的基于 CRF 面向日文语料的因果关系提取模型，但由于日文语料结构与形式的特殊性（动词往往置于句尾，肯定或否定标志紧跟动词），其面对中文自然语言的表述上具有的样式繁多、句式复杂等问题无法发挥很好的效果。之后，Steffen Eger 等在英文语料上做论点挖掘的研究中提到论点间可以由“前提”构成“主张”，继而构成“主要思想”，自底向上地构建出一个树状结构，节点间的有向边包含两者之间是支持关系还是反对关系。这种方案在一定程度上可以解决因果提取中的结构，但对于如何精确划分以获得构成关系的基本单位（论点），依然需要寻找合适的解决方案。

综上所述，如何定义因果关系及如何通过定义，有效地对因果关系进行建模与提取，是一个具备实用性且具有挑战性的研究内容。

四、知识图谱

1. 知识图谱的概念

知识图谱（Knowledge Graph，KG）是一种由节点和边组成的语义网络，是一种基于图的知识表达方式，具体由“节点—边—节点”的形式构成，如图 4-9 所示。其中，节点可以代表抽象的概念，即具有同种特性的实体构成的集合，如国家、民族、书籍、计算机等，也可以代表具体的实体，即具有可区别性且独立存在的事物，如某个人、某座城市、某只动物、某件商品等。实体是知识图谱中最基本的元素，不同的实体间存在不同的关系。边可以代表两个节点之间的关系，如朋友、配偶等，用以描述现实世界中的概念、实体及它们之间丰富的关联关系，也可以代表实体或概念的属性，即用于区分概念的特征，如创建时间、所属领域、姓名、书名、身高、出生日期等。不同概念具有不同的属性，不同的属性值类型对应于不同类型属性的边。若属性值对应的是概念或实体，描述两个实体之间的关系，则这类属性被称为对象属性；若属性值是具体的数值，则这类属性被称为数据属性。当前知识图谱的内涵还不够清晰，关于知识图谱概念的具体定义，还没有较为统一的描述，不同的组织、不同的视角对其有不同的理解。

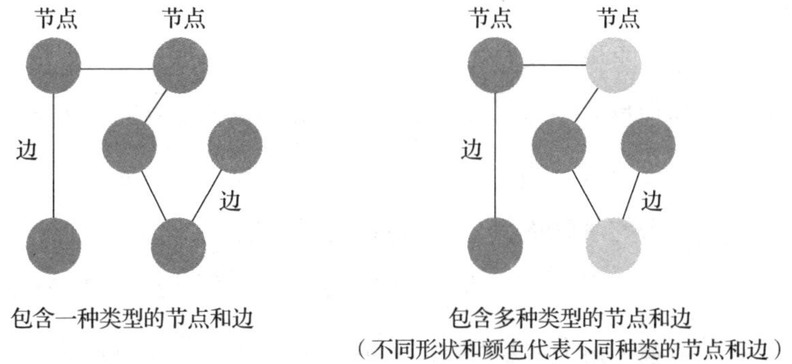

图 4-9　知识图谱是由节点和边组成的语义网络

在维基百科的定义中，知识图谱是Google用于增强其搜索引擎功能的知识库。知识图谱是Google及其服务使用的一个知识库，通过从各种来源收集信息来优化其搜索引擎的结果。本质上，知识图谱是一种揭示实体之间关系的语义网络，可以对现实世界的事物及其相互关系进行形式化的描述。现在的知识图谱已被用来泛指各种大规模的知识库。

在百度百科的定义中，知识图谱被图书情报界称为知识域可视化或知识领域映射地图，是显示知识发展进程与结构关系的一系列各种不同的图形。其用可视化技术描述知识资源及其载体，挖掘、分析、构建、绘制和显示知识及它们之间的相互联系。具体来说，知识图谱是通过将应用数学、图形学、信息可视化技术、信息科学等学科的理论和方法与计量学引文分析、共现分析等方法结合，并利用可视化的图谱形象地展示学科的核心结构、发展历史、前沿领域及整体知识架构以达到多学科融合目的的现代理论。它把复杂的知识领域通过数据挖掘、信息处理、知识计量和图形绘制而显示出来，揭示知识领域的动态发展规律，为学科研究提供切实的、有价值的参考。迄今为止，其实际应用在发达国家已经逐步拓展并取得了较好的效果，但它在我国仍处于研究的起步阶段。

在Google的定义中，Google知识图谱（Knowledge Graph）是Google的一个知识库，使用语义检索从多种来源收集信息，以便提高Google搜索的质量。知识图谱于2012年5月16日正式发布，首先在美国使用。知识图谱除了显示其他网站的链接列表，还提供结构化及详细的关于主题的信息，其目标是使用户使用此功能提供的信息来解决他们查询的问题，而不必导航到其他网站并自己汇总信息。Google于2012年基于语义网、Linked Data发布了知识图谱，主要用于提高Google搜索的质量，因此Google对知识图谱的解释更侧重于自身的搜索业务，即知识图谱从三个方面增强Google的搜索能力：一是找到正确的事物（Find the Right Thing）；二是得到最好的总结（Get the Best Summary）；三是更深入更广泛（Go Deeper and Broader）。

从知识图谱的组成元素来看，知识图谱旨在描述真实世界中存在的各种实体或概念。其中，每个实体或概念用一个全局唯一确定的 ID 来标识，这些 ID 被称为它们的标识符。每个属性 - 值对用来刻画实体的内在特性，而关系用来连接两个实体，刻画它们之间的关联。此解释形象且完整地说明了知识图谱的基本组成元素，即实体、概念、属性、关系，以及它们所代表的含义和相互之间的关系。实体或概念就是图上的节点；属性 - 值对是节点的内在特征；关系是节点和节点之间的关联，图上表现为两个节点之间的连线。

从知识工程的发展来看，知识图谱研究如何将人类的知识转化为图，从而方便计算机存储并用于推理。计算机可以通过知识图谱实现从感知智能到认知智能的飞跃，支持智能问答、辅助决策、智能分析等应用。该解释说明了知识图谱中的几个要点问题：第一，知识图谱是人工智能中的一项重要技术，实际上它是与深度学习并行的人工智能三个流派之一，属于符号主义；第二，知识图谱用图的方式来组织和描述人类知识，因为图结构更便于计算机存储，同时可用于后期的知识推理等智能应用；第三，知识图谱是实现机器认知智能的关键技术，是人工智能由计算智能、感知智能发展到认知智能的重要基础；第四，知识图谱目前在工业界已经拥有较成熟的落地应用，典型的如智能问答、辅助决策、智能分析、情报分析、反欺诈等。

因此，从不同的视角看待知识图谱，会形成不同的理解。从人工智能的视角来看，知识图谱是一种理解人类语言的知识库；从数据库的视角来看，知识图谱是一种新型的知识存储结构品；从知识表示的视角来看，知识图谱是计算机理解知识的一种方法；从 Web 的视角来看，知识图谱是知识数据之间的一种语义互联。但是，就其本质而言，知识图谱旨在从数据中识别、发现和推断事物、概念之间的复杂关系，是事物关系的可计算模型。

知识图谱的构建涉及知识建模、关系抽取、图存储、关系推理、实体融合等多方面的技术，而知识图谱的应用则涉及语义搜索、智能问答、决策分析等多个领域。要构建并利用好知识图谱，需要系统性地利用好涉及知识表示、数据库、自然语言处理、机器学习、数据挖掘、知识工程等多个方面的技术。

2. 知识图谱的生命周期

知识图谱从无到有的构建过程被称为知识图谱的生命周期，领域知识图谱的构建过程可被分为知识建模、知识获取、知识融合、知识存储、知识计算及知识应用六个阶段。知识图谱的构建是一项庞大而复杂的工程，现阶段的知识图谱系统还远远不能满足人们的应用需求，构建一个完善的知识图谱仍然面临着诸多挑战，知识图谱在各行业中的应用场景也并不十分明确，有待探索与深入研究。下面以生命周期的视角来阐述知识图谱构建过程中的每阶段的相关内容。

（1）知识建模。

知识建模是建立知识图谱的概念模式的过程，相当于关系型数据库的表结构定义。为了对知识进行合理组织，更好地描述知识本身与知识之间的关联，需要对知识图谱的模式进行良好的定义。一般来说，相同的数据可以有若干种模式定义方法，设计良好的模式可以减少数据的冗余，提高应用效率，因此在进行知识建模时，需要结合数据特点与应用特点来完成模式的定义。

知识建模通常有两种具体方式：第一种是自顶向下的方法，即首先为知识图谱定义数据模式，从顶层概念开始构建，逐步向下细化，形成结构良好的分类学层次，然后将实体添加到概念中；第二种则是自底向上的方法，即首先对实体进行归纳组织，形成底层概念，然后逐步往上抽象，形成上层概念。为了保证知识图谱的质量，需要注意的问题主要有以下几个。

①概念划分的合理性，即如何描述知识体系及知识点之间的关联关系。

②属性定义的具体方式，即如何在冗余程度最低的条件下满足应用和

可视化展现的要求。

③事件、时序等复杂知识如何表示，是通过匿名节点的方法还是通过边属性的方法描述，各自的优缺点是什么。

④后续的知识扩展难度，即是否支持概念体系的变更及属性的调整等。

（2）知识获取。

知识获取是指从不同来源、不同数据中进行知识提取，形成知识并存入知识图谱的过程。由于现实世界中的数据类型及介质多种多样，因此如何高效、稳定地从不同的数据源进行数据接入至关重要，这将直接影响知识图谱中数据的规模、实时性及有效性。知识获取按任务可以被分为概念抽取、实体识别、关系抽取、事件抽取和规则抽取等，按抽获方式的自动化程度可以分为手工获取、半自动获取和自动获取。传统专家系统时代的知识主要靠专家手工输入，难以实现大规模应用。现代知识图谱的构建大多依靠对已有的结构化数据资源进行转化以形成基础数据集，然后通过自动化获取和知识图谱补全技术从多种数据源进一步扩展知识图谱，并通过人工众包进一步提高知识图谱的质量。

知识获取的来源大致可分为三类：第一类是结构化数据，包括关系型数据、结构化的开放链接数据等；第二类是半结构化数据，如百科数据、垂直网站中的数据等；第三类是非结构化数据，如各种报道文章等。结构化数据中会存在一些复杂关系，针对这类关系的抽取是此类研究的重点，主要方法包括直接映射或映射规则定义等。从结构化数据库中获取知识一般使用现有的D2R工具，Triplify、D2RServer、OpenLink、SparqlMap、Ontop等。对于半结构化数据，通常采用包装器的方式进行解析。包装器是一个针对目标数据源中的数据制定抽取规则的计算机程序，包装器的定义、自动生成及对包装器进行更新与维护以应对网站的变更，是应用此方法需要考虑的问题。非结构化数据的抽取难度最大，文本中的知识获取主要包括实体识别和关系抽取，采用的方法主要是自然语言处理的相关技术，如何保证抽取的准确率和覆盖率则是从这类数据中进行知识获取需要考虑的重要科学问题。

（3）知识融合。

知识融合是知识图谱构建中不可缺少的一环，是指将不同来源的知识进行对齐、合并，形成全局统一的知识标识和关联的工作，体现了开放链接数据中互联的思想。良好的知识融合方法能有效地避免信息孤岛，使得知识的连接更加稠密，提升知识的应用价值，因此知识融合是构建知识图谱过程中的核心工作与重点研究问题。

知识图谱中的知识融合包含两个层面：模式层的融合和数据层的融合。模式层的融合包含概念合并、概念上下位关系合并及概念的属性定义合并，通常依靠专家人工构建或从可靠的结构化数据中映射生成。在映射的过程中，一般会通过设置融合规则来确保数据的统一。数据层的融合包括实体合并、实体属性融合及冲突检测与解决。进行知识融合时需要考虑的问题主要有：①使用什么方式实现不同来源、不同形态知识的融合；②如何对海量知识进行高效融合；③如何对新增知识进行实时融合；④如何进行多语言融合。

（4）知识存储。

知识存储是指针对构建完成的知识图谱设计底层存储方式，完成各类知识的存储。它需要结合知识应用场景进行良好的设计，存储方案的优劣会直接影响查询的效率。目前尚没有一个统一的可以实现属性知识、关联知识、事件知识、时序知识、原来知识等所有类型的知识存储的方式，如何根据自身知识的特点选择知识存储方案，或者进行存储方案的结合以满足针对知识的应用需求，是知识存储过程中需要考虑的重要问题。

知识存储的具体方式包括单一式存储和混合式存储两种。在单一式存储中，可以通过三元组、属性表或垂直分割等方式进行知识的存储。其中，三元组的存储方式在进行链接查询时开销较大；属性表的缺点是不利于缺失属性的查询；垂直分割的缺点是数据表过多且操作的代价比较大。混合式存储将图形数据库与关系数据库相结合进行知识图谱的存储。按具体的存储介质，知识存储可以被分为原生（neo4j 等）存储和基于现有数据库（MySQL 等）存储两类。原生存储的优点是其本身已经提供了较为完善的图查询语言或算法支持，但不支持定制，灵活程度不高，对于复杂节点等极端数据情况的表现非常差。基于现有数据库存储的好处是自由程度高，可以根据数据特点进行知识的划分、索引的构建等，但开发和维护成本较高。

（5）知识计算。

知识计算是领域知识图谱能力输出的主要方式，通过知识图谱本身的能力为传统的应用形态赋能，提升服务质量并提高效率。其中，图挖掘计算和知识推理是最具代表性的两种知识图谱能力，如何将这两种能力与传统应用相结合是需要解决的一个关键问题。

图挖掘计算指基于图论的相关算法实现对图谱的挖掘与探索，可辅助传统的推荐、搜索类应用。知识图谱中的图算法一般包括图遍历、最短路径、权威节点分析、族群发现最大流算法、相似节点等，大规模图上的算法效率是图算法设计与实现要考虑的主要问题。知识推理一般用于知识发现、冲突与异常检测，是知识精细化工作和决策分析的主要实现方式。知识推理又可以分为基于本体的推理和基于规则的推理，一般需要依据行业应用的业务特征定义规则，并基于本体结构与所定义的规则执行推理过程、给出推理结果。知识推理的关键问题包括大数据量下的快速推理，以及记忆对增量知识和规则的快速加载。

（6）知识应用。

知识应用是指将知识图谱特有的应用形态和领域数据与业务场景相结合、助力领域业务转型，典型应用包括语义搜索、智能问答及可视化决策支持。如何针对业务需求设计实现知识应用，并基于数据特点进行优化调整，是知识应用的关键问题。

语义搜索应用是指基于知识图谱中的知识，解决传统搜索中遇到的 X 键字语义多样性及语义消歧的难题，通过实体链接实现知识与文档的混合检索。语义搜索需要思考如何解决自然语言输入带来的表达多样性问题，同时需要解决语言中实体的歧义性问题。智能问答应用是指针对用户输入的自然语言进行理解，从知识图谱中或目标数据中给出用户问题的答案。其关键技术及难点包括准确的语义解析，即如何正确理解用户的真实意图及对于返回的答案如何评分以确定优先级顺序。可视化决策支持应用是指通过提供统一的图形接口，结合可视化、推理、检索等为用户提供信息获取的入口。其需要考虑的关键问题包括：①如何通过可视化方式辅助用户快速发现业务模式；②如何提升可视化组件的交互友好程度；③如何在大规模图环境下提高底层算法效率。

3. 知识图谱的关键技术

知识图谱技术是与知识图谱建立和应用相关的所有技术的总称，是融合认知计算、知识表示与推理、信息检索与抽取、自然语言处理与语义网、数据挖掘与机器学习等方向的交叉研究。从知识图谱生命周期的角度来看，知识图谱技术被分为三个关键部分：知识图谱构建技术、知识图谱查询和推理计算技术，以及知识图谱应用技术。

（1）知识图谱构建技术。

①知识建模与表示。

知识建模即定义知识表达的基本，知识表示是根据定义的知识表达基本模式将现实世界中的各类知识表达成计算机可存储和计算的结构。机器必须掌握大量的知识，特别是常识知识才能实现真正的类人智能。从有人工智能开始，就有了对知识表示的研究，知识图谱的知识表示以结构化的形式描述客观世界中概念、实体及其关系，将互联网的信息表达成更接近人类认知世界的形式，为理解互联网内容提供了基础支撑。

②知识表示学习。

随着以深度学习为代表的表示学习的发展，面向知识图谱中实体和关系的表示学习也取得了重要的进展。知识表示学习将实体和关系表示为稠密的低维向量，实现对实体和关系的分布式表示，可以高效地对实体和关系进行计算，缓解知识稀疏问题，有助于实现知识融合，已经成为知识图谱语义链接预测和知识补全的重要方法。由于知识表示学习能够显著提升计算效率，有效缓解数据稀疏，实现异质信息融合，因此其对于知识车的构建、推理和应用具有重要意义，值得深入研究。

③实体识别与链接。

实体是客观世界的事物，是构成知识图谱的基本元素，分为限定类别的实体，如常用的地名、人名、组织机构名等，以及开放类别的实体，如疾病名称、药物名称等。实体识别是指识别文本中指定类别的实体，实体链接是指识别文本中提及实体的词或短语，即实体提及并与知识库中对应的实体进行链接。实体识别技术可以检测文本中的新实体，并将其加入现有知识库中。实体链接技术通过发现现有实体在文本中的不同出现，可以针对性地发现关于特定实体的新知识。实体识别与链接是知识图谱构建、知识补全与知识应用的核心技术，对实体识别与链接的研究将为计算机类人推理和自然语言理解提供知识基础。

④实体关系学习。

实体关系描述客观存在的事物之间的关联关系，定义为两个或多个实体之间的某种联系。实体关系学习也被称为关系抽取，就是自动从文本中检测和识别实体之间具有的某种语义关系。实体关系抽取分为预定义关系抽取和开放关系抽取两种，预定义关系抽取是指系统所抽取的关系是预先定义好的，如知识图谱中定义好的关系类别（如上下位关系、国家—首都关系等）；开放式关系抽取不预先定义抽取的关系类别，由系统自动从文本中发现并抽取关系。实体关系学习是知识图谱自动构建和自然语言理解的重要基础。

⑤事件知识学习。

事件是促使事物状态和关系改变的条件，是动态的、结构化的知识。针对不同领域的不同应用，事件有不同的描述范畴。一种观点是将事件定义为发生在某个特定的时间点或时间段、某个特定的地域范围，由一个或多个角色参与、一个或多个动作组成的事情或状态的改变。另一种观点认为事件是细化了的主题，是由某些原因、条件引起的，发生在特定的时间、地点的，涉及某些对象的，并可能伴随某些必然结果的事情。事件知识学习，即将非结构化文本中自然语言所表达的事件以结构化的形式呈现，对于知识表示、理解、计算和应用意义重大。目前已存在的知识资源所描述的大多是实体及实体之间的关系，缺乏对事件知识的描述。

（2）知识图谱查询和推理计算技术。

①知识存储和查询。

知识图谱以图的方式来展现实体、事件及其之间的关系。知识图谱存储和查询主要研究如何设计有效的存储模式以实现对大规模图数据的有效管理，实现对知识图谱中知识的高效查询。知识图谱的结构是复杂的图结构，这给知识图谱的存储和查询带来了挑战。目前知识图谱多以三元组存在的 RDF 形式进行存储管理，并可通过 SPARQL 进行查询。

②知识推理。

知识推理是指从给定的知识图谱推导出新的实体及实体之间的关系，可分为基于符号的推理和基于统计的推理。在人工智能的研究中，基于符号的推理一般基于经典逻辑（如一阶谓词逻辑或命题逻辑），或者经典逻辑的变异（如默认逻辑）。基于符号的推理可以从一个已有的知识图谱推理出新的实体间的关系，可用于建立新知识或对知识图进行逻辑的冲突检测。基于统计的推理一般采用机器学习方法，通过统计规律从知识图谱中学习到新的实体间的关系。知识推理可用于知识分类、知识校验、知识链接预测与知识补全等，在知识计算中具有重要作用。

（3）知识图谱应用技术。

①语义集成与知识融合。

知识图谱可以由任何机构和个人自由构建，其背后的数据来源广泛、质量参差不齐，这导致它们之间存在多样性和异构性。当前互联网大数据也具有很强的分布异构的特点，通过知识图谱可以对这些数据资源进行语义标注和链接，建立以知识为中心的资源语义集成服务。语义集成的目标是将不同知识图谱融合为一种统一的、一致的、简洁的形式，为使用不同知识图谱的应用程序间的交互提供语义互操作性，常用的技术方法包括本体匹配（本体映射）、实例匹配（实体对齐、对象共指消解）及知识融合等。语义集成是知识图谱研究中的一个核心问题，对于链接数据和知识融合至关重要。语义集成与知识融合研究对于提升基于知识图谱的信息服务水平和智能化程度，推动语义网及人工智能、数据库、自然语言处理等相关领域的研究发展具有重要的理论价值、广泛的应用前景，以及巨大的社会效益和经济效益。

②语义搜索与个性推荐。

知识图谱可以将用户搜索输入的关键词映射为知识图谱中客观世界的概念和实体，搜索结果直接显示满足用户需求的结构化信息内容，而非互联网网页。知识图谱是对客观世界认识的形式化表示，将字符串映射为客观事件的事务。当前，基于关键词的搜索技术在知识图谱的支持下，可以上升为基于实体和关系的检索（被称为语义搜索）。语义搜索利用知识图谱可以准确地捕捉用户的搜索意图，进而基于知识图谱中的知识解决传统搜索中遇到的关键字语义多样性及语义消歧的难题，通过实体链接实现知识与文档的混合检索。它可以借助知识图谱直接给出满足用户搜索意图的答案，而不是包含关键词的相关网页的链接。语义搜索需要解决自然语言输入带来的表达多样性的问题，同时需要解决语言中实体的歧义性问题。

③智能问答与高效对话。

智能问答是指让计算机自动回答用户所提出的问题，是信息服务的一种高级形式。不同于现有的搜索引擎，智能问答系统返回给用户的不再是基于关键词匹配的相关文档排序，而是精准的自然语言形式的答案。智能问答被认为是未来信息服务的颠覆性技术之一及机器具备语言理解能力的主要验证手段之一。基于知识的智能问答系统将知识图谱看成一个大规模的知识库，通过理解将用户的问题转换为对知识图谱的查询，直接得到用户所关心的问题的答案。以直接而准确的方式回答用户提问的智能问答系统将构成下一代搜索引擎的基本形态。智能问答系统需要针对用户输入的自然语言进行理解，从知识图谱中或目标数据中给出用户问题的答案，其关键技术和难点包括准确地解析语义、正确地理解用户的真实意图及对返回的答案进行评分评定等。

④智能分析与决策支持。

知识图谱通过语义链接可以帮助人们理解大数据中所蕴含的潜在信息，实现对大数据的智能分析与洞察，为智能决策支持提供服务。决策支持基于路径分析、关联分析、节点聚类等图算法进行辅助分析，并通过图谱可视化的方式展示知识间的关联。可视化决策支持是指通过提供统一的图形接口，结合可视化、推理、检索等，为用户提供信息获取的入口。例如，可以通过图谱可视化技术对创投图谱中的初创公司的发展情况、投资机构的投资偏好等信息进行解读，通过节点探索、路径发现、关联探寻等可视化分析技术展示公司的全方位信息；也可以对关联参数（如步长、过滤条件等）及可视化的形态（如节点颜色、大小、距离等）进行定制，从而为可视化决策支持赋予不同的业务含义。智能分析与决策支持需要考虑的关键问题包括：通过可视化方式辅助用户快速发现业务模式、提升可视化组件的交互友好程度，以及提高大规模图环境下底层算法的效率等。

创新视点 3

企业领域知识图谱

随着云计算、大数据、移动互联、5G 等技术的飞速发展，信息爆炸式增长，在面对数据多样、复杂、孤岛化，且单一数据价值不高的应用场景时，存在关系深度搜索、规范业务流程和规则、经验性预测等需求，企业适应建立数字经济时代的竞争优势，垂直知识图谱由此应运而生。与通用知识图谱不同的是，企业所建立的垂直知识图谱，则面向特定领域，强调的是知识的深度，包含某个领域的特色知识。

在企业领域知识图谱应用开发过程中，主要问题与挑战如下。

（1）海量异构数据融合难。需要将多源数据转换为可用知识；需要解决实体、关系抽取和对象属性融合问题；传统开发方式需要硬编码，不利于经验的积累。

（2）海量数据关联分析难。业务场景中单表数据量巨大，多表关联分析消耗系统性能巨大，需要系统快速聚合不同的数据源进行分析，挖掘潜在关联关系，体现数据价值。

（3）场景案例经验传承难。案例分析过程中，传统的团队协作方式都依赖经验丰富的业务人员手把手教，很多主客观因素影响经验传承效果。

（4）知识获取操作难。传统业务问题的解决需要用户复杂的操作并进行深入的分析。这时需要一款大数据分析应用来让问题变得简单，技术人员专注于构建数据模型和数据业务化表达，用户只用“点一点、说一说、拍一拍”，就能快速解决自身关切问题，让知识获取变得更加简单。

运用知识图谱应用构建行业实体动态画像，丰富领域内场景分析模型，形成领域内动态知识库和场景分析经验库。基于知识库通过可视化简单点选拖拽完成复杂场景关系分析挖掘，通过 PC 端进行知识检索或移动端“拍一拍，扫一扫、说一说”轻松实现知识智能获取和精准推送，高效协助客户方提升知识获取和数据分析能力，完成管理决策数字化转型。

1. 产品目标

能够帮助客户打造行业知识图谱，采用分布式服务架构和分布式图计算引擎，实现行业级的知识图谱构建和分析，从可视化的知识建模、多源异构的知识提取和知识融合、万亿级别的高性能图存储计算引擎、复杂的知识推理等角度，快速、精准地从知识图谱中提取出有价值的信息，帮助企业快速生成成熟的解决方案。

提供一套知识模型构建平台。实现从源端结构化、非结构化数据的集成，基于可配置规则在线完成知识建模，自动完成知识数据加工与知识融合，以及知识推理，支持开发者配置完成知识模型构建。

提供一套知识图谱分析平台。基于分布式图数据库、高性能计算引擎及丰富图形展示控件，通过嵌入丰富算法模型，实现大规模图数据秒级分析和推理、准实时离线计算，为用户提供领域知识智能检索、分析的行业知识分析平台。

提供一套面向政企的知识经验库。在知识图谱平台支撑上，面向政府、企业等领域，围绕真实业务场景，不断孵化不同行业的业务分析及流程处理经验形成业务知识沉淀，为组织提供知识驱动的决策赋能。

构建行业知识图谱，基于分布式图数据库、高性能计算引擎及内嵌丰富算法和分析模型，实现大规模图数据秒级分析和推理，为用户提供一站式领域知识图谱构建、知识智能检索、行业知识分析的平台。

实现非结构、半结构及结构化数据清洗存储，文本自动分类，主题模型挖掘，事件类型识别，实体关系概念结构化，构建知识关联和知识融合，建立符合业务场景的图谱数据模型，并形成完整行业知识库，通过建立智能应用业务规则、推理引擎及知识推理模型，提供可视化关联分析挖掘。

解决异构数据动态融合，集成领域专家经验，通过简单易用交互，完成多人协作分析、知识沉淀和经验传承。

2. 领域知识图谱架构

领域知识图谱主要是将多源数据融合，从中抽取出业务相关的实体、关系、事件，让数据的内在联系以点和连线的关系网络直观呈现给用户，并基于关系网络实现复杂业务问题的探查。系统提供全息检索入口，实现对象多维智能搜索，对检索到的对象，结合特征信息全方位展现对象档案画像；在图分析算法的支持下，实现数据背后的潜在关系挖掘、关系推理；融合事件轨迹数据，展示对象活动轨迹与特征。融合海量异构数据，真正发现数据背后的联系和价值，通过数据驱动辅助分析研判。

如图 4-10 所示，领域知识图谱主要由五大模块组成。

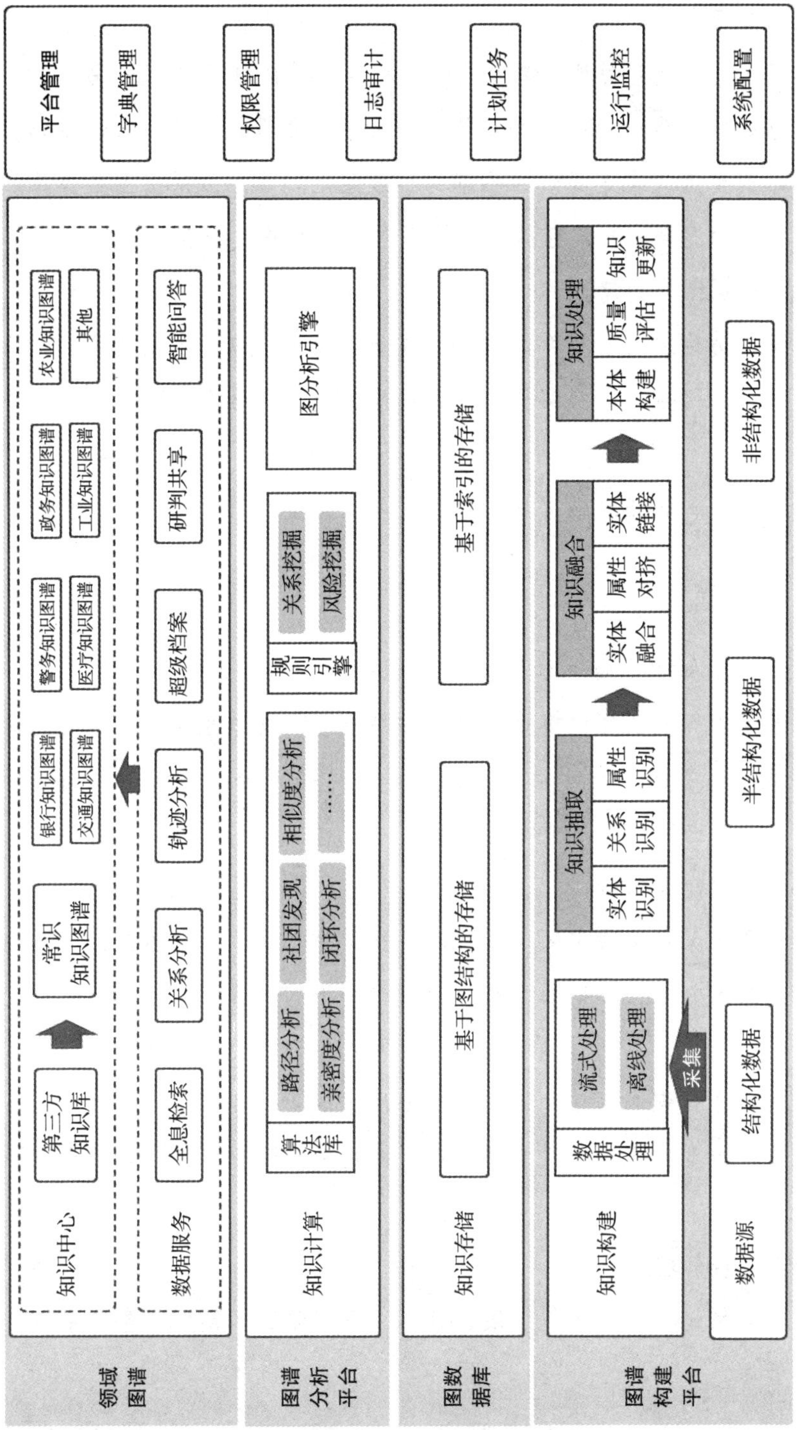

图 4-10　领域知识图谱产品架构

（1）知识存储。

知识图谱主要有两种存储方式：一种是基于 RDF 的存储；另一种是基于图数据库的存储。RDF 一个重要的设计原则是数据的易发布及共享，图数据库则把重点放在了高效的图查询和搜索上。本产品采用图数据库及关系型数据库的混合分布式存储，并结合索引提供高效检索。

（2）知识图谱构建。

知识图谱构建主要是将数据处理成业务知识，包含数据接入、知识的抽取、知识的融合，以及实体、关系模型构建，对融合后的实体、关系数据质量进行评估及数据更新，最后按照知识特性分别存储在对应图数据库、关系数据和 NoSql 数据库，数据的处理过程可以是实时的也可以离线批量处理。

（3）知识图谱分析。

用户运用知识图谱系统可进行知识的智能检索，知识的关系网络展现，并基于内置算法库和模型库进行关系推理和关系挖掘，查看关注对象详细档案、标签画像和活动轨迹，同时还可并将分析思路固化成分析模型，并与他人进行协同分析研判。

（4）领域知识图谱。

知识图谱聚焦在特定领域，就可以被认为是领域知识图谱，领域应用不仅需要静态知识，更需要动态知识，对知识的质量要求较高，在行业智能化的实现进程中，通过领域知识图谱对数据进行提炼、萃取、关联、整合，形成行业知识或领域知识，让机器形成对于行业工作的认知能力，从而实现一个行业知识引擎，实现知识生成更新自动化，让领域知识辅助业务决策。

（5）平台管理。

实现对系统用户、操作权限、日志、系统参数、调度任务、系统监控的统一管理。

3. 企业领域知识图谱特点

（1）分布式计算与存储。

- 分布式图存储与图计算引擎；
- 千亿级图谱秒级查询；
- ARM 架构支持。

（2）便捷交互、灵活配置集成。

- 多主题样式显示，操作可回退，自定义交互事件；
- 多任务并行，实时消息推送；
- 拖拽方式实现数据集碰撞分析；
- 系统配置修改立即生效；
- 功能组件模块可集成，微服务运营。

（3）图谱深度分析。

- 实体快捷关联、复杂条件关联和隐性关系推理；
- 多种算法配置，多种图分析挖掘方法；
- 自助式分析、一键式实体关联、业务离线分析。

企业领域知识图谱产品特点如图 4-11 所示。

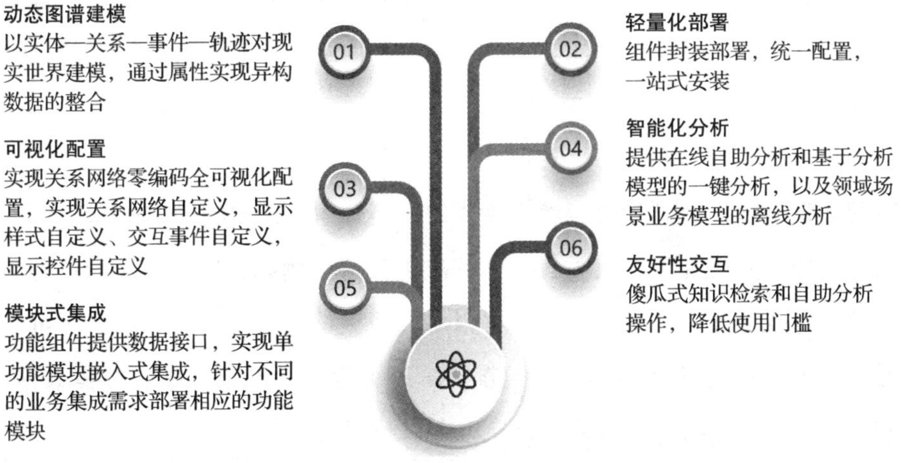

图 4-11　企业领域知识图谱产品特点

（4）知识沉淀分享。

- 内置行业知识建模模型、分析模型，可复用；
- 自建检索模型，分析模型可复用可分享。

第三节　智能知识管理

一、大数据挖掘与知识管理

随着信息科学的高速发展，互联网、移动计算、云计算等技术已经深入到人类经济生活的每个领域，不仅带来了数据量的爆发式增长，还产生了大量有别于传统数据的非结构化数据。巨大的数据量尤其是非结构化数据的暴增，在丰富信息来源和内容的同时，也对多源数据融合、大数据统计样本和数据挖掘方法提出了新的挑战。如何从多源、非结构大数据中挖掘出知识为管理决策所用，是大数据研究的核心。

通过计算机强大的计算能力，数据挖掘从海量的数据中提取出新颖有趣的潜在模式（Hidden Patterns）。这种潜在模式往往不能直接靠经验观察而获取，其特有的不可替代性、互补性给管理决策带来了新的机遇，成为当今获取知识的关键技术。已有的科研成果表明，若将数据挖掘的结果（潜在模式）定义为“一次挖掘”的粗糙知识（Rough Knowledge），将主观知识（如经验知识、情境知识、客户偏好等）通过量化的方法进一步与粗糙知识融合，上升为决策者所需要的智能知识（Intelligent Knowledge），则可以作为有用知识，成为智能性的决策支持。例如，广泛存在的各种文档和图像数据，通过挖掘技术，可以对网络舆情进行监控。人们甚至可以通过对财经评论和新闻的文本挖掘技术，结合社交网络上的多媒体数据，构建股票和基金的景气指数，指导对虚拟经济的投资。

这些大数据挖掘与知识管理的应用提示我们，如果能够整合基于图像和文本的大数据挖掘技术所得到的粗糙知识，形成支持决策的可行性方案，将会极大地提高人们对所管理问题的处理能力。

目前，大数据挖掘与知识管理在实际应用中存在的一些重要问题阻碍了其商业应用，从用户的角度看，主要表现为规则过载、脱离情境、忽略已有知识和专家经验。这些问题使得传统数据挖掘提取的知识往往与现实偏差较大，难以用于决策支持，是不可行动的知识。

从知识管理的角度看，来源于大数据的知识发现和数据挖掘呈现出下列特点。

第一，大数据挖掘和知识发现的主要目的是找到知识，为决策提供支持，但从知识管理的角度看，目前只关注数据挖掘的过程。

第二，目前大数据挖掘和知识发现过程是以数据为驱动且以技术为导向（过于重视计算机技术和算法）的，过于关注技术的完美而忽视了实用性和对决策的支持，忽视了领域知识、专家经验、用户意图和情景等因素的影响。

第三，大数据挖掘过程和知识发现将重点放在知识获取的前端。目前，知识发现过程只是进行了这个螺旋的知识创造部分的内容，而对于如何进行“二次”处理将这些知识应用于企业实际，并使其作为新的知识创造的起点形成知识创造的螺旋却没有涉及。

第四，大数据挖掘获取的知识是伴随新技术而产生的，通过机器学习产生新知识，具有来源确定、多样性、粗糙性、时效性和分散性等特点，与目前知识管理中主要的分类方式中的隐性和显性知识不一致，很难直接用成熟的知识管理理论进行提取、存储、共享和利用，也很难套用信息论的管理理论。

第五，由于大数据多源异构的特性，传统的数据挖掘方法和知识提取方法难以直接被应用于非结构化数据上，需要发展出针对非结构化数据的分析方法和挖掘技术，实现对多源异构数据的整合和内容理解，为管理决策提供可行性方案，从而达到理论方法和应用模式的创新，最终形成大数据环境下的决策管理理论方法体系。将处理矛盾问题的可拓学理论与知识管理和数据挖掘相结合，形成智能知识管理新的研究方向。

二、智能知识管理基本概念

智能知识管理强调数据挖掘结果的“二次”处理及对数据挖掘中领域知识、经验知识等的重视，这个概念自提出以来引起了数据挖掘界的重视。2008 年 5 月，在中国香港召开的数据挖掘高端国际论坛上，大会发言的 8 位专家有 3 位提到通过对粗糙知识进行“二次挖掘”以提高数据挖掘所产生知识的可用性和可行动性等科学问题。同时，智能知识管理的提出使得管理科学与计算机科学、数学的研究人员有了共同的研究话题，开始思考如何用管理科学的方法弥补计算机科学在数据挖掘研究中的缺陷与不足。

作为一个新的有前景的研究方向，国家自然科学基金委员会近年来资助了 6 个有关智能知识管理的相关课题。这些项目已经对一些基础性问题和关键技术开展了探索性研究。

（1）建立数据挖掘与智能知识管理的系统理论框架；

（2）研究并发现新的数据挖掘方法；

（3）探讨智能知识管理的研究方法；

（4）情景结合的知识智能应用与实证研究等。

智能知识管理基本概念如下。

定义 1：情境。情境是与知识、知识活动等相关的条件、背景和环境等，既包括相关的物理、社会、业务等外部环境、背景因素，也包括知识主体的认知、经验、心理等内部因素，刻画了与知识、知识活动相关的情形特征。

情境具有如下特点。

（1）情境是客观、普遍存在的现象，它可能已经被人们认识，也可能还没有得到充分认识；

（2）情境独立于知识和知识过程而存在，但知识和知识过程与情境紧密相关；

（3）情境刻画知识、知识活动等相关的情形特征，这些情形特征是区分、识别不同知识、知识活动的重要因素，对知识主体而言，这些情形则刻画了其在从事知识活动时的个性化特征。

定义 2：原始知识。原始知识是利用数据挖掘工具从数据和信息中直接发现的模式、规则、权重系数等的原始结果，是没有经过筛选的粗糙的知识。

定义 3：有用知识。对原始知识进行筛选、过滤、审计得到对管理决策有价值的知识，被称为有用知识。

传统的人类知识本身就是智能的，它们都隐含着知识的使用条件、背景、适宜人群等，拥有知识的主体也能根据环境变化自动调整。所以定语“智能”是多余的，智能知识的提出正是基于大量非智能知识而出现的。这些非智能知识就是通过数据挖掘得到的原始知识。

定义 4：智能知识。智能知识是指通过数据挖掘技术得到的，通过人机交互的处理后具有记忆、识别、自我更新和消亡等智能特征的有价值的知识。

智能知识一方面是有用的知识，另一方面能够自我管理，有一个类似人类一样的出生、成长、衰老、死亡的生命周期。另外，它具有环境识别能力，能够在正确的时间、适当的条件下，把知识提供给需要它们的人。

定义 5：智能知识管理（Intelligent Knowledge Management，IKM）是引入心理学、复杂系统、人工智能等理论和技术，将通过数据挖掘技术获取的原始知识（粗糙知识）与主体知识（规范知识、经验、领导意图、企业情境等因素）相结合，并对其进行过滤、筛选、提取、存储、转化和利用，以智能地支持企业有效管理决策的管理过程。

智能知识管理是在有用知识的基础上进行智能化处理，孵化出自身具有智能特点的知识并实现自我更新和智能应用等过程的管理，使知识能在需要的时间将需要的知识传送给需要的人，从而提升数据挖掘获取的知识的实用性，减少信息爆炸，提高知识管理水平。智能知识管理具有如下特征。

（1）智能知识管理的对象是通过数据挖掘获取的有用知识；

（2）实现知识管理智能化的途径首先是实现知识个体的智能化，而不是让智能的管理平台系统去管理没有智能的知识；

（3）智能知识管理是一个系统工程，涉及数据集的处理、数据挖掘算法，以及对知识的审计、孵化、组织存储和智能应用、淘汰等全过程，涉及主体、对象、平台之间的相互作用等；

（4）智能知识管理需要组织在战略、组织结构、文化、业务过程、人员、技术等多方面的协同支持。

定义 6：智能知识管理系统（Intelligent Knowledge Management System，IKMS）是对有用知识进行孵化产生智能知识，并对智能知识进行表达、存储，完成智能知识的学习、记忆、推理、派生、自我适应、自主推送、更新等一系列功能的软件平台系统。智能知识管理系统框架如图 4-12 所示。

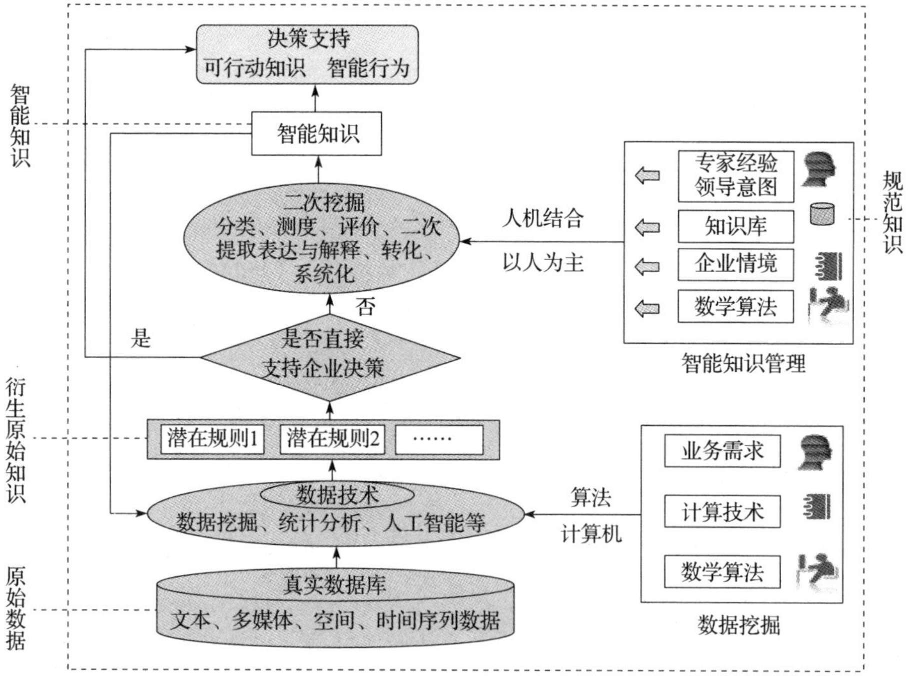

图 4-12 智能知识管理系统框架

从数据到智能行为的路径关系如图 4-13 所示，包含四个过程：从数据到粗糙知识（T1），从粗糙知识到智能知识（T2），从智能知识到智能策略（T3），从智能策略到智能行为（T4）。

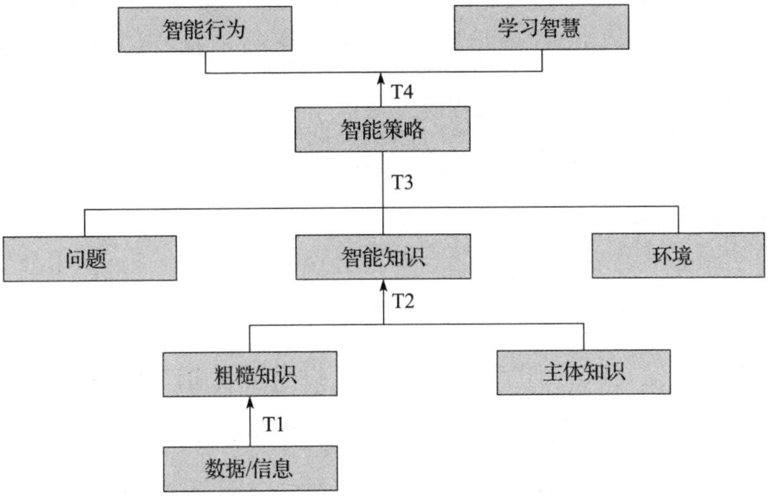

图 4-13 从数据到智能行为的路径关系

智能的知识管理方案依靠平台的智能实现对知识的智能化管理，知识本身是非智能的。若知识的数量急剧增长超出管理极限或者平台设定的规则没有及时更新，则平台的智能性容易崩溃。而智能知识的管理方案则弱化了平台的智能，将更多智能特性赋予知识本身，这样减轻了平台的压力，使智能知识相互之间进行社会活动，实现半自主的管理。智能知识的数量越多，智能性越强。

三、智能知识管理研究现状及未来方向

1. 目前智能知识管理的主要研究内容

（1）将智能知识作为一类“特殊”的知识，研究其获取、保存、转化和应用在管理上的特点。然后从总体上对智能知识及其管理模式的框架体系进行研究。

（2）研究以数据挖掘为手段的知识获取及应用方案，突破不完备数据下的知识获取瓶颈，建立智能知识的管理框架。

（3）针对智能知识的特征，分析智能知识的生命周期、智能知识的获取算法、智能知识的表达与存储、情景结合的智能推送等。

（4）研究智能知识的孵化、审计与推理机制，进而进行智能知识管理平台系统的功能设计、应用流程研究等。

（5）基于可拓学的智能知识发现算法研究。

（6）智能知识管理系统平台研究。

相关研究大多关注数据挖掘算法的精确性，对数据挖掘产生结果的深层次处理不够，且很少能让用户和已有的知识真正参与到知识发现中，增加了发现可行动知识的难度。因此，将用户的领域知识融入数据挖掘系统中进行深层次挖掘获得智能知识是一个重要的研究问题。

基于此，在系统综述已有研究成果及对已有的数据挖掘案例进行分析的基础上，以用户需求为导向，研究智能知识管理的理论模型框架。其主要研究成果如下。

（1）应用克雷斯威尔五步文献综述法，对智能知识管理国内外相关文献和案例进行了系统的综述，总结了传统的知识发现的问题，主要表现在：①以数据为驱动，以技术为导向，过于重视定量分析和技术的完美，忽视了领域专家知识、情境、已有知识及用户偏好等隐性知识在数据挖掘中的作用，而这正是传统知识管理所关注的；②数据挖掘的最终目的是发现知识，支持量化决策，目前数据挖掘将重点放在知识获取的前端，过于重视数据挖掘算法的精确性，在针对海量数据进行挖掘得到粗糙的模式规则后便戛然而止，而在对挖掘出的结果进行“深层次”或“二次”挖掘（如分类、评价或形式化）进而支持企业决策上，涉及较少且不够系统。

（2）分析传统知识发现缺陷，在产生机制的基础上，研究分析了智能知识管理这一新的科学命题提出的背景，定义了原始数据、衍生原始知识、智能知识、可行动知识、智能行为、智能决策、智能知识管理等相关概念，提出了从数据到智能行为的 T1、T2、T3、T4 四个转换过程，进行了形式化表示和特性分析，并提出了智能知识管理的过程模型，从智能知识管理过程、知识库与知识资产、智能知识管理关键要素三个层面进行了模型分析。

同时，提出智能知识管理的理论框架、智能知识获取的具体步骤及领域知识融合的具体方法，包括领域知识驱动的算法推荐、领域知识驱动的数据预处理、领域知识驱动的数据挖掘算法、领域知识驱动的知识评价。该模型将各种形式的领域知识和知识发现过程集成起来，克服已有研究只能将某种具体形式的领域知识加入知识发现过程的缺点，并重视数据挖掘结果的“深层次”的知识发现。

（3）重点针对智能知识管理中重要的 T2 过程，即粗糙知识到智能知识的转换过程，利用可拓学的方法，提出了六种智能知识管理系统集成方法，以及衍生了原始知识到智能知识的五种转换模式，即置换变换、增删变换、分解变换、扩缩变换、复制变换，并用实验和例证进行了说明和验证。

2. 未来研究方向

目前，对于智能知识管理的研究还处于初期阶段，还有许多问题有待进一步研究，并需要得到相关政策的支持，主要包括以下六个方面。

（1）数据技术与智能知识管理的系统理论框架；

（2）智能知识复杂性研究；

（3）大数据环境下智能知识管理与决策结构变异；

（4）大数据环境下智能知识获取方法与技术；

（5）大数据环境下智能知识支持管理决策的方法；

（6）智能知识管理系统和典型行业的实证研究等。

随着相关研究的不断开展，智能知识管理将成为知识大数据时代的知识工程领域的重要理论并创造出巨大的商业价值。

Knowledge Worker

第五章

知识型员工

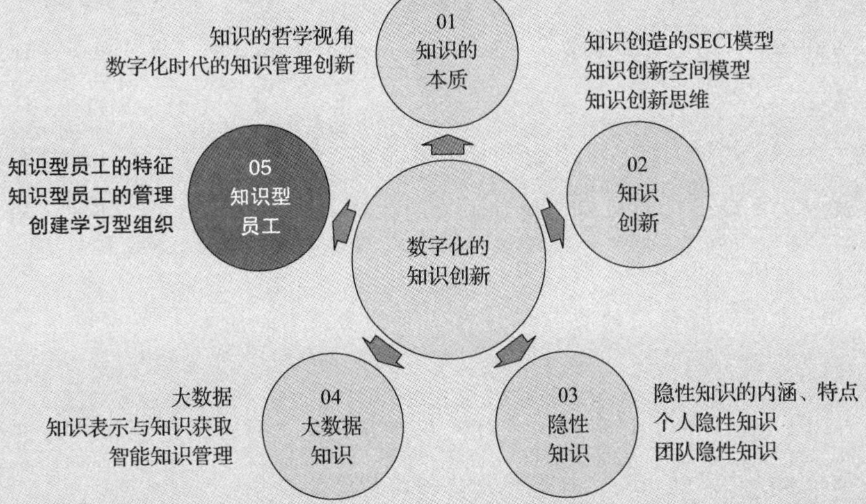

开章案例

松下电器的知识型员工管理

1990年，松下电器工业公司（以下简称松下公司）员工的平均工作为2036小时。为了解决这种时间利用的低效，公司1993年开展了一项名为MIT'93（Mind and Management Innovation Toward 1993）的工作计划，并定下目标——1991年平均工作时间减少至1800小时。这项计划的目的并不仅仅是缩短工作时间和降低成本，而是旨在提高员工的创造性。公司认为，提高创造力不仅要着眼于人的心智（Mind），还要着眼于公司的管理系统（Management System），因此这样命名。

MIT'93计划推广办公室要求公司的各个部门都要开发一套新的管理和运营系统，使减少员工工作时间成为可能。这项工作具体落实到各个部门所成立的"自我组织团队"（Self-organizing Team）中。为了配合该计划的实施，公司成立了三个委员会——劳资关系、人事、会计。MIT'93计划推广办公室确定的减少工作时间的指导原则是：分析现有的工作时间和业务流程；发现低效的原因；使员工亲身体验一下每月工作150小时（相当于每年工作1800小时）的感受。

通过对职能部门的现行工作时间和业务流程的分析，公司有了如下发现。

（1）R&D部门45%的工作时间花在非开发工作上，这包括产品设计方案递交给生产部门后，由变化产生的设计返工。

（2）物料管理部有40%的时间花在了由产品设计和生产计划改变所带来的后续工作。

（3）R&D部门20%的工作时间花在内部会议、与来访者联系及与开发工作无关的会面上。

（4）销售人员与顾客交谈方面的时间不到工作时间的20%。

这些发现为改善现有的运营系统提供了很大的机会空间。例如，研发部的人员发现，他们时间利用上的低效是由于他们所特有的产品开发方式造成的。松下公司的产品开发采取多学科团队协同工作的方式，来自工程、制造、计划、营销部门的人员共同工作，彼此交换信息，分享各自的内隐知识，而这些沟通活动往往通过各种会议进行。这种产品开发方式有很多优点，如合作的倾向性强、可以缩短开发时间、保证所开发的产品满足顾客的要求等，但也存在缺点，如原始设计和产品规范的改变过于频繁。这种产品开发方式体现了很强的知识转化的社会化模式，这样，随着产品开发团队中人数的增加，各种意见及变化要求也会加倍，这就导致了工作的低效。

让员工亲自体验每月工作150小时，他们就可以清楚地了解缩短工作时间的效果，掌握了第一手资料，消除一些不必要的工作，这种亲身体验实际上也是一种内隐知识（即每年工作1800小时意味着什么）的获得。这种体验也促使研发人员努力进行产品开发过程创新，把计算机技术及网络化技术引入产品开发，采用并行过程的手段，提高了产品开发速度。

在松下公司知识上升的第二个螺旋中，产生了一个新的运营系统，使得公司员工缩短工作时间成为可能，使他们能够有更多的时间进行创造性活动。为此，公司在各个部门成立了“自我组织团队”。这个知识创新过程始于团队中的每个成员“分享”彼此的内隐知识，即为了充分发挥员工的创造性，应该做或不该做什么类型的活动，在此基础上提出了MIT’93这个“概念”，这个概念与培育“自愿者”这一目标相比较，从而被“评判”：这一概念的目的是要提高员工的创造力，缩短工作时间。因此两个目标相吻合。

在这个知识螺旋上升过程中，五个推动因素起着非常重要的作用。松下公司的削减工作时间的目标为组织带来了异常的“波动”，危机感促使公司员工努力寻找造成工作低效的原因。公司在产生“自愿者”这一“目标”的指导下，由来自不同部门、不同背景的员工组成了团队，该团队拥有充分的“自主权”，致力于开发改进业务流程的新设想。由于该团队的成员有着不同的专业背景，彼此之间的沟通是建立在“充分的信息”的基础上，使他们有共同的语言来分享内隐知识。同时，由于团队成员来自组织的不同部门，各自的工作环境相差甚远，因此，“多样性”也在这个团队中有充分的表现。

在这个知识创新的过程中，四种知识转化模式中的“内隐化”转化形式起着非常重要的作用。由于每个部门都被要求亲自体验一下缩短工作时间的效果，这实际是一个“通过做来学习”的过程。在亲自体验的基础上，团队成员彼此交流各自对缩短工作时间的“内隐”感觉，这是知识的“社会化”转化，在此基础上他们提出了一种新的工作模式，即以并行过程的方式进行产品开发，这是知识的“外显化”转化。新的工作模式再与现有运营系统及其他外显知识组合，最后生成了新的运营系统，这是知识的“组合化”转化模式。

案例问题：

1. 松下公司对员工管理模式的创新点有哪些？

2. 松下公司员工的隐性知识是如何实现共享的？

3. 结合你公司现阶段知识型员工管理的现状，松下公司员工管理模式哪些地方值得借鉴？

资料来源：改编自野中郁次郎，竹内弘高．创造知识的企业——领先企业持续创新的动力[M]. 吴庆海译，北京：人民邮电出版社，2019.

第一节 知识型员工的特征

一、知识型员工的概念

如果你要拆一堵墙，可以很容易地找到一个工人，只需告诉他完成这个项目可以得到多少钱，他自然会迅速地投入工作，高效地完成，甚至宁愿顶着正午的烈日，披着夜晚的星光，根本不需要监督。又或者你管理装配工人，只需实行计件工资，他会自动地加强学习，总结经验，提高熟练程度，并宁愿加班加点，管理人员只需监控质量即可。我们再假设一个培训机构的讲师，他可以很用心地针对每班学生的实际情况灵活授课，也可以心不在焉地照着早就写好的讲义机械地读稿，效果当然大相径庭。如果你要管理他，如何才能保证他以饱满的热情投入每节课呢？这绝不是一件简单容易的事情。上述三个人中，拆墙的工人干的是纯粹的体力活；装配线上的工人除了消耗体力外，也需要掌握一定的技术，需要经验的积累；而培训讲师不仅要有丰富的专业知识、授课的技能和经验，还需要有适应不同类型学员的创新能力，他属于本节要讨论的知识型员工。

对知识型员工进行精准的定义是充满困难的。“知识型员工”是美国学者彼得·德鲁克提出的，最初的定义是“那些掌握和运用符号和概念，利用知识或信息工作的人”。高水平的员工将所学经过分析，再经过后天的正规教育，开发新的产品与服务。弗朗西斯·赫瑞比（Frances Horibe）将知识型员工定义为“那些创造财富时用脑多于用手的人们，他们通过自己的创意、分析、判断、综合、设计，给产品带来附加价值”。

我们也可以结合知识型员工的个性特征与工作特点，将知识型员工定义为，依靠知识和信息（数据）创造价值，有能力运用自己的智能，具有不断创新和创造新的知识的员工。

除此之外，知识型员工也被称为知识员工，他们获得、运用、解释和应用数据、信息进行多学科、复杂和不可预知的工作。他们把分析数据技术、信息技术应用在不同的领域来解决不同的问题并形成一个最终方案，提高产品的产出效率，实现自我价值，建立或提供新的产品与服务。在如今数字经济快速发展的时期，知识型员工实际上已经被扩大到大多数白领。“知识型员工”一词的风靡，很直接地反映出数字经济时代中的“白领阶层”，已经不仅仅被认为是单纯的“间接部门”，它作为影响企业经营与发展的“直接部门”的角色，也渐渐被人们所接受。数字经济时代的知识从业者，每个个体以其独有的知识个性，在组织建立与发展中发挥着各自独特的作用，同时，这些人又可以通过网络化社会分工，整合各具特色的知识，以此推动组织时代的知识更新与发展。

21 世纪是数字经济快速发展的时代，随之而来的便是“知识”作为新时代企业生存与发展竞争的关键要素而备受瞩目。然而，知识的创造、利用与增值必将依赖于知识的载体——知识型员工来实现。但现实中，知识型员工往往因为其自身的特殊性加之周围环境的不稳定性，生产效率受到多方面因素的影响，积极性、责任心、忠诚度与归属感等大为下降，深刻影响了企业与组织等的变革发展。

数字经济时代下的知识型员工管理，与工业经济时代的员工管理模式差别甚大。数字经济时代下的员工管理，已变成对以数据为载体的员工的管理和对当下知识与信息的管理。知识型员工作为智力资本，是能够推动经济增长与效益增进的个体，其特殊性推动着组织管理模式由普通的人事管理逐渐转变成对数据—信息—知识的产生、开发、共享和培训管理。提高知识的生产力和增值率、知识的共享率和创新能力将成为管理的核心问题。管理大师彼得·德鲁克说，在 21 世纪，管理需要做出的最重要的贡献，是使知识型员工的生产率得到提高。

数字经济的发展，在带动传统产业转型、催生大量知识型企业的同时，也造就了一大批以知识创造、利用和增值为主要工作内容的特殊群体——知识型员工。

随着数字时代的来临，产业经营的价值源泉已不仅仅限于产业硬件与工厂设备，而逐步转向以产品为媒介的问题处理、服务和信息的提供等。人或组织创造出的大数据知识或基于知识的资产成为价值生产的源泉。知识的创造、利用、增值与资源的有效配置，最终都要依靠知识的载体——知识型员工来实现。数字经济的发展，作为知识载体的知识型员工在企业中的作用越来越大，成为企业价值创造的最重要驱动力量。

在知识型员工的管理过程中，企业或组织如果仅仅依靠传统的人事型人力资源管理办法，并不能将知识型员工的内在潜力真正用于企业的发展壮大之中。对知识型员工的管理，更为重要的是将知识型员工内在的、与企业或组织发展密切相关的知识，固化、外化在组织的整体氛围下，以便有效通过企业对新入职员的入职培训、员工学习等流程，将知识直接或间接传递给“下一代”，由此才能推动企业知识的再生利用与创新发展，进一步增强企业的持续创新发展能力。

总的来说，企业之间的竞争，知识的创造、利用与增值，资源的合理配置，最终都要靠知识型员工来实现。知识型员工的特点，用一句话来概括就是：作为追求自主性、个体化、多样化和创新精神的员工群体，激励他们的动力更多来自工作的内在报酬本身。

以掌握先进技术的生产者、数据—信息系统设计人员、经营管理人员、教育工作者等为例，他们既能充分利用自身已习得的现代科学技术知识提高工作效率，为组织增值，同时又具有较强的学习新知识与创新固有知识的能力，实现自身增值，能有效促进自身的知识更新，为组织实现源源不断的知识供给。

知识型员工管理的主要目标，简而言之如下。

（1）吸引。利用企业特色，有明显优势能够吸引高素质、高潜力的新员工，并借由新员工为公司或企业提供“新鲜血液”的机会，为公司注入新的知识，提高组织的创新能力，形成新型竞争力，从而促进组织新的发展。

（2）保留。利用有效的企业人力资源管理模式，降低企业已有员工，特别是高级知识型员工的离职率，为企业保留与企业发展息息相关的已有知识，将以知识型员工为载体的知识固化在企业的生存与发展之中。

（3）发展。通过对知识型员工已有知识的再开发，利用企业特有的文化氛围将已有知识进一步创新，由此推动企业文化血脉的持续更新，从而推动知识型员工与企业的成长。

二、知识型员工的人力资本特性

从人类历史的发展历程来看，农业经济时代，人们的生产资料主要来自大自然，生产工具是犁、耙等简单生产工具，生产分配也主要是以土地和劳动力资源的占有来进行；人类经济发展的第二个阶段是工业经济时代，人类对自然的改造能力有了很大的提高，经济实力的增强依赖于自然资源的占有与分配；第三个发展阶段，也就是目前的经济发展形态，是以高科技发展为代表的数字经济（工业 4.0），这一阶段数据—知识作为新的产生价值的资源，代替以往农业社会与工业社会的自然资源，成为推动经济发展与进步的关键因素。需要注意的是，数字经济时代，企业之间竞争的关键在于智力资本的占有与配置情况，而智力资本的载体便是知识型员工。

随着新经济的发展，知识型员工不再是经营产业价值的“间接部门”，他们将个体既有知识、工作经验、能力等知识运用到企业日常收益的提高及组织竞争力的增强当中，通过组织架构发挥“直接部门”作用，为组织创造价值。总的来说，知识型员工以其独有的知识内涵（接受教育所得、工作经验、社会实践等），在提升生产效率、为组织增值、推动组织发展过程中功不可没。由此，鉴于知识型员工在新经济时代背景下的特殊地位，以及其独有的非传统性，在对知识型员工的管理过程中，相关管理者必须首先认清知识型员工的既有特点、价值观念、个体发展需求等方面与非知识型员工的不同之处。

当代的知识型员工与传统的白领阶层相比，不再是只知朝九晚五，为公司创造不变价值的“劳动机器”。与泰勒的“经济人”、梅奥的“社会人”理论相比，知识型员工特点更多偏向于心理学家亚伯拉罕·马斯洛（A.H.Maslow）所提出的“自我实现人”理论。他们不仅对于专业知识，而且对于经济、管理等都有较多的认识，掌握着最新的技术，在适当的环境条件下，他们能够将自身的既有专业知识与组织的发展目标结合在一起，以较高的生产效率实现组织与个人的双重目标。

企业或组织中的人力资本与传统的物质资本、非人力资本相比，有四个非常明显的特性，即人力资本的产权特性、社会特性、专用特性和对组织的依赖性。

1. 人力资本的产权特性

罗森曾提出，人力资本的产权特性即人力资本与其持有者的不可分离性。北京大学教授周其仁，在罗森提出的“人力资本的产权特性”基础上进一步提出，人力资本是天生属于人的特性，当其产权与所有者之间产生分离的时候，所有者可以以非人力资本所能做出的回应给予回应。也就是说，所有者可以根据自己的意志隐藏其所拥有的人力资本，使其好像从来没有存在过一样。随着数字经济时代与现代企业的发展，关于知识型员工的激励为人力资本理论与现代企业管理模式之间架起了一座桥梁。在现代企业发展的大背景下，人力资本的影响因素已经不仅仅受限于自然特性，其受工作环境、组织文化等社会因素的影响也逐渐明显。

知识型员工与非知识型员工相比，他们在专业素质、个人追求、价值倾向、心理特征等方面都有一定的差异性。

2. 人力资本的社会特性

知识形态生产力的物化，使得人类开发新兴资源与发现新型富有资源的能力有了极大的提升，企业或组织的价值也逐渐依赖于掌握、运用知识与信息工作的知识型员工，他们成了新经济时代下企业生存、开发、增值与竞争的关键因素。在“人力资本的产权特性”解释中我们已经发现，人力资本或者说知识资源是嵌入在特定的“人”当中的，而关于“人”的特性分析，在社会学中是“自然人”与“社会人”的结合，在知识型员工的管理当中，主要是指有限理性与信息不对称的存在，知识型员工所具有的人力资本的使用与发挥是受到社会环境的限制的。由此看来，嵌入在“人”当中的人力资本或知识资源也是具有一定的社会特性的。因此，提高知识型员工的工作满意度，也成为现代企业或组织人力资源管理中提高产出效率与竞争力的一大关键。

3. 人力资本的专用特性

美国经济学家奥利弗·伊顿·威廉姆森（Oliver Eaton Williamson）曾指出，资产专用性分为三类，即地理区位专用性、物质资产专用性、人力资产专用性。根据威廉姆森所提出的人力资产的专用性，我们可以延伸为企业或组织对员工的入职培训、在职培训或岗位轮换等所进行的知识资本的投资，它强调了在知识与信息上人与人之间的相互依赖性。一个有专业知识才干的人若想离开现有组织，对其本身与组织的负面影响也是相互的，因为他所拥有的知识或信息在一定程度上是专属于现有企业或组织的，离开组织后，他本已具备的“特异能力”在其他组织中是不容易被接受的。人力资本的专用特性是人力资本所有者参与企业管理的基础，它不仅是企业人力资源管理的基础，同时也是激励知识型员工的一个依据。

4. 人力资本对组织的依赖性

企业的本质在于它是一种团队生产或长期契约的集合，而企业的本质又表现为人力资本与非人力资本之间的相互依赖性。在企业创造价值的过程中，产生价值的直接资源是在企业其他辅助资源的支撑下才得以发挥作用的，直接资源与间接资源的其中任何一方违背合作规则，价值就难以创造。对于人力资本来说也是如此：一方面，没有企业员工之间的相互协作，人力资本就难以增值；另一方面，人力资本与非人力资本不合作就难以发挥作用。人力资本的组织依赖性是作为社会人属性的人力资本的本质属性之一。人力资本的社会属性说明了人力资本与社会环境之间的制约关系，而人力资本的组织依赖性则是说明了人力资本与特定的组织之间的相互依赖的关系。

以上说明了人力资本在新经济发展条件下的一些特有属性，具有一定的时代特征。当代数字经济下的人力资本的概念已同人力资源、物力资源、土地资源等传统资源的含义有了本质的差别。知识作为推动组织与社会发展的关键因素，已经由以往的辅助因素转变为产生价值与增值的中心因素。知识应该作为内生变量纳入经济分析的范畴。

三、知识型员工的个体特征

数字经济时代，企业或组织增值的主要来源是知识，而知识的宿主是知识型员工。国内学者洪智敏曾用一个三维图来表示知识型员工的个体特征，如图 5-1 所示。

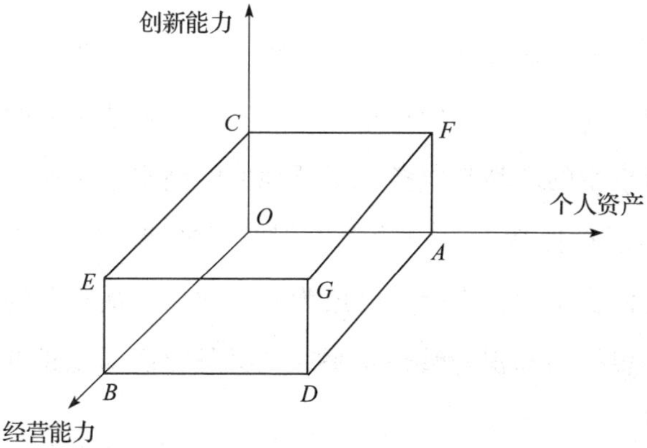

图 5-1 知识型员工的个体特征

此图中有以下三个假设：①个体的风险中性；②个体之间的生产能力无差别；③经营能力、个人资产、创新能力均为两点分布，即有此能力和无此能力两种。

因此，员工个体就可以被分为如下七种。

（1）虽富有但不善经营也无创新能力，成为纯粹的资本所有者；

（2）有经营能力，但不富有也无创新能力，将成为管理者，从事经营活动，监督工人生产；

（3）有创新能力，但无经营能力和资本，将成为创新者，从事创新活动；

（4）虽缺少创新能力，但有经营能力和资本，将成为企业家；

（5）虽不具有经营能力，但富有且具有创新能力，将成为专家型的资本所有者；

（6）虽不富有，但具有经营能力和创新能力，将成为专家型的管理者；

（7）富有创新能力和经营能力，将成为专家型的企业家，从事经营活动和创新活动，并承担经营风险。

从以上的分析中，我们可以发现，（3）——创新者，（5）——专业型的资本所有者，（6）——专家型的管理者，（7）——专家型的企业家，他们都属于知识型员工，因为他们具有知识型员工最本质的特征——创新力。

在新经济的时代背景下，企业或组织的价值与竞争力主要是由那些拥有并运用知识的知识型员工所创造的。事实上，发达国家的公民也越来越通过高技术密集型的产品与服务来保证他们的高水平物质享受，一些企业间的巨头也是通过保持本组织的知识创新来维持他们在市场竞争中的地位。由此可见，公司的智力资本已成为组织架构中最重要的组成部分。但归根结底，要想提高知识的管理水平，则必须提高对知识的载体——知识型员工的管理。

当今时代的知识型员工，因其所处的时代特殊性、自身的特殊性、所处环境的变化、企业与组织的发展等多重因素的影响，其自身的发展需求与未来规划常常处于变动当中。具体来看，知识型员工个体的特征主要包括以下几个方面。

1. 较高的个人素质

知识型员工大多接受过系统的专业教育，拥有高超的专业知识水平或者相关的高学历，掌握着一定的专业知识技能。同时，由于较高的专业水平的缘故，他们大多具有较高的个人素质，如开阔的视野、强烈的求知欲、较强的学习能力、宽泛的知识面等。

2. 较高的独立性

与传统的“经济人”型员工相比，他们所从事的工作一般是创造性的劳动。依靠自身拥有的专业知识，运用头脑对组织工作及所面临的问题进行创造性思维，他们追求的工作目标不仅仅限于增进工作成果、提高个体报酬，更多的是追求现有知识水平的跃进与工作效率的提高。因此，对于知识型员工较高的工作独立性而言，宽松的工作环境、自主的工作情境是他们所需要的。由于知识型员工的这一特点，他们对组织的依赖程度较低，在工作上主要表现为更为主动与好学，在工作方式上主要表现为更有主见，在工作环境上则具有更强的适应能力。

3. 较高的自我价值追求

正如上述所提到的，知识型员工具有较高的专业知识能力与素质，在工作上追求较高的独立性，所从事的工作大多是高知识需要的创造型工作，与普通的事务性工作有本质差别。因此，他们往往具备较高的需求层次，比非知识型员工更加注重自我价值的实现，也就是说，他们更加渴望工作成果，认为成果的质量是自己的工作能力与工作效率的最好证明。他们在完成工作的过程中，更期待通过解决问题提升自己的知识水平，同时提高自身工作成果的质量。因此，工作成就本身就是对他们最好的激励，金钱、晋升等传统意义上的奖励措施则要退居其次了。不仅如此，由于知识型员工的高度自我价值追求，他们同样会注重他人、组织及社会对自己的评价，期待个体工作对整个企业发展与组织进步有意义，对获得社会认可与尊重的追求比非知识型员工要高出很多。

4. 劳动过程难以监督控制

知识型员工的工作过程往往是在易变和不确定因素影响的环境下所完成的。他们的工作大多是脑力劳动或者创新性思维的展现，工作过程没有固定的流程与完成步骤，因而在工作过程中会显示出比较大的主观随意性与自主支配性。不仅如此，他们的工作灵感与创意甚至可以来自任意的工作时间与工作环境。知识型员工工作的这一特点，致使传统的员工管理程序与操作规程对他们来说没有什么意义，也加大了管理者对知识型员工的管理难度。

5. 工作成果不易直接测量与评价

由于知识型员工所从事的是高价值的创造性活动，他们的工作成果与传统的事务性工作成果相比，有很大的自主性与个体特色。他们的工作成果常常是以某种独有的思想、创意、技术发明，以及管理创新的形式出现。因此，他们的工作成果往往不能以固定的程序与规则加以评判。

6. 流动意愿相对于普通员工要强

对于知识型员工而言，他们普遍具有个体私有性很强的专业知识，因此对工作本身的依赖性并不大。这也就造成了他们流动意愿的增强，不希望终身在一个组织中工作。知识型员工的高流动性，既有一定的外部因素，又有与此相关的内在动因。就外在因素而言，新经济时代的快速发展，使得社会对高技术人才与专业特色极强的精英的需求不断增加，再加上各类产业与组织的快速崛起，使这些人才面对多种诱因与流动机会。数字经济时代的知识与智力资本的需求，比以往任何时代都要更为强烈，这导致知识创新人才与社会高精尖人群的缺乏现象越来越严重。从内在动因来看，知识型员工又有着较强的学习需求与知识更新需求，对于新兴技术与知识的渴望要更为强烈，因此，如果在外界诱因成立的情况下，他们很容易会选择跳槽的方式追求自身能力的提高与自我价值的实现。

四、知识型员工的分类

1. 知识型员工的专业划分

正如前文中提到的，国内学者洪智敏借用三维图分析了知识型员工的个体特征。其中，（3）——创新者、（5）——专业型的资本所有者、（6）——专家型的管理者、（7）——专家型的企业家，他们都属于知识型员工，因为他们具有知识型员工最本质的特征——创新力。由此可以看出，知识型员工的专业划分主要有这几个方面。

（1）技术专业人员。其中以三维图中表现出来的"（3）类知识型员工——创新者"为代表，他们拥有极强的创新能力，能够自如运用自身已掌握的专业知识、技能、创新思维为企业或组织产品增值、解决产品发展瓶颈、创新产出形式等。例如，高科技技术研发人员和高级工程师等。

（2）管理专业人员。以"（6）——专家型的管理者"为例，此类知识型员工拥有较强的管理领域的专业知识与极强的管理与创新能力，能够帮助组织或企业在日常的经营过程中，以极富特色的管理模式提高组织管理效率，增加产出。例如，知识总负责的最高管理者、宏观控制的知识主管、中层管理的知识经理等。

（3）行政专业人员。行政专业人员是具备行政学、管理学、政治学、法学等方面知识，能在企事业单位从事管理工作及科研工作的专门人才，他们以学历作为基础，运用自身所掌握的知识与信息对组织或企业中的多种事项进行处理，负责公司整体行政运作和管理、对外公共关系的维护、后勤管理及公司安全保卫工作，维护企业形象，创造良好的办公环境。

2. 知识型员工的层级划分

知识型员工有不同的种类划分，可以根据独立完成工作任务所花费的时间及完成工作所用的数据与技能类型加以区分。在一个知识密集型企业的运营过程中，可以将管理层面的知识型员工分为知识总负责的最高管理者、宏观控制的知识主管（CKO）、中层指导的知识经理及微观操作的知识工人四个级别。

（1）知识总负责的最高管理者。

知识型企业的最高管理者就是它的知识管理的最高管理者。一般而言，这类知识最高管理者的职责是负责制订知识管理的方针和目标、制定知识管理战略、建立组织机构、制定知识管理制度和知识创新机制，还负责知识管理的实施、评价和改进。

随着现代数字经济的发展、企业知识型员工比例的增加和员工工作的知识性的增强，原来意义上的管理者将不再能够有效地协调知识型员工之间的工作，"管理"让位于"领导"。在知识型企业中，企业经营管理者是通过个人的知识影响力来影响知识型员工，而不再是命令或要他们怎么做和做什么；领导的作用在于建立企业的价值观、惯例，甚至是企业独特的语言；管理者是教练、导师、朋友和伙伴，而不是一个指手画脚、盛气凌人的长官；企业领导人与员工之间的关系不再是对立的劳资关系，而是基于共同利益基础上的合作关系。

（2）宏观控制的知识主管。

宏观控制的知识主管是首席知识官（Chief Knowledge Officer，CKO），有的企业也称之为首席策略官（Chief Stratgy Officer，CSO），还有的企业称之为首席学习官（Chief Learning Officer，CLO）。从世界范围上看，许多世界著名的公司，例如安永、西门子、IBM、谷歌、苹果公司等，均有在自家公司设立知识主管的经历。

一个企业的知识主管在公司的运营过程与组织职能架构分配中，主要担任知识设计师、技术专家、环境营造者、知识中介者及知识创新的催化剂角色。就其职能而言，主要有以下两个方面。

（1）创设知识管理的基本框架。知识管理对企业来说是一个很新的课题，而CKO们则乐于将自己的角色戏称为“设计师”，他们需要就知识（显性知识与隐性知识等）的分类、基于知识的工作体系、与知识密集型业务相关的管理过程、保护知识和防止外溢等问题，从组织机制和技术手段等方面提出相应对策。典型的知识管理矩阵如表5-1所示。

表5-1　典型的知识管理矩阵

	组织机制	技术实施
隐性知识	教育和发展 管理过程 措施与保护	知识分类与分类方法 群体学习 知识体系
显性知识	会议场所安排 情况交流安排 社团活动安排	视讯会议 企业内部网络

（2）组织实施知识管理工作。①技术方面：就技术方面来说，CKO对要获得的知识、知识的开发和保有方式，以及知识的交流和共享等问题，需要有清晰的理解和解决办法。这项工作的基础是信息技术，具体工作有建立知识目录、开发知识共享的群组或建设企业内部网、再造知识密集型管理过程等。②营造环境方面：要营造一个适合知识创新与交流的环境，如提供各种便利机会，使得平时接触不多，但是对某一方面有共同兴趣的人们能够通过会议、社团活动等方式相互沟通。20%是技术成分，80%是文化成分。

（3）中层指导的知识经理。

在CKO下，许多企业建立了知识经理制度。知识经理的主任务是将企业的知识变成企业的资本。知识经理的角色类似于部门经理或项目经理。他们熟悉项目计划、项目内容、技术管理、发展方向和技术新动态，辅助CKO建立知识框架、结构和内容。知识经理可由专人担任，也可由项目经理或部门经理兼任，配合CKO的工作。

（4）微观操作的知识工人。

著名管理学大师德鲁克在《有效的管理》中揭示知识型员工的特征如下。在知识型企业中，几乎所有的知识型员工都是管理者，他们都需要在自己的知识劳动中进行如下决策：①判断应该采取何种工具处理和筛选信息；②用怎样的方式将有关信息向哪些人扩散和传递。

创新视点 1

惠普 CKO

高建华说，他们已经开始筹建一套知识管理体系，设立首席知识官（CKO）是孙振耀的设想，和CKO同时设立的还有领导力发展中心和惠普读书会。

高建华是惠普在亚太区设立的第一个CKO，可是CKO在惠普早已经不是什么新鲜职位，高建华接受这个职位的时候，在全球其他地区惠普公司任CKO的同事都给他发来了贺电。

CKO最普遍的就是在咨询公司中，麦肯锡、德勤等公司就有类似的职位，只不过有的叫首席知识官（CKO）有的叫首席学习官（CLO）而已。

高建华以前在惠普除了做营销以外，还做过战略规划、流程管理等工作。高建华说，其实这些都是知识管理的一部分，只是不能算系统的知识管理而已，目前很多企业都在做ERP、CRM等项目，其实ERP是生产端的知识管理，CRM是客户端的知识管理，而惠普要做的是，在整个公司建立一个系统的知识管理系统，这项工作异常复杂。做首席知识官的人需要有多方面的能力，在不同领域必须有丰富的经验，首席知识官支持公司中所有的部门，他必须是一个通才。有一篇介绍首席知识官的文章这样说道，在个人品格上，首席知识官倾向于先天热情，富有求知欲，并善于激发旁人。

首席知识官要有两个技巧：他们必须是技术专家，并且还要是环境论者。技术层面的优势可以让他们知道如何来获取、存储、探察和分享知识；而环境论者的意义在于能够在企业内部创造一个环境，让知识的创造和交换顺利开展，将不同的团队用相同的兴趣连接并使之互动和谐。

资料来源：笔者根据多方资料汇编。

第二节　知识型员工管理

一、知识型员工激励因素分析

知识型员工的管理方法与传统的人力资源管理模式相比，更加注重对员工内有知识的利用与创新，从员工正式踏入公司开始，他的知识就已经融入企业知识与文化的血脉中。随着企业的运作与发展，员工的知识在组织的文化氛围中获得不断交流与重组的机会，经历一次次的再造与提升，与此同时，组织文化与已有知识系统也因为新鲜知识血液的加入而进一步发展。组织知识系统与知识型员工的个体知识系统在一次次的磨合中，通过彼此的相互作用得到螺旋式的提升与再造。为了提高知识型员工自身与组织双方的知识储备与创新力，对知识型员工的内隐化知识进行有效的外显化，需要企业或组织的管理者对知识型员工进行相应的心理激励，以提高他们对组织的认同感与归属感，进而提高其满意度，为企业或组织创造更大的价值。因此，我们需要了解对于知识型员工，能够起到激励作用的有哪些因素，从而更方便直接地对他们进行激励，取得较好的激励效果。

激励（Motivate）一词起源于拉丁文movere，原为采取行动之意。意为“使人产生行为的动机”或“促进人产生行为的原因”。从产生的原因来看，激励就是将适当的外部刺激转化为心理动力，从而增加或减少了个体的行为。从管理学角度来看，组织建立激励机制是指运用各种有效的方法激发员工的工作动机，增加员工的工作主动性、积极性和创造性，引导、保持和强化组织成员，进而帮助员工为完成组织规定的任务、实现组织整体目标而努力工作，并实现员工本人的目标。按照研究激励侧重点与行为关系的不同，可以把激励理论归纳为以下四种类型。

1. 马斯洛需求层次理论

美国心理学家亚伯拉罕·马斯洛（Maslow.A.H.）认为人类需求像阶梯一样从低到高按层次分为5种，分别是：生理需求（Physiological Needs）、安全需求（Safety Needs）、社交需求（Belonging and Love）、尊重需求（Esteem）和自我实现需求（Self-actualization）。马斯洛的需求层次理论，在一定程度上反映了人类行为和心理活动的共同规律，从人的需求出发，探索人的激励并研究人的行为，抓住了问题的关键。企业可以在马斯洛需求层次理论的基础上，为知识型员工的激励管理模式的建立提供参考。

2. 赫茨伯格的激励——保健双因素理论

美国行为科学家赫茨伯格（Fredrick Herzberg）提出的双因素激励理论（Two Factor Theory）又叫激励保健因素理论（Motivator Hygiene Theory）。双因素激励理论重点在于试图说服员工重视某些与工作有关绩效的原因。第一，这个理论强调一些工作因素能导致满意感，而另外一些则只能防止产生不满意感；第二，对工作的满意感和不满意感并非存在于单一的连续体中。其中所提到的激励因素，包括工作本身、认可、成就和责任，这些因素涉及对工作的积极感情，又和工作本身的内容有关。这些积极感情和个人过去的成就被人认可与担负过的责任有关，它们的基础在于工作环境中持久的而不是短暂的成就。它们使员工感受到工作满意度，并因心理层面的愉悦乐意为工作本身付出激励因素。而保健因素则是指造成员工不满的因素，多与工作性质和条件相关（工资福利、公司政策和管理、工作条件以及人际关系等）。这些因素涉及工作的消极因素，也与工作的氛围和环境有关。也就是说，对工作和工作本身而言这些因素是外在的，而激励因素是内在的或者说是与工作相联系的内在因素。从某种不同的角度来看，外在因素主要取决于正式组织（例如薪水、公司政策和制度）。只有公司承认高绩效时，它们才是相应的报酬。而诸如出色地完成任务的成就感之类的内在因素则在很大程度上属于个人的内心活动，组织政策只能产生间接的影响。例如，组织只有通过确定出色绩效的标准，才可能影响个人，使他们认为已经相当出色地完成了任务。双因素理论与马斯洛需求层次理论的关系如图 5-2 所示。

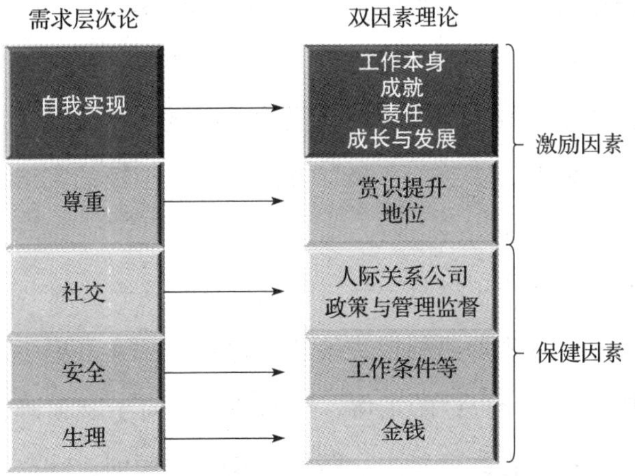

图 5-2 双因素理论与马斯洛需求层次理论的关系

赫茨伯格的双因素理论实际上是针对满足的目标而言的。所谓保健因素实质上是人们对外部条件的要求；所谓激励因素实质上是人们对工作本身的要求。根据赫茨伯格的理论，要调动人的积极性，就要在“满足”二字上做文章。满足人们对外部条件的要求，被称为间接满足，它可以使人们受到外在激励；满足人们对工作本身的要求，被称为直接满足，它可以使人们受到内在激励。在对知识型员工的管理过程中，管理者要深刻认识到激励因素与保健因素所带来的激励程度的差异，适当把控好激励因素与保健因素的比例，真正给予知识型员工信任感与安全感，既要用组织的保健因素保持组织在市场中的人才竞争力，同时也要使激励因素能充分发挥其作用，为组织留住人才的同时提高企业的价值与竞争力。

3. 麦格雷戈的 X—Y 理论、超 Y 理论、Z 理论

麦格雷戈（Mc Gregor）提供了两大类可供选择的人性观：一种传统管理中的人性假设和另一种行为科学。关于人性的假设叫作 X 理论，X 理论主要代表了一种消极的人性观念。麦格雷戈认为，X 理论所用的传统的研究方法是建立在错误的因果观念的基础上的。Y 理论提供了一种积极的人性观点，麦格雷戈把 Y 理论叫作“个人目标和组织目标的结合”，认为它能使组织的成员在努力实现组织目标的同时，也能实现自己的个人目标。所以，他认为关键不在于选择采用“强势的”还是“柔和的”管理方法，而是在管理的思想上，要选择积极的方法来替代消极的方法。所以就是要在管理方法上变 X 理论为 Y 理论。

美国的杰伊·洛希和约翰·莫尔斯在麦格雷戈的基础上提出了超 Y 理论。该理论认为：一些不愿制定决策和承担责任的人，更愿意以早以规定好了的规章制度来指导自己的工作，他们往往倾向于以 X 理论作为管理的指导原则；而一些更有约束能力、需要擅长于发挥创造性的人，则更喜欢采用 Y 理论的指导。

Z 理论更多成长在日本的经济环境中，并且受到越来越多人的关注。Z 理论主要是针对员工的需要提出来的，该理论认为：鼓励员工参与到企

业的管理工作中，对其进行全方位的培训；培养员工长期的综合能力，长期考核与稳步提拔，采用含蓄的控制和正规的检测手段。此理论更加关注职工的社会需要和个人发展需要，更加尊重人，给人更多发挥个人能力与创造性的机会及职业发展空间。Z 理论使管理更加注重人本身的需要，体现着以人为本的管理思想，它是管理由刚性阶段迈向柔性的发展阶段。

4. 亚当斯的公平理论

亚当斯（Adams）的公平理论注重工作报酬公平的重要性。他认为员工不仅关注报酬的绝对数量，更关注工作报酬是否相对比较公平，同等的报酬获得的激励效果并不相同，只有通过对他人的投入程度进行比较，才能知道同等报酬的激励效果是否相同。如果激励机制的设计没有遵守公平原则，激励效果将会下降。比如，在同一单位工作的人，如果怠工的人与勤奋工作的人具有相同的薪资报酬，其结果只能是大家都怠工。因此，要想提高报酬的激励效果，只能让投入多的人获取相对高的薪资报酬。

知识管理专家玛汉·坦姆仆经过大量的调查研究后发现，个体成长（约占 34%）、工作自主（约占 31%）、业务成就（约占 8%）、金钱财富（约占 7%），是影响知识型员工的主要因素。因此，我们可以得出，知识型员工的激励因素不仅仅在于金钱财富，更重要的是以其发展前景、自我效能与未来成长为主。

二、基于 Y 理论的目标管理方案

知识型员工有效目标管理的过程，实质上也是对其进行激励的过程。目标管理（MBO）的实施能有效推动员工目标与组织目标的结合。经典管理理论认为目标管理是以目标为导向，以人为中心，以成果为标准，而使组织和个人取得最佳业绩的现代管理方法。目标管理亦称为“成果管理”，俗称责任制，是指在企业个体职工的积极参与下，自上而下地确定工作目标，并在工作中实行“自我控制”，自下而上地保证目标实现的一种管理办法。

目标管理的具体形式各种各样，但其基本内容是一样的。所谓目标管理乃是一种程序或过程，它使组织中的上级和下级一起协商，根据组织的使命确定一定时期内组织的总目标。由此决定上、下级的责任和分目标，并把这些目标作为组织经营、评估和奖励每个单位和个人贡献的标准。目标绩效管理的四个阶段如图 5-3 所示。

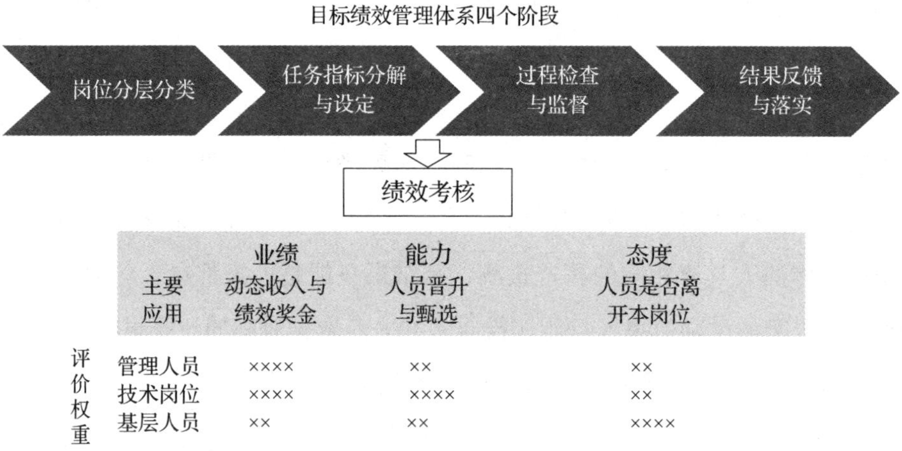

图 5-3 目标绩效管理的四个阶段

目标管理的基本特点如下。

（1）员工参与管理：目标管理是员工参与管理的一种形式，由上下级共同协商，依次确定各种目标。

（2）以自我管理为中心：目标管理的基本精神是以自我管理为中心。目标的实施由目标责任者自我进行，通过自身监督与衡量，不断修正自己的行为，以达到目标的实现。

（3）强调自我评价：目标管理强调自我对工作中的成绩、不足、错误进行对照总结，经常自检自查，不断提高效益。

（4）重视成果：目标管理将评价重点放在工作成效上，按员工的实际贡献大小如实地评价一个人，使评价更具有建设性。

将目标管理运用到对知识型员工的管理过程中，可以有效地将组织目标与知识型员工的目标相结合，为员工努力工作提供内在激励。在对知识型员工的管理模式中，具体方法有以下几方面。

首先，企业可以用目标来引导知识型员工的行为。建立目标体系可以使知识型员工个人、群体和组织的角色更清晰，有助于减少日常活动的不确定性。由于目标是评判各种活动和资源利用的规范，目标的实现与知识型员工个人的薪酬、发展机会紧密相关，这样就激发了知识员为实现目标而努力工作的热情和创造力，从而促进组织目标的实现。

其次，在对每个知识型员工具体目标的设置过程中，可以根据其个性、专长设计一些具有挑战性的目标，并将挑战性的目标与较高的薪酬、良好的晋升、培训机会紧密相连，有利于促进知识型员工自身价值的实现。

再次，目标管理是以行为结果为导向的管理制度，工作成果是评价员工工作绩效的唯一标准。至于完成目标的具体过程、途径和方法，上级并不过多干预。知识型员工在完成个人目标的前提下，自主选择适合自己的工作方式、工作时间、工作地点，有利于增强其工作自主性和工作乐趣。

最后，目标管理通过专门设计的过程，将组织的整体目标逐级分解，转换为各单位部门、各员工的分目标。在目标分解过程中，权、责、利三者已经明确。这些目标方向一致，环环相扣，相互配合，形成协调统一的目标体系，有利于实现员工个人目标与组织目标的统一，知识型员工在促进组织目标实现的过程中也促进了个人目标的实现。

目标管理是现代企业管理模式中比较流行、比较实用的管理方式之一。它的最大特征就是方向明确，有利于把整个团队的思想、行动统一到同一个目标、同一个愿景上来，是企业提高工作效率、实现快速发展的有效手段之一。但是，在目标管理的过程中，还需要注意目标的制定必须科学合理、督促检查必须贯穿始终、成本控制严肃认真、考核评估执行到位等多个方面，才可以使目标管理在知识型员工的管理过程中充分发挥作用。

创新视点 2

OKR 工作法：让字节跳动、谷歌实现爆炸式增长的秘密

字节跳动的成功与善用目标与关键成果法（Objectives and Key Results，OKR）不无关系，追求效率让它从知春路的一家小公司成长为估值 1000 亿美元的独角兽。在国内，华为、腾讯、百度、滴滴、美团等企业都在采用 OKR 管理系统。在海外，优步、领英、甲骨文、脸书、谷歌、苹果等硅谷公司也都在采用 OKR。

1. 什么是 OKR

OKR 由英特尔公司 CEO 安迪·格鲁夫发明，曾让英特尔扭转危机。后来，曾任英特尔副总裁的约翰·杜尔将 OKR 引入谷歌，让谷歌的销售收入从 100 亿美元增长到 7000 亿美元。此后，OKR 广为人知。

2. OKR 的本质

OKR 即目标（O）与关键结果（KR），目标就是想要实现的东西，关键结果是检查和监控如何达到目标的标准。如果没有一个具体数字可以衡量这些结果，那么它就不能算是一个关键结果。

健康的 OKR 文化主要包括以下几点：少即是多、自下而上设定目标、共同参与、保持灵活、敢于失败。OKR 是工具，而非武器。一个组织可能需要 4 ~ 5 个季度才能完全适应这个系统，而构建成熟的目标则往往需要更长的时间。

正如埃里克·施密特《重新定义公司：谷歌是如何运营的》一书中所

指出的，OKR是一种能将“公司创始人的‘往大处想’加以制度化的简单工具”。

3. OKR的特点

首先，OKR不以考核为目标，让员工更加聚焦于重要领域。OKR要求雇员在与组织目标保持一致的前提下，站得更高、看得更远。先有O（目标），再量化KR（关键结果），最后去实现。

其次，OKR更加公开透明，可让员工获得相互认同。OKR的内容和成绩都是公开的，每名员工的介绍页都会显示他们的OKR记录。一方面，这自然产生群体监督的作用；另一方面，这方便合理有效地组建项目团队。

4. 如何实施OKR

（1）SMART原则。

有效的OKR一定要满足SMART原则。

Specific（明确的）：目标必须是明确的，不能是模棱两可或含期不清的。比如“优化客户服务意识”就不是一个明确的目标。

Measurable（可衡量）：关键结果必须是可衡量的，可用于衡量的方法有基线法、里程碑法、正向度量法、负向度量法等，如“用户留存时间从60分钟提升为80分钟”就是一个可衡量的关键结果。

Attainable（可实现）：OKR鼓励在设定目标时具有一定的野心。但也要考虑是否可实现，不能天马行空设定一个无法实现的无意义目标。

Relevant（相关的）：公司级目标要与公司的战略对齐，部门级目标要与公司目标匹配，个人目标要与部门目标对齐，这样才能确保全员目标聚焦。

Time-bound（时限性）：没有时间限制，目标的制定就失去了意义，在OKR的实施中，时限性体现在周期的设定上。

（2）五四原则。

五四原则指：不超过五个目标，每个目标不超过四个关键结果。

（3）挑战性目标。

与 KPI 不同的是，OKR 要求员工走出“舒适区”，最好超出能力范围。一个 100% 被完成的 OKR 几乎没有任何推动作用，而一个 70% 完成度的 OKR 却近乎完美——知道极限在哪里，才有更多的上升空间。

谷歌将他们的 OKR 分为两类：一类被称为承诺型目标；另一类被称为愿景型（或挑战性）目标，二者有着本质的不同。

承诺型目标与日常考核指标紧密相连，比如产品发布、预定、招聘。一般来说，这些承诺型目标应该在规定的时间内全部完成。

愿景型目标反映了更宏伟的蓝图、更高的风险，以及更侧重于未来的导向，由定义可以看出，愿景型目标是极难实现的（平均失败率为 40%），但仍然是谷歌 OKR 构成的一部分。

5. 创新文化

当一个企业没有准备好完全开放和承担责任时，在实施 OKR 前需要进行文化建设工作。如果无法解决文化障碍，变革的“抗体”就会被释放出来，企业就会拒绝引入 OKR 系统。

从严格意义上来说，OKR 是目标管理方法，而不是绩效管理方法。前者确保公司聚焦解决重要难题，后者更注重绩效考核。

在字节跳动，犯错并不可怕，公司甚至鼓励“找 bug”的文化，公司食堂一直播放全球客户对产品的吐槽。对于员工犯错，张一鸣认为发火其实是偷懒的表现，有可能扼杀创新的火苗。

在 OKR 实践中，思想的转变比工具的应用更重要，很多人把 OKR 当成类似 KPI 的考核工具，忽视了其背后提倡的透明、信任、自主和结构导向。

资料来源：改编自雨乔的《风靡硅谷的 OKR 工作法：让谷歌实现 10 倍增长的秘密》。

三、全面薪酬管理

全面薪酬将公司支付给员工的薪酬分为“外在”和“内在”两大类。“外在薪酬”是企业为员工提供的可量化的货币性价值，主要指企业以货币、实物支出的部分，包括竞争性的货币性薪酬（即传统意义上的“薪酬”）和福利性薪酬两大部分。“内在薪酬”则是指那些给员工提供的不能以量化的货币形式表现的各种奖励价值。比如，对工作的满意度、为完成工作而提供的各种顺手的工具（比如好的电脑）、培训的机会、提高个人名望的机会（比如为著名大公司工作）、吸引人的公司文化、相互配合的工作环境及公司对个人的表彰和谢意等。员工薪酬管理如图 5-4 所示。

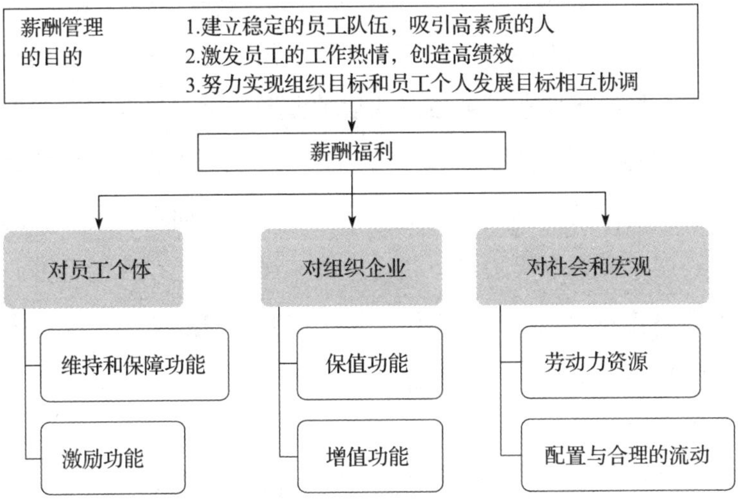

图 5-4　员工薪酬管理

实行“全面薪酬”战略在人才的甄选与保留上对企业有很强的借鉴意义。

1. 让人才脱颖而出，给优秀者以奖励

优质资源永远向优秀人才倾斜，好的薪酬机制要让强者更强，鼓励弱者跟上强者的步伐。很多企业都有工龄工资的设计，每年增加 100 ～ 200

元，以示对员工长期服务的肯定，其实必要性不大。有能力的员工通过长期在企业服务，必然已经得到相应的升迁、调整薪酬的机会，已经获得了相应的回报；剩下来的平庸的、普通的员工都属于市场替代性较强的员工，每年增加工龄工资最直接的是导致了普通岗位人工成本的上升，这批员工在企业里长生不老，光听话不做贡献。不如考虑，对于长期服务的员工，设立相应的长期服务奖，以“荣誉 + 适当奖励”的方式去体现。

2. 吸引关键人才

在薪酬体系设计时有三项基本原则：对外具备竞争力、对内具备公平性、对个体具备激励性。比如制造业，一个核心技术人员外部市场水平普遍是 50 万元年薪，那么 20 万元年薪能不能使其跳槽到另一个公司？肯定不行，回报太低。在设计员工薪酬时，必须尊重市场的规律，以确定薪酬的标准。

开辟多元化职业生涯路径是增加知识型员工对企业或组织满意度的又一方法。知识型员工职业发展道路的运动方向通常有横向与纵向两种。横向运动是指跨越专业边界的运动，有助于扩大知识型员工的经历与知识面，为进一步深入精通本专业打下宽广的基础。纵向运动是向上的，即沿着企业等级层系跨越等级边界，获得较高一级职务或职称的晋升。多元化的职业生涯路径为知识型员工提供了更为广阔的发展空间，能够增加他们自我实现的机会，提高他们的满意度。建立完备的职业培训和终身教育体系是企业保留知识型员工的有效手段之一。

苹果公司的人力资源管理模式中，高层管理人员与技术型人才之间经常会通过一对一的聊天模式增进相互之间的了解。在一对一的沟通模式之中，管理者很容易发现员工的个人职业目标设计与职业生涯规划情况。通过沟通，管理者还可以根据员工的具体情况，帮助员工找到适合自己的职业目标与职业生涯规划，并且会给员工相应的建议，以帮助员工利用现有资源提高自身技能。同时，管理者在日常的工作安排中，也可以基于员工自身的职业目标为其安排适当的工作，提高他们的工作积极性与完成任务的效率。

四、激励性工作心理暗示

知识型员工属于普通企业员工中的一个特殊群体，一般具有较高的文化知识水平，受教育程度也普遍较高，组织或企业对其工作安排一般是具有较高技术水平要求的，因而其工作过程一般是不可控的，工作成果一般也难以被测量。结合知识型员工自身的性格特点与工作特性，对知识型员工的工作设计一般可以灵活地采用以下方法。

1. 实行弹性工作制

知识型员工更多地从事思维性工作，固定的工作场所和工作时间对他们没有多大的意义，而知识型员工也更喜欢独自工作的自由和刺激，以及更具张力的工作时间安排。苹果公司的研发部门就以开放式的办公区位设计，更好地推动了研发团队成员间的相互了解，为共同攻克技术难题提供了自由的空间，从而使得公司产品的创新与改进速度大大提升。

苹果公司创建于美国西部小镇的一个普通的车库里，其所发明的“车库文化”核心是创新，体现在苹果人的核心价值观再加上创新的做事行为准则上。“车库文化”根植于自由、分享、合作与创新。其中很有意思的一点就在于，在苹果公司，“工具箱”是永远都不用上交的，其中的“工具”，员工只要有工作需要都可以拿来使用并且与同事共享。工具随时使用，有一个相对自由开放的工作空间，可以创造最高的工作效率。

2. 增强工作的挑战性

与一般员工相比，知识型员工更在意自身价值的实现，并强烈期望得到组织和社会的认可。他们并不满足于被动地完成一般性事务，而是尽力追求完美的结果。基于这一特性，公司可以在知识型员工的日常工作设计中多增加一些挑战性的任务。例如，在组织或企业中实行岗位轮换制，在不同的工作环境与工作任务下，可以一定程度上激发知识型员工探索新知的欲望。知识型员工这一群体的自我学习与探索能力相对较高，在适应新的环境与任务后，他们的社会认可度自然也会有一定的提升。另外，在不同的工作氛围下掌握不同的工作技能，知识型员工通过知识的自我消化，对知识型员工个体知识系统的强化和组织知识系统的完善也是有益的。

3. 建设自我管理团队

围绕知识型员工对工作自主性的要求，现代企业更加重视发挥员工在工作中自主和创新方面的授权。“SMT 自我管理团队”是由美国管理专家提出的一个新的管理理念，即在一个工作单位内的员工培训他们所有工作技能，如设备操作工既要学会操作设备，又要学会维修设备，同时又要学会安排生产。期望他们相互默契配合，提高效率，同时也省去了管理人员，使成本大大降低。以“SMT 自我管理团队”为代表的创新授权机制，通过一个个战略单位的自由组合，来挑选自己的成员、领导，确定其操作系统和工具，并利用数字信息技术来制定他们认为最好的工作方法。

知识型员工的工作过程一般难以被控制，工作成果也不易被测量，利用“SMT 自我管理团队”可以更好地将员工目标与组织整体目标相结合，从而推动组织预期成果的实现。在目标实现的过程中，也可以减少因知识型员工个体性格特征导致的管理难题，提高组织管理效率，与此同时，还可以增强知识型员工在组织内部的满足感，降低离职率，为企业保留人才与技术资源。

五、知识型员工与组织的心理契约

21 世纪数字经济时代，知识已成为企业价值资源中的重要因素之一。知识的创造、利用与增值都依赖于知识型员工，然而随着企业竞争、破产、重组、兼并的出现，作为企业人力资源核心组成部分的知识型员工，由于自身与其他普通员工的特殊性及组织环境的不稳定性，对组织的归属感与信任感降低，追求自我职业发展，关注自身的可雇佣性优于对组织目标的关注。由此，在新经济条件下，为了留住优秀员工、合理配置组织资源、保持企业的持续竞争力就迫切需要建立组织与知识型员工之间的灵活适当的心理契约。

广义上的心理契约（Psychological Contract）是指，雇用双方基于各种形式（口头、书面、组织制度与组织规范）强调在交换关系中彼此义务的主观理解，比较侧重于对“心理成分”的关注。狭义的心理契约是指雇员出于对组织政策、实践与文化的理解、各级组织代理人做出的各种形式承诺的感知面产生的，对其与组织之间且并不一定被组织各级代理人所意识到的相互义务的一系列信念。心理契约的本质就是对建立在承诺基础上的相互义务的主观感知。

组织成员，尤其是作为组织人力资源核心组成部分的知识型员工，在心理契约问题上感到不平衡时会提高自身的离职倾向，并有可能降低自己工作的投入度。违背心理契约会对雇员的工作态度和工作行为产生巨大的负面影响，从而对组织的长期竞争力造成损害。

知识型员工的心理契约包括三个维度，即交易型心理契约、关系型心理契约与发展型心理契约。另外，性别、工作年限、换单位次数和技术职称等知识型员工的个人基本属性对知识型员工心理契约的感知水平的高低存在影响，但是年龄、学历和现有单位的工龄等员工个人基本属性并不对知识型员工的心理契约感知水平产生显著影响；知识型员工感知到的交易型心理契约与关系型心理契约的履约程度，对员工的工作满意度存在正向的影响，对组织公民行为中同事间的利他行为存在正向影响；知识型员工所感知到的关系型心理契约的履约程度，对员工工作满意度存在正向影响；知识型员工的工作满意度对离职倾向存在负向影响；职业承诺和团队认可在知识型员工心理契约的感知与工作满意度及离职倾向的影响中起调节作用。

基于社会交换理论的心理契约研究发现，组织与员工之间实际上是一种互惠互利的相互关系，双方均需要有一定的付出，同时也期望自己的付出能从对方那里得到相应的回报。在此处的交换中，虽没有经济交换那样依赖于明确而具体的规定，但人们的心中会以社会规范和价值观为基础进行相应的衡量和对比。因此，在组织与知识型员工建立的心理契约中，责任是交换的基本要素，当相互的责任对等时，可以维持一种长久、稳定和积极的关系，如果一方觉得自己的付出没有得到适当的回报，则必然会对相互之间的信任产生严重影响。

基于社会公平理论，员工消极怠工、离职倾向的增加得到了解释。在现实的工作过程中，当员工发现他们实际获得的和组织所允诺的存在差距时，会感到心理契约平衡被打破了。此时员工会感到不公平，被组织欺骗了，并会采取相应的负向行动来平衡失调的雇用关系，员工通常采用的方法便是减少他们对组织的投入程度。从另一方面来看，员工有时也会感知到组织提供给他们的多于组织所承诺的，在这种情况下，员工感受到在社会交换中的正面不平衡，因此，员工会在工作中投入更多的努力。但是，据研究情况表明，员工感知到心理契约被违背的可能性要远远大于心理契约被超额履行的可能性。

在价值观理论中，Schwartz 和 Bilsky 曾提出，个体的价值观具有行动指向性与激发动机性行为的本质，价值观一旦形成，会通过多种途径影响个体的知觉过程，使人对外部刺激的知觉与其价值结构保持一致。个体的价值观调解着个体对组织提供的满足条件的看法，如果组织的某种行为特征对于个体而言是相对不重要的，那么个体对于组织特征在量上的变化就相对不敏感。

基于社会认同理论的分析表明，社会认同是一个人把自己定位为某种社会类别的成员，并且把这种类别的典型特征归于他自己的心理表现与过程。作为自我概念的一部分，社会认同源于他对所依附的某个社会群体的认识，以及此人对群体成员资格所持的价值与情感重要性的评价。一方面，个体在社会生活中对某种社会类别的社会成员形成相应的确定认识；另一方面，由于认同感的产生，个体把他们定义为某种社会类别的成员，并且把这种社会类别的特性归属于自己。结果，认同感不仅可以使一个个体从他与其他群体成员中区别开来并感知自己，而且也让他们能够共享和群体内其他成员的共同特性。

六、文化激励

优秀的组织文化有助于知识型员工个体的成长与发展，并能在无形中对知识型员工产生持久的激励作用。根据马斯洛的需求层次理论，企业文化的激励对于知识员工而言属于高层的需要，并且这种需要是无限的，这种文化激励会对人们的行动产生长久性的激励与推动作用。因此，在建立知识型员工对组织的认同感与归属感的同时，最大程度地发挥知识型员工工作的热情并建立优秀的企业文化是必不可少的。优秀的企业文化，不仅包括传统的工作环境要求，在新经济时代的背景下还加入了情感环境的构造。对知识员工的有效激励，需要营造良好的工作环境，良好的工作环境有利于激发知识型员工的潜能。

1. 条件优越的工作环境

对知识型员工来说，一般主要从事的是知识性、创造性的脑力工作，优良的办公环境是必不可少的。一方面，企业应为知识型员工提供工作所必需的工作条件，比如高科技的现代化设备、安静的办公环境、相对自由的发挥空间和适当的人事与经济权力等。另一方面，允许工作环境更加个性化和人情化，这样更有利于其创造力、想象力的发挥。

2. 和谐舒心的人际环境

良好的人际关系与和谐的文化氛围是吸引、留住知识型员工的根本。

他们依附于企业，主要考虑以下因素：待遇、晋升机会、培训机会和企业文化。通过共同的价值观、行为准则、道德规范，形成以重视、尊重与信任员工为特征的企业文化，能够很好地在企业内部形成强大的凝聚力和向心力，使知识型员工产生一种自我约束和自我激励，有利于提高知识型员工对企业的认同感与忠诚度，调动员工为企业奉献的积极性和主动性。

建立和谐的、与企业目标相适应的企业文化，不仅对知识型员工的保留与吸引有巨大影响力，对企业目标的完成与企业外在形象的展示也有很大的推动力。建立良好的企业文化，可以推动提高员工工作的积极性，形成强大的凝聚力，不管是在企业创建、发展、兴盛，抑或是低谷时期，都对企业的整体发展益处极大。

总之，知识型员工的激励体系是多维立体的，如进行有效的目标管理、设计激励性的工作、营造良好的环境、实施全面的薪酬战略、培育优秀的企业文化等，相互联系、相互作用，共同构成了对知识员工的全面激励体系。

第三节　创建学习型组织

在组织学习（Organizational Learning）领域，没有一个框架可以成功囊括其多样性，分歧相当大。组织学习相关理论源于多门学科，如心理学、管理学、社会学、战略和文化人类学等。对组织学习的研究比对产生更晚的学习型组织和知识管理的研究更加成熟，并为新兴的知识管理研究奠定了重要的基础。

通过审视成功和失败在组织学习中的作用可得，适度的失败可能在学习进程中充当一个重要驱动力，然后可以从单环学习和双环学习两个角度来探讨组织学习的概念。

一、数字化重新定义个人学习

1. 经典的个人学习

20 世纪 50 年代，行为主义领域对学习机制进行了深入的研究，将学习与联想、条件反射和刺激反应联系起来。随后的行为研究探索了记忆的作用，以了解通过死记硬背加强和削弱联系的过程。行为主义者认为行为对其结果起主要作用，因此，像表扬或奖励这样的正强化很可能会导致预期的行为结果，像惩罚这样的负强化可能会削弱某些行为，但研究表明，这往往只在短期内发生，很多基于能力的培训就是建立在这种方法的基础上。

学习理论的另一个分支来自认知心理学，它将学习看作一种知识状态的变化，这种信息处理的视角强调了问题的解决。这一领域的进一步研究探索了记忆结构、信息处理、知识组织和问题的解决过程。信息处理视角的产生使得计算机模拟和学习过程建模被广泛接受，它强调理解个人经验、意图和见解的不同层次。

建构主义的视角提出，学习是个人根据他们现在和过去的知识和经验产生新想法的过程。当个人从事社交活动、围绕共同的任务和问题对话时，学习便发生了。班杜拉（Bandura）认为，仅仅依靠自己来学习是极其艰难的，大多数人的行为是通过观察和与人交往产生的。社会学习理论将人类行为解释为认知、行为和环境因素之间连续地相互作用，所有的学习都处于活动、环境和文化背景当中。学习者加入他们的非正式网络——实践社区，社会互动反映出人们的信念和行为。社会学习的形成涉及以下方面。

- 学习者的特点，例如他们的感知能力和对已有知识的巩固，包括学习者识别某一行为的特殊性、复杂性和价值的能力。
- 学习者构建概念地图来描述某一行为的元素和元素之间的联系。
- 学习者的动机，包括外部的和自我强化的。

在教学、培训和管理活动中被广泛使用的学习过程模型是勒温

（Lewin）的体验式学习模型，如图 5-5 所示。个人学习可以被定义为：提高一个人采取有效行动的能力。

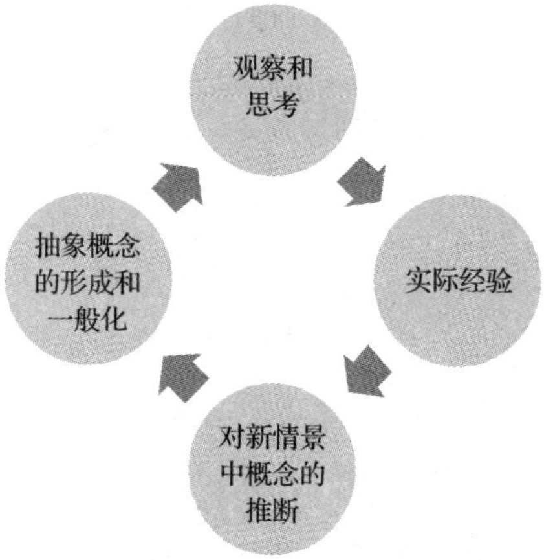

图 5-5　勒温的体验式学习模型

经验学派提出的基本学习循环出现在不同的管理理论中：戴明（Deming，1900—1993 年）的 PDCA 循环，沙因（Schein，1928）的观察—情绪反应—判断—干预循环，以及阿吉里斯和舍恩（Argyris and Schon）的发现—发明—生产—推广循环。学习过程的四个方面都已经发展成为学习风格，以帮助个人了解自己在学习过程中的长处和短处。该方法根据四种学习风格将人分为四类——积极分子、实用主义者、思考者和理论家，这种划分方法与勒温的学习模型有直接关系。

这种学习模型忽视了学习者的学习动机。如果没有这些动机或内在热情，个人不可能有任何学习动力。我们应如何激励个人参与组织学习？此外，学习模型的假设反馈和反思是学习过程的核心。然而在许多组织中，往往有一种注重行动，不重视学习循环的趋势，从而导致反思阶段被忽视。在问题紧急和最后期限临近的情形下，人们不一定有时间去思考和反思。在我们所处的紧张忙碌的环境中，个人学习有什么重要的作用？在组织中，如何管理反思的空间和时间？

学习过程的传统目标是掌握知识（知其然）、发展技能（知其所以然），以及改变个人学习者的态度，通过反思，学习者也可以了解自己作为一个学习者的优点和弱点。贝特森（Bateson）创造了短语“第二次学习”，指代那些能有效地“学会学习”，并且更擅长解决问题的人。习惯性的防御性思维可能成为第二次学习的障碍，并且抑制进一步学习。这种现象在聪明人和专业人士身上体现得尤为明显，因为他们所说的（所倡导的理论）和他们所相信的（所采用的理论）可能不一致。防御性思维往往源于聪明人对成功的渴望和对失败的恐惧，可能会导致尴尬、感情脆弱和能力缺乏。

雷格·瑞文斯（Reg Revans）通过对管理者进行观察，发现他们在学习中需要采取有效行动，而不是仅仅提出建议或根据既定条件做出分析，从而提出了行动学习这一概念。他强调了整合认知和行动、理论和行为的必要性。瑞文斯提出的学习概念建立在以下数学方程的基础上：

L（学习）=P（程序化学习）+Q（质疑观点）

2. 数字化重新定义个人学习：个性化、敏捷化、沉浸化、共享化

21 世纪是数字经济快速发展的时代，德勤咨询公司（Deloitte Consulting）与华为技术有限公司共同研究发现，加速数字化人才发展的速度，人才发展体系需要聚焦在“用户”四个方面的体验：个性化、敏捷化、沉浸化、共享化，如表 5-2 所示。

表 5-2 “用户”四个方面的体验

个性化（Customized）	沉浸化（Immersed）
员工可以根据个人职业发展方向、兴趣爱好，选择学习内容和学习方式。企业开始关注每一个人的培训需求，从推动（Push）转向了引导（Guide）	从认知—运用—理解三步式进行学习。通过沉浸化的学习环境，使员工更投入到学习过程中，相比于传统的被动式教学，更能激发员工学习与思考的主动性和参与性
敏捷化（Agile）	**共享化（Shared）**
员工可以在任何时候、任何地点学习任何内容，数字化技术让知识在“时间—空间—形式”产生多元组合，提供了三个“任何”的可能性	打破了组织内部横向及纵向的壁垒，倡导“协作共享、共同成长”的学习文化，鼓励员工之间知识和资料的共享

（1）个性化（Customized）。

作为数字化的重要参与者，许多互联网企业利用数据对客户进行分析，进而实现精准营销并获得更好的业绩效果，这种趋势也积极推动着人才发展。伴随着数字化的加深，人才发展呈现出越来越个性化的趋势。员工可以根据个人职业发展方向、兴趣爱好，选择学习内容和学习方式。企业开始关注每一个人的培训需求，从推动（Push）转向了引导（Guide）。“课程目录”曾经是企业在设计人才培训体系过程中的一大关注点，但在今天已经显得不那么重要了。在互联网时代，人们对于个性化定制体验的追求不曾停歇，企业应借助云计算、大数据等分析手段，结合员工的职业发展规划，帮助员工设立定制化的个人目标（Personal Goal），并相应地推送员工感兴趣的学习内容，最大化地体现“以人为本”和“员工导向”的学习体验，为企业加速培养数字化人才。

（2）敏捷化（Agile）。

数字化时代下，移动工具呈现了爆发式的增长，移动端的工具在使人们的生活更便捷的同时，也为人才发展提供了新思路。员工可以在任何时候、任何地点学习任何内容，数字化技术让知识在“时间—空间—形式”产生多元组合，提供了三个“任何”的可能性。在信息技术的帮助下，人们花很少或者零散的时间，运用集体的力量通过非正式的渠道所获得的知识远远多于通过传统的、正式的渠道所获得的知识。如今的工具，例如“微学习平台”“间隔学习平台”“移动阅读平台”等都为人才发展的敏捷化提供了有利条件。

（3）沉浸化（Immersed）。

数字化技术的发展实践，使员工可以通过模拟实际操作场景的形式，从认知—运用—理解三步式进行学习。通过沉浸化的学习环境，使员工更加投入到学习过程中，相比于传统的被动式的教学，更能激发员工学习与思考的主动性和参与性。在全球范围内，许多公司在培训领域进行沉浸化尝试后，得到了良好的反馈，沉浸化的学习体验加强了场景化模拟：一方面在展示一些相对比较复杂的流程和工具时，这种沉浸化学习设计有非常大的优势；另一方面也可以通过创新独特的场景设计，帮助学员跳出固化的思维模式，激发学员的创造力和想象力，从意识形态的高度加速学员对学习成果的转化。

（4）共享化（Shared）。

人类正以前所未有的发明速度创造着令人眼花缭乱的社交媒体，微博、微信、QQ、领英等软件以革命性的便捷功能使人与人之间紧密联系、沟通和共享信息。企业也开始利用社交媒体的思维打造全新的学习模式，通过内部共享平台、邮件群发系统、博客和研讨系统等，员工可以与该学习领域的专家进行直接交流，及时获取第一手学习资料，在提高学习效率的同时也促进了组织内部协作效率的提升。共享化学习打破了组织内部横向及纵向的壁垒，倡导“协作共享、共同成长”的学习文化，鼓励员工之间知识和资料的共享。通过社交（Social）+学习（Learning）的体验使员工能够在这种学习方式下，将曾经被少数人掌握的知识通过总结、沉淀，得以传承下来，形成企业的领域知识（Domain Know-how）技能，从而加速了企业内部知识与技能的复用，也为知识与技能的不断创新奠定了基础。

3. 数字化重新定义个人学习方式：深度应用数字化技术

（1）数字技术造就全新的学习工具。

新技术的发展为企业创造了全新的学习环境，在过去的10年间，企业的人才学习、发展工具和手段发生了明显的变化。越来越多的企业突破了传统培训方式的界限，转而采用数字化技术，提高人才发展的效率。传统的讲师培训方式在培训体系中的占比逐年减少。近二十年来，数字化技术的发展与应用使企业学习与人才发展体系经历了颠覆式的演进：从最原始的教科书式学习开始，互联网与多媒体技术的发展促进了在线学习与多媒体学习的产生；4G/5G网络、SNS技术及智能手机的普及，使移动学习和社交学习逐渐开始被越来越多企业的LMS所采纳。数字化技术为企业人才发展创造了多元化的工具、平台和手段。常见的数字化学习方式包括：LMS、MOOC、Simulation System、Learning Apps、xAPI、Behavior Audit、AR/VR/MR、SNS、Wiki、Forum、Video Website、Search Engine、Adaptive Learning Platform、Microlearning Platform等。

（2）智能学习进一步加快人才发展速度。

如图5-6所示，智能学习加快人才发展的速度，企业实施智能学习必将以员工为中心，以数据为驱动而构建开放、共享、协作的学习生态系统。随着大数据、AI、VR/AR/MR技术在人才发展领域的应用，人的学习动机和学习兴趣被高度激发，同时自适应员工学习节奏和学习方式提供应需而生、精确匹配的发展内容，必将进一步加速人才发展的速度。

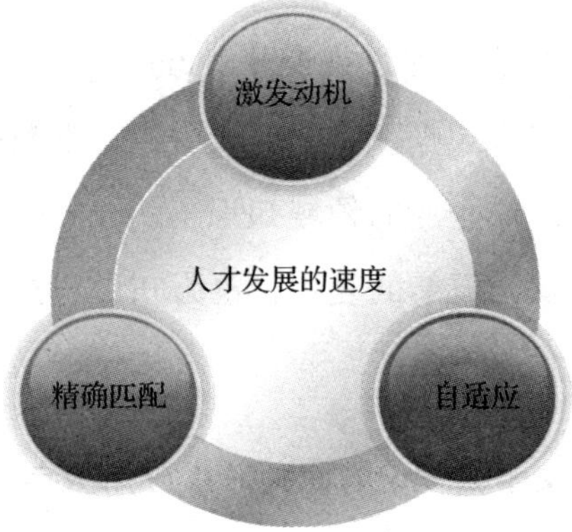

图5-6 智能学习加快人才发展的速度

智能学习时代的技术应用更关注从“以人为本”的角度实现人才发展效率的优化。曾经的学习技术发展常常被运用在对于学习内容的制作（如从文字到多媒体）和学习交付渠道的便捷化（如从线下到线上）上，大多是从课程角度出发的数字化变革；而现在随着AI、AR/VR/MR、大数据、云计算等技术的不断演进，学习技术的关注点更多集中在了学习动机强化、学习过程体验和学习结果分析上，是从人的角度出发的数字化变革：通过更智能的技术应用（自适应、虚拟现实、模拟系统）强调了学员对学习的更深度地自主参与，进而达到提升学习效率的目的。下文将列举几个有代表性的智能化学习技术在人才发展中的典型应用。

（1）基于仿真技术的模拟实验平台（Simulation Platform）。

模拟实验平台的出现改变了传统的实验教学模式，它通过仿真技术构建动态的教学模型，实时模拟真实实验现象和过程。仿真实验程序使学员可以在模拟的学习环境里实现交互式操作，产生与实际一致的实验现象和结果，实现身临其境的学习体验。富士康很早就开始为培训学员提供虚拟学习实验平台，模拟出真实的网络搭建环节，学员可以通过软件获得针对路由和核心交换的实验动手练习，学员可以通过个人电脑访问虚拟网络环境进行练习，而不必到物理实验室进行实地上机培训。比起传统的实验室操作学习方式，虚拟实验平台的推出：一方面通过线上的模拟系统，为学习的过程节省了资源和设备的昂贵支出；另一方面，使学员可以在任何时间、任何地点访问系统，学习时间更加灵活，学员可以按照自己的学习进度进行个性化的学习进程管理。

（2）基于人工智能技术的自适应学习平台（Adaptive Learning Platform）。

随着人工智能技术的发展，市面上出现了一批自适应教学系统，如 Shute & Zapata-Rivera。这类系统能基于学习者的认知特点进行自动识别，支持和促进对复杂、抽象概念的学习和理解，而且能基于情感态度进行自动识别和感知，为学习者提供适应其个人爱好的学习资源和学习方式。自适应学习平台通过对培训数据集中整合及分析，深度挖掘和提炼员工工作绩效及技能需求数据等各类信息，使用它们来更精确地匹配员工的个性化培训需求，主动引导员工学习，提升学习效率。Cogbooks（一款源自英国的自适应内容工具）为学习者提供学习内容时，考虑了以下几个因素：学生的自信心指数和自测成绩、完成练习的时间、回答问题的表现、在相似的学习模块中的学习表现等。2015 年，亚利桑那州立大学和 CogBooks 达成合作，率先在教学上使用该自适应工具，为学生提供生物和美国历史两个线上课程（解码自适应学习，Pearson）。

（3）基于 AR/VR/MR/IoT 的模拟环境学习系统。

AR（增强现实）、VR（虚拟现实）、MR（混合现实）、IoT（物联网）等技术近年来的蓬勃发展，为人才发展提供了颠覆式的创新驱动力。通过多元信息融合的、交互式的三维动态视景与实体行为（触感或动感）的有机结合，生成逼真的模拟环境，使学习者对学习内容有特别“真实”的感性认识并沉浸到该环境之中。通用汽车公司已经开始使用 Google Glass 和 Google Gadget 对工人进行培训及实时反馈：通过 AR 技术提供上下文信息 / 操作流程提示，模拟出真实的工作环境，使学员尝试进行该领域的复杂操作。

二、组织学习

1. 团队学习

团队学习（Team Learning）可以被视为一个组织有效地进行对话（Dialogue）和讨论（Discussion）的能力。高效的团队学习有三个特点。

- 具有深刻地思考复杂问题的能力及集中集体智慧的能力，而不是让个人见解占主导地位。
- 具有采取有创新性和协调性的行动的能力。这是指一些团队成员的想法与其他团队成员的自觉意识及其行动之间保持一致性。自发和协调一致的行动就像美妙的爵士乐合奏一般。
- 具有让组织中团队成员之间共享实践经验和技能的能力。

对话是对复杂问题进行自由的、创造性的探索，包括积极听取意见和调整自己的观点。对话的目的是超越自己的理解，并成为自己的思想的旁观者，这就需要反省甚至改变自己的假设，思考不同的观点。对话意味着不考虑团队成员在权力上的差别，平等对待每一个成员，需要探讨我们所支持的观点背后的假设。对话尤其适用于发散性思维，在发散性思维中，我们不是仅仅达成一致意见，而是要充分理解一个复杂问题。诸如苏格拉底、柏拉图和亚里士多德等西方哲学家都利用对话来拓展他们的知识面。

如图 5-7 的团队学习所示，讨论最适用于收敛性思维和决策，与对话相辅相成。在讨论中，人们提出并维护不同的观点，寻找最佳观点和论据来支持决策的制定。讨论以形成一个结论和行动方针而告终，通常，更好的观点更易于在讨论中脱颖而出。然而，赢得最后胜利的辩论者可能是依靠修辞和富有激情的语言，而不是依靠逻辑，因为在讨论中缺少论据质量和有效的客观标准。

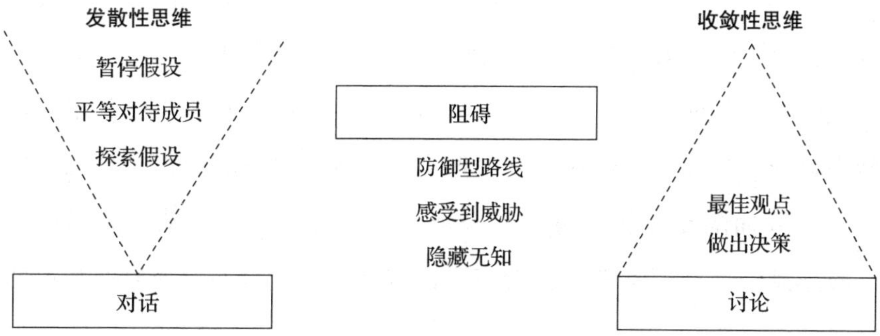

图 5-7　团队学习

然而，习惯性防卫可能会阻碍有效的团队学习，尤其是当某个人固执己见时。这可能会导致团队发生冲突、某些观点变得根深蒂固，以及阻碍团队内部能量的流动。习惯性防卫通常是由于个人为了让自己摆脱威胁和尴尬，且不愿意正视自己而产生的，这让他们始终基于过去的判断来保持信心，并掩盖自己的无知。

2. 组织学习的驱动力：成功还是失败

失败是组织学习的先决条件吗？如果是，几乎没有组织愿意尝试失败以从中吸取教训。相反，我们所处的主流文化往往是不能容忍失败和错误，从而导致人们不愿谈论它们，不愿主动承认这样的经历。失败和错误几乎每天都会出现在组织中，然而如果没有接纳错误的文化来让人们分享自己的错误和来之不易的经验教训，人们可能会付出更高昂的代价。在大型组织中，处于主导地位的问责文化也许可以防止代价高昂的错误再次发生。在组织中培养正确接纳错误的文化可以让团体或项目小组定期聚集讨论问题，对补救措施和今后的行动进行集体评议，这种思考型团体过去被称为质量循环小组或行动学习小组。

你确定成功能为今后的行动提供一个安全和可靠的依据吗？如果那些过去有用的实践、程序和惯例能一直有用，那么为什么我们会以新的东西取而代之？成功往往容易使人保持现状，在短期内追求安稳。人们因成功而得到奖励，并且继续采用他们反复试验过的方式。其危险在于，成功可能导致自满、注意力和探索力受局限、规避风险和同质化。

成功可能削弱我们改变现状的动力，因为现有的行为被强化了。这就导致在创新和决策中规避风险并采取保守行为。管理者想保护自己，免于因承担风险而陷于尴尬和危险的境地。企业喜欢追求屡试不爽的传统方式，考虑到外部环境不断变化的本质，这种明哲保身的行为只能在短期内带来可靠的业绩。

失败允许组织从试验中学习，并在认识到自己的错误后改进。重大错误可能导致任何公司最终走向灭亡，但适度的失败是可以被容忍的，它可以提高企业承受风险的水平并积累经验。失败是对传统规范的挑战，它能促使人们对不足之处进行更深刻地反省和更深入地分析。失败使得人们不仅关注结果的差异，而且关注那些可能被忽视的问题。这刺激了新战略、新程序和新流程的产生。这些不同的结果及其带来的能力，可以使组织更适应难以预测的环境。因此，适度的失败可以带来更多的创新，并提高企业对不同环境的应变能力。正如莎士比亚（Shakespeare）在《一报还一报》（*Measure for Measure*）中提醒我们的，他们说，最好的男人是在失败中打造出来的，对大多数人而言，一些小的失败能让人不断变得更好。

很显然，组织可能被它们的历史、过去的经历及其创始人建立的传统做法所拖累。就组织学习而言，组织的历史能在多大程度上成为一种驱动力？从历史中学习的组织可能会局限于既定环境下的某些小样本经验。如果一个组织的经验在过去是成功的，那么就可以学习借鉴并采取类似行为。而如果在一个组织中有不同的视角和文化，可能会导致从同一经历中获得不同的经验教训，从而增加理解的难度。

3. 单环学习和双环学习

组织学习的本质在很大程度上取决于一个人对组织的定义。如果将组织视作一个政治实体，组织学习的水平将依据政治学理论及社会与政治运动理论得出。同样，如果将组织视作一种文化，组织学习的水平将依据与人类学、民俗方法学和现象学有关的研究得出。如果采用一种认知学派的方法，组织学习可被视为认知发展和行为发展之间的差异，形成了单环学习（行为）和双环学习（认知）两种思想。

单环学习（Single-looped Learning）是指通过在一个既定的规则系统中检测并纠正错误来保持组织核心功能的正常运转。也就是说，面对任何给定的问题，组织可以采用传统方法和模式。相比之下，当前的组织规范和假设受到质疑时，双环学习（Double-looped Learning）能够建立一套新规范。企业不继续延用旧模式，并质疑它们的假设和价值，这往往会产生新的工作和行动方式。

例如，一个公司在面临销售额大幅下降的问题时，可能会归咎于销售人员，进而采取措施促使他们更加努力地工作或者解雇他们。这就是单环学习的一个例子，在这个例子中，该公司采用了一种以往尝试过的方式来处理问题，它假设通过加倍努力工作可以实现目标。而在双环学习的例子中，该公司会尝试更加严谨地评估问题，并审视其基本假设。它可能会发现，客户认为其产品或服务落后、缺乏吸引力，与竞争对手的产品相比性价比太低。在这种情况下，该公司可能会决定利用市场营销团队、设计团队和运营团队的集体智慧来创造新产品或新服务，新产品或新服务在不断变化的竞争市场中可能更有竞争力，这些措施就是双环学习的例子。

这个例子揭示了组织学习中探索（Exploration）和利用（Exploitation）的差异。在探索行为（双环学习）中，组织承担风险，以创意、实验、发明和创新取胜，其本质是对新选择方案的实验。相比之下，利用行为（单环学习）与现有流程的优化有关，并强调效率目标，其本质是对现有能力、技术、范式的改进和扩展。这两种行为对组织来说都非常重要，选择哪种行为要根据具体情况而定。如果效率是竞争环境中的驱动力，那么单环学习或者利用行为就非常重要。然而，探索和利用会不断地此消彼长，因为它们会争夺企业内的稀缺资源。

由于探索行为需要承受风险并进行试验，其产出可能具有更多的不确定性，时间跨度可能更长，对新创意、新市场和新关系的探索及其可能的结果远比利用和模拟现有方法和关系更具有不确定性，这使得组织倾向于选择对现有方案进行利用行为，放弃对未知世界的探索行为。只进行利用行为的组织会产生技术惰性，过去的成功会导致组织在时间和空间上的短视，从而妨碍组织去学习新思想，最终导致僵化。有人认为，随着企业通过更加迅速地优化利用行为来适应变化的环境，它们在短期内可能会产生效果，但从长期来看，可能会具有自我破坏性。而只进行探索行为的组织需要承担大量的实验成本，它们往往拥有大量尚未开发的新想法，但又没有能力开发出来，或者缺乏足够的经验，无法成功开发这些创意。

因此，在知识获取过程中，组织不应该实施单一的探索性学习（双环学习）或利用性学习（单环学习）。组织能力的动态发展同时依赖挖掘利用现有技术和资源来确保效率得到改善，以及通过双环学习创新来创造变异能力。双环学习和单环学习的平衡是系统生存和繁荣的关键，组织所面临的一个基本问题就是必须既要充分地利用单环学习，深化和提升现有技术，又要投入足够的资源进行单环学习以确保未来发展。关于两种学习之间的平衡理论比较，如表 5-3 所示。

表 5-3　两种学习之间的平衡理论比较

平衡理论	时空分离理论	结构分离理论	情景双元理论	空间域理论
分析层面	组织层面	组织层面	个体与团队层面	组织（间）层面
学习焦点	一定时点只聚焦一种学习	两种学习同时进行	两种学习同时进行	只从事某种擅长的学习
实现途径	间断式均衡	跨单元的整合来实现平衡	个体同时追求协作与适应	外在化组织间的协调整合
基本假定	市场、环境等稳定发展，变化缓慢	高度差异化的单元	所有员工都需具备双元思维能力	企业资源、能力有限
管理风格	积极主动管理	积极主动管理	提供支持性情境	积极主动并非必要条件
面临的挑战	管理学习的转化和解决自强化惯性	跨单元的协调和管理高层团队的矛盾	管理组织单元内的矛盾	识别适用的领域
代表性研究	Tushm 和 Anderson（1986）	Tushm 和 O'REilly（1986）	Gibson 和 Birk in shaw（2004）	Lavie 和 Rosenkopf（2006）

资料来源：林枫，孙小薇，张雄林，等. 探索性学习——利用性学习平衡研究进展及管理意义 [J]. 科学与科学技术管理，2015（4）：55-63.

4. 组织惯例

组织惯例（Organizational Routines）是组织学习的一个重要方面，因为它们可以帮助我们了解一个组织的结构、流程和行动之间的相互作用。最初，惯例与组织的操作程序联系在一起，与相关的计算机程序的概念类似，包括组织的规范、常规、规则和程序，以及日常运作方式。这些惯例被嵌入组织的文化、信仰和框架中，有助于组织稳定，被视为定期的和可预测的行为模式。惯例可以通过各种渠道传递，如模仿、社交、教育和个性化等，并成为集体记忆的一部分。一般情况下，这些惯例被视为独立的个体，并能够在人员的频繁更替中幸存。

组织惯例并非一个孤立的模式，而是一整套模式的组合。并且受限于各种组织结构、社会结构、实体结构和认知结构。组织成员在组织惯例中完成各种工作，组织中的多个成员在完成组织任务的过程中产生了重复发生的行为模式。

科恩和巴达鄢（Cohen and Bacdayan）认为组织惯例是以程序记忆的形式存储的。他们对“程序记忆”和心理学文献中的“陈述性记忆”做了区分。程序记忆存储与个人的熟练操作相关的认知和运动技能，类似于一个人“知其所以然”。从本质上讲，它是隐性的，比较难以被阐明。相比之下，陈述性记忆是事实、命题和事件的资料库，类似于一个人“知其然”或显性知识。两者的区别类似于静态的组织（Static Organization）与动态的组织（Dynamic Organizaing）的区别。

惯例是组织竞争力的重要组成部分，如果没有惯例，组织将缺乏采取集体行动的有效方法。然而，如果惯例被自动转移到不合适的新环境，程序可能产生不利的后果。由于组织惯例的隐性和多元化本质，很难对其进行有效的研究，遇到的问题包括要揭示、表述组织“无意识的记忆”并使之具体化。组织惯例的变化可能以多种方式被触发。

- 遇到事务的新状态；
- 遭遇失败；
- 在团队的生活或工作中达到一个里程碑；
- 要求成员注意组织规范；
- 不得不应对组织本身结构的变化。

组织惯例的一个替代概念是一种合理的模式，它既非固有的也非自动生成的。惯例的一种新颖的表现形式是语法模型，它将惯例比喻成“语法”，可让行动者在对结果没有明确要求的情况下，尽可能完成任务。此模型认为，在惯例中十分重要的是结构和机构（行动者），而不是早期固定的操作程序和刺激—应答活动中的传统元素。一个类似的比喻是交谊舞，它说明了惯例的稳定性和适应性。舞蹈中的个体行动是事先被确定好的，但舞蹈可根据环境改变，有一定的灵活性。舞者将根据舞伴的人数、地板上的障碍物、舞伴的能力及他们之前是否合作过这些因素来调整他们的风格，以适应环境。舞者之间的交流（类似于组织惯例）使舞蹈具有了灵活性。实证研究表明，组织惯例的变化可能是由多种原因造成的。

- 修复惯例，以便让参与者可以产生预期和期望的结果。当行动不产生预期或产生不良结果时，这种情况便会发生。
- 扩大惯例，以便让参与者可以从结果中产生新的可能性。改变之后的管理需要新的可能性。
- 尝试惯例，以便让参与者可以对缺乏创新的结果做出反应。它试图做到实际上很难做到的事。

最终的成功和失败可能会对惯例产生重大的影响。在取得最优绩效的情况下，欠佳的惯例可能会继续存在，如果拒绝卓越的惯例，可能会掉入陷阱。在取得次优绩效的情况下，可能会坚持使用熟悉的程序、做法和技术。成功强化了与之相伴的惯例，同时抑制了其他惯例。正如前面所述，当组织寻找那些符合预期成果的惯例时，失败或显著的绩效差距可能是改变组织惯例的必要的决定因素。

5. 动态能力

动态能力（Dynamic Capabiliy）的概念源于对组织惯例的研究，是一个相对较新的术语。在一个简单的层次上，动态能力已经被视为“学习惯例的惯例”，类似于“二次学习”（学习如何学习）的概念。动态能力的下列定义说明了该领域的一些变化。

企业整合、建立并重新部署内部和外部竞争力，以满足快速变化的环境的能力。

公司利用资源的过程——特别是整合、重新配置、增加和释放资源以适应甚至创造市场变革的过程。因此，动态能力是指组织惯例和战略惯例，通过这些惯例，公司随着市场的出现、碰撞、分裂、发展和消亡，实现新的资源配置。

动态能力是集体活动中形成的稳定的模式，组织通过动态能力系统生成并修改其操作惯例，以提高效率。

那么，组织惯例和动态能力是同义概念吗？二者的关键区别是作为反映市场动态的因素有不同的变化水平。在稳定的或静态的环境和市场条件下，组织惯例占据主导地位，表现为稳定的行为模式。惯例可能会很复杂，却是可预见的，并且建立在现有知识的基础上。它们随着时间的推移慢慢地演变，并展现出单环学习的价值。然而，在适度变化或变幻莫测的市场中，我们使用组织惯例时会发现，它在应对变化时存在风险。为了适应环境的改变，组织可以尝试调整它们的惯例，以提高动态能力。如果不这样做，核心竞争力就可能成为核心刚性。

组织惯例和动态能力之间细微差别的产生是缘于模型突出了每个现象中相似的、稳定的和可预见的活动模式。在这一观点中动态能力可以被看作修订过的操作常规及可预测的数学排列。如表 5-4 所示，组织惯例和动态能力的主要区别在于系统学习，系统学习表明稳定的学习模式与单环学习没有多大差异。在剧烈变化的市场环境中，当组织不能依赖于系统学习和现有知识时，会发生什么情况？为了实现预期的目标，组织是否会重新采用对它们而言可靠的、行之有效的旧的学习机制？

表 5-4 组织惯例和动态能力的主要区别

动态能力 = 系统学习 + 组织惯例
系统学习 = 经验积累 + 知识衔接 + 知识编码

资料来源：adapted from Zollo and Winter，2002。

经验的积累被认为源于学习投资，它们旨在形成关于行动—绩效关系的共识。学习过程的一个主要方面是“知识衔接”，它是指在各种情形下（如会议和汇报会），一大群人聚在一起，阐述他们对某一情况的理解和诠释。

这并不意味着组织内部需要达成协议，组织内部可以通过一系列对话和讨论来形成共识。考虑到大部分知识可能是隐性的，这一外化过程对于知识显性化非常重要。作为系统学习的一部分，知识编码可以进一步反映现有的惯例，以帮助了解哪些惯例在起作用，哪些没有起作用，以及其原因。知识编码可能以开发手册、决策支持系统和最佳实践指南的形式存在。

艾森哈特和马丁（Eisenhardt and Martin）对组织惯例和动态能力做了更加明确的区分。他们认为，在稳定和适度变化的市场条件下，组织活动类似于传统的可预见的惯例，这时管理者在很大程度上依赖其现有的隐性知识。然而，在快速变化的市场中，组织活动倾向于具有动态能力，这时，由于环境的不确定性，管理者较少依赖现有知识，而是更多地依赖具体环境下的新知识。在不确定环境中，动态能力由简单的惯例组成，这些惯例包括极少数的规则和日益增加的即兴行为，反应的灵活性成为一个重要的决定因素。动态能力有许多关键属性。

- 等效性——企业开发相似的动态能力，即使它们可能有不同的出发点和发展路径。
- 动态能力的共性——这些惯例在不同的背景和行业之间是可被转移的。
- 特质——企业可能在其动态能力方面拥有共性，但具体的层次（公司）不同，从而导致竞争优势不同。
- 原型——通常用于以较低成本进行反馈测试，从而快速获得新知识。
- 实时信息——允许调整并适应不断变化的情况。
- 多选项——平行替代品让管理者的行动更加自信和迅速。
- 路径依赖——一个公司过去对某些惯例的投资往往会限制其未来的行为。

有价值的、稀缺的、独特的和不可替代的动态能力可以带来竞争优势。然而，艾森哈特和马丁认为它们是可持续竞争优势的必要不充分条件，它们的特殊性可能会带来短期的竞争优势，但不能持久，因为它们具有等效性和共性，是可以被替代的。

三、学习型组织

学习型组织（Learning Organization）这一概念由佛瑞斯特教授在1965年写的《企业的新设计》一文中首先提出，但一直未能引起足够的重视。直至1990年佛瑞斯特教授的学生彼得·圣吉（Peter M.Senge）出版了《第五项修炼——学习型组织的艺术与实践》（*The Fifth Discipline—The Art & Practice of the Learning Organization*）一书，学习型组织才作为一种管理理论的创新引起了广泛重视。麻省理工学院在该书面世不久后，成立了专门的学习型组织研究中心，通过和企业的合作，在实践中研究建立学习型组织的有关问题。

彼得·圣吉极大地促进了“学习型组织”这一概念的流行，特别是在咨询和商学院圈子，并将其推广到学术领域。他将组织看成是我们思考、互动的产物，并将学习型组织定义为，人们持续地提升能力，创造他们真正想要的结果，拓展思维模式，全力实现共同抱负，不断学习以期了解全部的地方。

他认为品质运动（Quality Movement）是学习型组织第一次真正意义上的浪潮，并认为建立这样的组织应围绕五项不同的修炼：系统思考、自我超越、心智模式、共同愿景和团队学习。一个好的企业必定是一个学习型组织（见图5-8），一个“不断学习的组织”，真正的学习型组织并非一劳永逸，而是永远在路上。

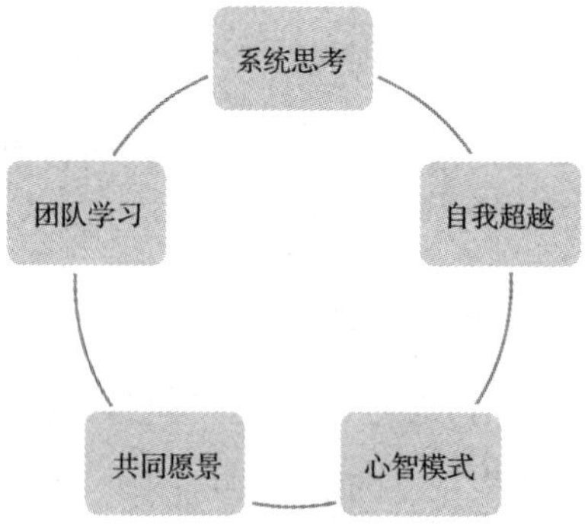

图5-8 学习型组织

在数字经济时代，企业处于永不间断的变革之中，面临着高度的不确定性，传统的企业组织形式和管理模式已经不适应环境的变化，要保持企业的竞争优势，必须具有比竞争对手更快的学习速度。学习型组织正顺应了数字经济内在的要求，有些学者预言，企业与员工共同学习、共同发展的学习型组织是未来企业成功的最佳模式

学习型组织是真正以人为本的组织，也是最契合知识型员工管理特点的组织。圣吉在《第五项修炼》一书中，虽然没有明确指出创建学习型组织的方法，却指出了系统思考、自我超越、改善心智模式，提出共同愿景和团体学习等五项修炼。这些修炼在创建学习型组织的过程中，有助于知识型员工和管理者提高自身的综合素质和修养，更好地理解相互之间的协作关系；有助于知识型员工更好地理解企业的运作和发展，真正与企业形成共同愿景。通过创建学习型组织，不但企业可以不断学习和创新，提高竞争力，得到长远的发展，而且知识型员工的各种需求能得到重视，与企业建立起志同道合的伙伴关系，还可以使企业对知识型员工的管理升华到无为而为的境界，从根本上解决知识型员工管理上的难题。

彼得·圣吉认为，学习型组织中所指的学习与人生的意义联系在一起，而学习型组织则是可以不断地加强创造未来能力的组织，其真谛就在于活出生命的意义，在其中，大家都得以不断突破自己的能力上限，创造真心向往的结果，培养全新、前瞻而开阔的思考方式，全力实现共同的抱负，以及不断一起学习、如何共同学习。从这个意义上说，真正的学习涉及心灵的转换或根本改变，而且是一个不断深化、永无止境的过程。学习型组织的本质就在于推动组织的深层学习循环迭代。

根据学习型组织理论，深层学习循环可以由五项基本修炼来推动。这五项修炼和深层学习循环一样，也不是一次就能完成的，而是一种终身的不断深化地学习修炼。结合知识型员工的特点，我们从以下几个方面努力去营造学习型组织的氛围。

1. 实现自我超越的氛围

自我超越（Personal Mastery）被认为是依据个人愿景与目标提升自身能力的修炼，它帮助人们在现实与未来愿景之间建立一种“创造性张力”。其假定在组织中广泛存在个人渴求成长的意愿和支持性的环境，坚持与耐力是其指导原则。知识型员工虽然拥有较好的物质生活，但很多人并不快乐。不快乐的根源就在于外界给了知识型员工太多纷杂的诱惑，使他们很难知道自己真心想要什么。自我超越的修炼就是要使员工厘清自己真心向往的结果，站在将来看现在，并通过与真实现状对比形成的差距，产生一种缩小这种差距的创造性张力，从而使员工能不断挑战自己的能力上限。自我超越主要是靠员工自己的努力，但企业可以营造一种氛围，促进员工的自我超越。首先，在员工职业生涯的规划方面，要帮助员工尽力放眼未来，引导他们设立远大的目标；其次，在培训上，提供多方面多层次的培训，着眼于员工和企业长远的发展，不能只顾眼前工作的需要；最后，企业的制度和文化等方面要相互配合，领导的带头作用也不容忽视。如果领导带头学习，带头超越自我，并在设计考核体系或制定奖惩标准时兼顾员工的学习和进步，将会极大地促进在员工中培养不断学习、自我超越的奋斗精神。

2. 修炼心智模式的氛围

心智模式（Mental Model）是决定我们对世界的理解方法和行为方式的那些根深蒂固的假设、归纳，甚至是图像、画面或形象。我们通常不能察觉自己的心智模式及它对自己行为的影响。这样的模式使我们接受与我们的看法或假设一致的观点和信息，拒绝不一致的观点和信息，这样的过滤使我们失去对世界的真实看法。企业中每个人不同的心智模式往往是问题的根源，而团队成员在有效沟通的情况下如果还无法达成一致，则一定是心智模式的原因。许多有关新兴市场，或者有关组织中过时的运作习惯的深刻见解总是得不到实施，原因就在于它们遇到了强有力的、隐蔽的心智模式的抵触。不检讨和改善心智模式，就很难容纳不同观点，很难产生创新，所以知识型员工尤其要学会检讨自己的心智模式。然而知识型员工常常倾向于维护各自的专业权威，不肯承认错误，这是不利于修炼心智模式的。营造修炼心智模式的氛围，首要任务是消除员工的自我防卫心态。遇到问题时，不能忙于追究责任，要使大家意识到片面、不足，甚至错误在所难免，尤其是在创新的过程中更是如此。这样就有可能使员工放弃防卫，先检讨自己的心智模式，并以开放的态度尝试接受别人的意见，从而使创新产生于不同观点的碰撞之中。

3. 追求共同愿景的氛围

共同愿景（Shared Vision）是指基于共同理想建立一种承诺。共同愿景的修炼就是要使个人的追求转变为大家共同的追求，使员工齐心协力追求共同的目标，并依靠组织的力量达成个人的理想。因为个人的力量总是有限的，集体的力量可以成就个人无法实现的抱负。更重要的是，员工可以借助集体的力量不断成长，不断突破自己的能力上限，从而获得共同成长的极大快乐。管理者必须使共同愿景得到员工的真正理解，知识型员工习惯于用自己的思维判断事物的真伪，这一共同愿景的形成必须是有充分说服力的，共同愿景决不能是强加于他的。要做到这一点，管理人员应该与员工分享有关企业发展前景的信息，争取员工认同公司的目标，还应该传递信心，使员工相信共同愿景可以通过共同的努力而实现，并对在实现共同愿景的前提下实现个人追求充满信心。

4. 开展团队学习的氛围

团队学习（Team Learning）能提升我们的沟通、对话和讨论能力。在很多决策过程中，讨论通常不可避免，不同的观点由此被提出并加以论证。当需要快速决策或存在具有绝对优势的观点时，求同思维通常是有效的。然而，在很多情况下需要发散性思维，让人们参与到呈现不同观点、发现新观点的对话中来。此时，人们更容易接受新的不同的观点，并改变他们自己的观点。

在学习型组织中，团队学习是要在了解彼此想法的基础上，通过一种完善的协调和整体的感觉，加强团队以新的协作方式进行思考和行动的能力。这个含义比一般认为的“团队学习就是组织成员一起学习”的含义更为深刻。所以管理人员除了要促进员工在工作中学习以外，还要做更多的工作。知识型员工的很多工作需要跨专业、跨部门的协作，而专业上的差别往往使团队成员形成不一样的想法，甚至会因此僵持不下。在这种情况下，要实现团队卓有成效的协作，必须促进有效的沟通。每个人都有思想，有感情，同时也都是讲道理的，这就是沟通的基础。一方面，管理人员要尊重每一个人的意见，让大家畅所欲言，可以自由地发表意见；另一方面，还应使团队中的每一个人都学会尊重别人的想法，培养换位思考的习惯，形成相互学习的态度。在这种团队学习的氛围中，员工之间才能进行良好的沟通，才能更透彻地理解各自的想法，才有可能以协作的态度寻求一致的意见。

5. 进行系统思考的氛围

系统思考（Systematic Thinking）被认为是提升我们把事物的不同方面集中到一起，当作整体而不是分散的碎片看待的综合能力。它是整合其他修炼的修炼，它把其他修炼融入一个条理清晰一致的理论和实践体系。它提供了整合五项修炼以使其成为一个整体的动力与方法，防止了其他修炼变成分散独立的花招或最新流行的组织变革时尚。

企业是一个复杂的动态系统，各部门之间互相依赖制约，很多问题的产生就是因为人们没有把握系统内部的结构关系，习惯就事论事。系统思考的修炼就是要学会追根求源地看清问题的整体及内部的动态结构，纵观全局把握重点，以寻求解决问题的根本办法。知识型员工往往过分专注于自己的专业领域，专注于自己的工作，追求个人或部门工作的完美，而忽略企业的整体利益。营造系统思考的氛围，一方面要模糊部门的界限，使知识型员工了解整个企业的运作；另一方面要在设计绩效考核体系时，多强调部门间的联系，不仅考察部门和员工个人工作的绩效，更要考察他们对其他部门工作的支持和配合。在这种氛围中，把员工的注意力从部分和细节引向整体和系统，问题发生时才能从系统的角度动态地分析，避免就事论事，避免头痛医头、脚痛医脚。

学习型组织中的五项修炼不仅是个人的学习修炼，更是创建命运共同体的修炼。由于知识型员工本身已具有较高的素质，并有不断学习和修正自己、完善自己的愿望，技巧与能力、认识与感知及态度与信念等深度学习循环的各部分都比较容易推进，企业的管理人员可以把主要精力放在营造学习型组织的氛围上，利用知识型员工主动学习的内驱力和他们追求个人成就的强烈愿望，稍加引导，推动五项修炼和深度学习循环的进行。通过五项修炼的不断深入，带动员工的深层学习，不仅员工个人会得到快速的发展，而且员工能够以更开放的心态改善心智模式，达到有效沟通，促进团队的协作的目的，更重要的是员工可以系统地了解整个企业的运作，加深对企业目标的理解，同时厘清自己的真心追求，与企业协同发展，借助集体的力量共享成长的喜悦。当大家都能以共同愿景来指引行为，管理中的问题就会迎刃而解。这样的过程，使整个企业弥漫着尊重和理解，从而形成“和谐愉悦、志同道合”的境界。在这样的氛围中工作，知识型员工才能真正成为合作的伙伴，才有可能达到学习型组织所描述的“活出生命的意义”的理想。

四、竞争性学习型组织

学习型组织的大多数模型的缺陷在于未重视组织竞争带来的绩效，很少有模型揭示学习型组织如何带来可持续竞争优势。这些模型虽然说明了组织学习和操作层面的问题，但是缺乏战略层面的研究。

一个探索组织学习的战略性质的模型是“竞争性学习型组织”（见图5-9）。该模型认为竞争与战略变革紧密联系，组织学习成功的关键是组织与环境的一致性，不能和竞争分割开来，竞争被看作人们每天学习（而不是保持不变的状态）的过程。该模型假定战略是动态的、增值的、复杂的学习过程，结果与方法密切相关。竞争性学习型组织的定义为：为适应环境，一个在特定时间的学习中持续改进的企业，关注核心竞争力。

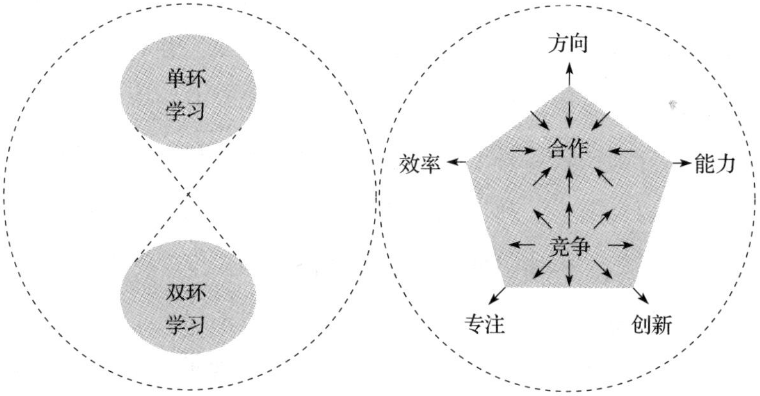

图 5-9　竞争性学习型组织

资料来源：Jashapara，2003。

该模型由两个部分组成：一部分关于组织学习；另一部分关于战略。认知发展与行为发展对组织学习的认知不同之处在于，组织学习被行为发展看作是对当前解释采取的新的反馈或行动，组织学习则被认知发展看作组织变革，它可能影响组织对事件的解释，增进组织成员之间的相互理解。在该模型中，行为学习是单环学习，在组织中“将事情做得更好”，认知发展则是双环学习，“尝试用不同的方法做事或做不同的事”。

竞争性学习型组织模型认为学习本身并不足以获得竞争优势。如果学习的方向出现错误会怎样？该模型强调怎样聚焦学习，让高层管理者去参加日本插花课程是否合适？将有潜力的高层管理者送去学习 MBA 课程是不是最好的方式？所有方法存在的问题是忽视了外部环境和竞争变化。该模型认为，在任何时刻、任何学习活动都需要关注组织面对的竞争力。毫无疑问，这些力量一直在改变。

竞争性学习型组织对于学习的关注基于七种力量（见图 5-9），包括五种外部力量和两种与之相反的内部力量。在任何时候，都有一种力量占主导，并产生相应的学习行为。例如，如果创新是主导力量，学习可能由隐性知识所带来的创造力所驱动。因竞争环境的变化而对组织产生影响的外部力量有以下四点。

- 方向：组织的战略愿景，适用于创业期或转型期的组织；
- 效率：流程的标准化和正规化，适用于关注流程合理化和重组时期的大型组织；
- 能力：需要高水平的知识与技能来完成任务，适用于专业性强的组织；
- 专注：关注特殊市场，特别是在业务多元化的公司中，适用于为客户创造新产品时期的组织及有大量专家和跨领域项目的临时工作组。

有两个内部文化要素会影响公司的学习及其有效性：合作和竞争。在这种背景下，组织文化被看作是一些组织成员强加给另一些组织成员的价值观和身份认同。如果在一个组织中合作占绝对主导地位，就会形成相互合作的集体社区组织，如果竞争占绝对主导地位，则会带来互相争斗的公司政治。组织中的合作程度需要受到一定限制，因为理想主义会抑制变革，如果个人认为需要变革，就会挑战公司意识形态，从而带来公司政治。

由于竞争很少是静态的并且常常持续很长时间，因此可能会存在一种状态：外部力量占主导，组织向统一的方向前进。然而，主导力量也可能会破坏同样重要的其他有效力量。例如，一家公司连续五年关注提升效率，却忽视了需要根据市场变化对产品和服务进行创新。

在一些情况下，组织会达到没有任何一种力量占主导的融合状态，这会带来一个转化过程。融合状态会导致分裂问题，即两种或更多的力量相互碰撞最终导致组织瘫痪。例如，组织中一半的管理者关注组织能量及学习效率，而另一半认为创新更重要。竞争与合作是处理上述问题的重要催化剂。

竞争性学习型组织被视为一种理想的组织，而不是最终的组织形态。打个比方，这样的组织可以被看作“不断追求的圣杯（Grail）”（圣杯是能够实现拥有者愿望的宝物）。这就意味着要改进各种学习方法，理解组织学习的关键要素——不断变化的竞争力本质。由于竞争环境的波动性和竞争力的脆弱性，组织可能建立竞争性学习型组织，如表 5-5 所示，然后形成教学型组织或静态组织。

表 5-5 建立竞争性学习型组织

	静态组织	教学型组织	竞争性学习型组织
组织学习水平	低	中	高
学习速率	低	中	高
学习重点	无	有限	明晰、全面
沟通水平	低	中	高
沟通渠道	无	单向	双向
组织绩效	低	中	高

资料来源：Jashapara，1993。

静态组织的特点是缺少学习。这些组织将其劳动力看作成本以尽量实现最小化，而不是看作资产去开发。这些组织不可避免地面临因不能对外部环境做出快速反应而引起的内部危机，这类危机可能会抑制学习，也可能会导致向竞争性学习的转变。这类危机可以被看作是增长的机会，也可能预示着该组织开始走下坡路。

具有竞争力的学习型组织认为学习对于所有员工、团体和组织都有重要价值，重视对假设的质疑，鼓励双环学习。学习因开放的双向沟通而顺利开展，每个员工都积极参加学习，以适应外部环境的变化。

然而，前述问题可能变得更突出，组织文化的重大变化（合作或竞争力量的波动）可能会主导一个组织，迫使它向教学型组织转变，其中高层管理者作为教师的作用就变得很重要。学习可以成为一种常规性活动，由人力资源管理部门负责，而不再仅仅是每个学习者的责任。由于这些组织依赖从高层管理者到员工的单向沟通，思想和知识的分享与交流将受到限制。如果学习只被战略家和人力资源管理部门所关注，学习将变得狭隘，员工可能会因缺乏学习的挑战和责任而感到困惑，企业可能会沦为静态组织。这种模式促使自适应企业追求理想化的持续改进，就像追求圣杯一样，每当企业觉得自己已达到这个难以实现的目标时，目标就会由于竞争环境的变化而再次改变。

参考文献

[1] 彼得·圣吉. 第五项修炼 [M]. 张成林，译. 北京：中信出版社，2018.

[2] 彼得·德鲁克. 知识管理 [M]. 北京：中国人民大学版社，1999.

[3] 蔡文，等. 可拓集与可拓数据挖掘 [M]. 北京：科学出版社，2008.

[4] 弗郎西斯·郝瑞比，管理知识型员工 [M]. 郑晓明，等，译. 北京：机械工业出版社，2000.

[5] 胡泊. 代工企业知识管理系统设计研究 [D]. 合肥：合肥工业大学，2002.

[6] 华为数据管理部. 华为数据之道 [M]. 北京：机械工业出版社，2020.

[7] 黄娟. 学习型企业隐性知识管理研究 [D]. 合肥：合肥工业大学，2012.

[8] 惠军华. 知识表示与处理 [M]. 北京：电子工业出版社，2021.

[9] 李长玲. 隐性知识共享的障碍及其对策分析 [J]. 情报理论与实践，2005（2）：128-131.

[10] 刘卫东. 知识创新思维学 [M]. 北京：中国书籍出版社，2013：14-43.

[11] Maryam Alavi，Dorothy E. Leidner，郑文全. 知识管理和知识管理系统：概念基础和研究课题 [J]. 管理世界，2012（5）：157-169.

[12] OECD. 以知识为基础的经济 [R]. 杨宏进，薛澜，译. 北京：机械工业出版社，1997.

[13] 钱军，周海炜. 知识管理案例 [M]. 南京：东南大学出版社，2003.

[14] 邱均平，张荣. 基于两种模式的知识管理系统研究 [J]. 中国图书馆学报，2004（5）：14-17.

[15] 施琴芬. 隐性知识主体风险态度的经济学分析 [J]. 科学学研究，2003（2）：80-82.

[16] Smith，G. 管理知识型员工并不难 [M]. 黄建红，译. 北京：中国水利水电出版社，2006.

[17] 托马斯·达文波特. 营运知识 [M]. 王者，译. 南昌：江西教育出版社，1999.

[18] 托马斯·达文波特. 知识管理的若干原则 [M]. 顾信文，译. 北京：国外社会科学文摘，1998.

[19] 王连娟，田烈旭. 项目团队中的隐性知识管理：基于社会网络分析的视角 [M]. 北京：中国社会科学出版社，2014.

[20] 夏德，程国平. 隐性知识的产生、识别与传播 [J]. 华东经济管理，2003（12）：47-49.

[21] 徐向艺，辛杰. 企业知识管理 [M]. 济南：山东人民出版社，2008.

[22] 杨汉录，宋勇华. 打造灯塔工厂 [M]. 北京：企业管理出版社，2022.

[23] 杨春燕，蔡文. 可拓学 [M]. 北京：科学出版社，2014.

[24] 杨峰. 知识管理中隐性知识显性化激励机制的探讨 [J]. 现代情报，2004（10）：36-37.

[25] 野中郁次郎，竹内弘高. 创造知识的企业 -- 领先企业持续创新的动力 [M]. 吴庆海，译. 北京：人民邮电出版社，2019.

[26] 野中郁次郎，绀野登. 知识经营的魅力 [M]. 赵群，译. 北京：中信出版社，2012.

[27] 野中郁次郎，绀野登. 创造知识的方法论 [M]. 马奈，译. 北京：人民邮电出版社，2019.

[28] 野中郁次郎，绀野登. 知识创造管理 [M]. 马奈，刘会祯，译.

北京：人民邮电出版社，2020.

[29] 张玲玲，李军，石勇. 基于数据挖掘的智能知识管理研究 [J]. 中国管理科学，2009，15：6-13.

[30] 张玲玲，石勇，朱正祥. 智能知识管理：基本理论及其拓展 [M]. 北京：科学出版社，2012.

[31] 张霓. 从管理心理学分析对我国知识型员工的有效激励 [J]. 商业经济，2014（11）：85-89.

[32] Bower, Higard. Theories of Learning [J]. Prentice-Hall Englewood Cliffs, 1981(7): 424.

[33] Cohen, Levinthal D. Innovation and Learning: the Two Faces of R&D [J]. The Economic Journal, 1989, 99(397): 569.

[34] Jashapara A. Cognition, Culture and Competition: an Empirical Test of the Learning Organization[J]. The Learning Organization, 2003, 10(1): 31-50.

[35] Koskinen Kaj U, Vanharanta Hannu. The Role of Tacit Knowledge in Innovation Process of Small Technology Companies [J]. International Journal of Production Economics, 2002, 80(1):58.

[36] Leifer R, et al. Radical Innovation: How Mature Companies Can Outsmart Upstarts [J]. Boston: Harvard Business School Press, 2000: 113.

[37] Mintzberg H. The Effective Organization: Forces and Forms [J]. Sloan Management Review, Winter edition, 1991(10): 54-67.

[38] Nonaka I, Konno N. The Concept of “Ba”; Building a Foundation for Knowledge Creation[J]. California Management Review, 1998, 40(3): 45.

[39] Polanyi. The Tacit Dimension[M]. New York: Doubleday, 1967.

[40] Nonaka I, Takeuchi H. The Knowledge Creating Company[J]. Oxford University Press, 1995(8): 110-112.

[41] Stata Ray. Organization Learning-the Key to Management Innovation [J]. Sloan Management Review, 1989(8): 67.

[42] Senge P. The Fifth Discipline: The Art and Practice of the Learning Organisation [M]. New York: Doubleday Currency, 1990.

[43] Tom Davenport. Analytics 3.0 [J]. Harvard Business Review, 2013(11): 36-38.

[44] Zhang LL, et al. Foundations of Intelligent Knowledge Management [J]. Human Systems Management, 2009, 28:145-161.

[45] Yong Shi, et al. Intelligent Knowledge: a Study Beyond Data Minging [M]. Berlin: Springer, 2014.